40여 년 동안 앤서니 스미스는 민족주의의 본성, 근원과 복잡한 모든 결과들을 열심히 그리고 생산적으로 연구해왔다. 그의 주요한 발견과 결론에 대한 이 뛰어나고 압축적인 증류(excellent and concise distillation)는 이러한 중대한 현상에 관심을 가진 이들에게 엄청난 가치가 있음을 증명할 것이다.
워커 코너 미국 미들베리 대학

앤서니 스미스 학문의 품질 보증 마크가 되어버린 명료성, 민감성, 분석적 미묘성으로 가득 차 있는 이 책은 민족주의의 족류-상징적 해석—저자를 그 학파의 가장 영향력 있는 창시자로 인정하는 학파—의 명인다운 증류(a masterful distillation)다. 간결하고 명쾌한 산문체로, 비판자들의 공격에 맞서 족류-상징주의 접근방법의 눈을 뗄 수 없을 만큼 흥미로운 방어를 논리 정연하게 해가면서, 민족주의 연구 분야의 이론적인 치열한 논쟁에 공정하고 균형 잡힌 개관을 제시한다.
애비얼 로스월드 미국 조지타운 대학교 역사학 교수

앤서니 스미스는 그가 민족주의 연구에 쏟은 필생의 작업을 우리를 위해 개념적으로 강력하고 명쾌한 글로 정리해주었다. 그로써, 우리는 역사적 문화공동체로서의 민족에 대한 훌륭한 설명을 갖게 되었다. 그러므로 이 책을 단지 민족들과 민족주의 연구에 대한 족류-상징적 접근방법의 간결한 진술로 보는 것은 이 책의 중요성을 이해하지 못하는 것이다. 오히려 그것은 이 아주 중요한 현상에 대한 가장 설득력 있는 분석이며, 우리의 운명을 생성해왔고 또 생성하고 있는 이 강력한 요인들을 이해하고자 하는 모든 사람들이 반드시 읽어야 할 책이다.
스티븐 그로스비 미국 클렘슨 대학교 종교학 교수

족류
상징주의와 민족주의

Ethno-
symbolism and Nationalism

Ethno-symbolism and Nationalism
by Anthony D. Smith

족류
상징주의와 민족주의

Ethno-
symbolism and Nationalism

문화적 접근방법

앤서니 D. 스미스 지음

김인중 옮김

아카넷

차례

일러두기

저자의 원주와 구별하기 위해 역자주는 *으로 표시했다.

족류-상징주의와 민족주의

앤서니 D. 스미스는 런던정경대(LSE)의 민족주의와 족류성 연구 명예교수(Emeritus Professor of Nationalism and Ethnicity)이고, 간(間) 학문적인 민족주의 연구 분야의 창시자로 간주된다. 앤서니 스미스는 족류집단과 민족들의 본성과 그것들의 상징적 차원들을 성찰할 필요성을 중시하는 족류-상징주의라고 불리는 민족들과 민족주의에 대한 연구방법론을 발전시켜왔다.

이 책은 민족들과 민족주의에 대한 족류-상징적 접근방법에 관한 간략한 진술이며, 동시에 이러한 접근방법과 민족들과 민족주의의 중심 쟁점들에 대한 그러한 접근방법의 적용에 앤서니 스미스가 기여한 바에 관한 일반적인 진술을 담고 있다. 이 책은

- 일관되고 체계적인 주장의 형태로 족류-상징주의의 출현의 이론적 배경을 개진(開陳)하고,

- 민족들의 형성, 민족들의 영속(永續)과 변화(變化), 민족주의의 역할에 대한 족류-상징주의의 분석을 설명하며,
- 족류-상징적 접근방법이 이 분야의 과거와 현재의 지적 통설에 중요한 보충과 시정을 하고 있음을 보여주고, 족류-상징적 접근방법에 쏟아진 주요한 이론적 비판들을 이해하려고 노력한다.

앤서니 스미스의 접근방법에 대한 이전의 간단한 개요들을 한데 모으고 발전시킨 이 책은 1986년* 이후에 이 분야에서 그가 한 작업의 이론적인 부분을 요약한 것이다. 이 책은 족류성, 민족들, 민족주의 연구에 의해 제기된 쟁점들에 흥미를 가진 학생들을 포함해 모든 사람에게 유용할 것이다.

---

* 스미스의 출세작인 『민족들의 족류공동체적 기원』이 출판된 해가 1986년이었다. 이 책의 내용은 졸저, 『민족주의와 역사』[아카넷, 2014, 이하 졸저(2014)로 약함] 제2권 제3부 (535-863)에 자세히 소개되어 있다.

감사의 말

민족주의 연구에 바친 일생 동안, 나는 학생들과 이 분야 학자들에게 많은 빚을 졌다. 특히 런던정경대에 있는 민족주의와 족류성 워크숍(the Nationalism and Ethnicity Workshop)에서 내가 즐겁게 가르쳤던 많은 대학원 및 학부생들을 꼽고 싶다. 그들이 제시한 의견에 종종 문제를 다시 생각하고, 취했던 입장을 수정해야 했다. 이것은 이 분야에서 일하는 다양한 학자들, 특히 끊임없는 영감의 원천이었던 『민족주의 이전의 민족들』(1982)의 저자 존 암스트롱과 민족주의의 사회적·문화적 토대에 대한 탐구로 새로운 지평을 열면서, 이 분야의 중요한 저서가 된 『문화민족주의의 역학』(1987)과 『충돌지대로서의 민족』(2005)의 저자 존 허친슨에게도 적용된다. 또한 워커 코너의 획기적인 연구와 특히 고대의 민족성 문제에 관한 스티븐 그로스비의 정교한 학문적 분석에도 존경을 표하고 싶다.

동시에 '근대주의자들'의 선구적인 연구들로부터도 영감을 얻었다.

11

한스 콘, 칼 도이치, 엘리 케두리, 에릭 홉스봄, 베네딕트 앤더슨, 존 브루이, 그리고 특히 나의 지도교수였던 어니스트 겔너의 민족주의 이론은 수많은 사람들에게처럼 내게도 이 분야로 나아가는 길을 열어주었으며 그가 보여준 본보기는, 나와의 차이에도 불구하고, 내 자신의 접근방법에 여전히 강한 영향을 미치고 있다.

앞에서 말한 어느 누구도 이 책에서 표현된 견해나 있을 수 있는 오류와 생략에 아무런 책임이 없다는 것은 말할 필요도 없다.

2008, 런던
앤서니 D. 스미스

서론

이 책의 목표는 민족들과 민족주의를 연구하기 위한 족류*-상징
적 접근방법을 간결하게 진술하는 것이다. 즉 이 책은 족류-상징적

---

* 이 번역서의 1차적인 성공 여부는 역자가 ethnic community(프랑스어로 *ethnie*)와
ethnicity를, '민족·민족주의'에 대한 개념사 연구를 한 국사학자 박찬승 교수의 권유를
받아들여, '족류공동체'와 '족류성'이라고 번역한 것이 독자들에게 얼마나 받아들여지
느냐에 있다. 즉 이 책에서는 ethnic community(*ethnie*)와 ethnicity를 '종족', '종족성'
으로 번역하지 않고 '족류공동체', '족류성'으로 번역했는데, 이는 ethnicity가 생물학적
인 기원과 성장의 문제라기보다는 문화적인 기원과 성장의 문제이기 때문에, 혈연과 생
물학적 기원을 우선 연상시키는 종족(種族)이라는 용어보다는 낯설지만 (그리고 한문을
그대로 가져다 쓰는 것 같기도 하지만) 족류(族類)라는 용어가 더 적합하다고 생각해서
다. ethnicity는 최근에 생겨난 용어로서 그 뜻이 지금도 형성되어가는 중이지만, 일단
그 개념을 설명하자면, 무엇보다도 같은 족집집단에 속하는 사람들이 가지고 있는 혈연
의식, 집단적 연대, 공동의 문화를 가리킨다[John Hutchinson and A. D. Smith(1996),
ed. *Ethnicity*, 3]고 할 수 있다. 요컨대, 족류공동체(*ethnie*)는 '단지 공동의 이름, 혈통
신화, 역사, 문화, 영토와의 합일을 지닌 인구의 한 범주일 뿐만 아니라 그것은 또한 흔
히 제도적 동포애로 나타나는 명확한 정체성과 연대의식을 지닌 공동체(a community
with a definite sense of identity and solidarity which often finds institutional

접근방법이 출현하게 된 이론적 배경, 족류-상징적 접근방법의 주요 기본전제들과 테마들, 민족들의 형성에 대한 족류-상징적 접근방법의 분석, 그리고 민족들의 영속(永續)과 변화(變化) 및 민족주의의 역할에 대해 족류-상징주의가 갖고 있는 견해를 피력하는 데 목적이 있다. 동시에 이 책은 이 접근방법에 대해 내 자신이 기여한 바와 이 접근방법을 민족들과 민족주의의 중심 쟁점에 적용해 어떤 결실을 얻어냈는지를 설명한 일반진술(general statement, 槪說)이다.

'족류-상징주의'**는 과학적 이론임을 자처하지 않는다. 족류-상징주의는 차라리 민족들과 민족주의 연구에 관한 특정한 시각이자 민족들과 민족주의 연구를 위한 리서치 프로그램으로 간주되어야

---

philanthropic expression)'다[A. D. Smith(1986, 29)]. 그래서 ethnic community를 '종족'이라고 번역하는 것은 종족이라는 용어가 ethnic community 안에 들어 있는 정체성과 연대의식을 명확하게 드러내지 못한다는 점에서 부적절하다고 아니 부족하다고 할 수 있다. 그것의 내용을 충실히 전달한다는 목표만을 중요시한다면, ethnicity의 가장 쉬운 우리말 번역어는 '동포성'일 것이다. 왜냐하면 '동포'만큼 명확한 정체성과 연대의식을 강조하는 단어가 없기 때문이다. 그러나 박찬승에 따르면, 조선 중기까지는 조선인을 여진인, 왜인 등 외족(外族)과 구분하기 위해 '족류'라는 용어를 자주 사용했으므로 우리는 ethnic community를 족류공동체로 번역하고 그 뜻을 '같은 동포' 정도의 뜻으로 이해하고자 한다. 그리고 이러한 번역은 오래된 족류집단의 문화가 민족 형성에 중요하다는 스미스의 논지를 역자 나름대로 적극 수용한다는 의미도 없지 않다. 이에 관한 자세한 논의는 박찬승, 『민족, 민족주의, 한국개념사총서 5(소화, 2010, 특히 51-61)와 졸저(2014, 34-42)를 보라. 아울러 이 책에서는 ethnic nationalism을 족류민족주의, civic nationalism을 시민민족주의로 번역했다는 사실을 미리 알려둔다.

** ethno-symbolism을 주로 '족류-상징주의'라고 번역한 것은 그것이 근대주의(modernism)/원생주의(primordialism)/영존주의(perennialism)와 함께 민족/민족주의를 이해하는 하나의 패러다임이 되었기 때문이다. 그러나 symbolism은 상징주의라기보다는 오히려 상징체계로 옮기는 것이 의미전달이 잘되고, 따라서 ethno-symbolism은 '족류-상징체계'라는 의미—즉 족류범주(ethnic category)/족류결사체(ethnic association)/족류공동체(ethnic community 또는 프랑스어의 *ethnie*)로 나눌 수 있는 어떤 족류집단이 오랜 시간에 걸쳐 발전시켜온 상징체계라는 의미—를 갖는다.

한다. 사실, 족류-상징주의라는 용어 자체는 1980년대 말 런던정경 대에서 족류집단들과 민족들의 본성과 그런 집단들이 갖고 있는 상 징적 차원들을 신중하게 고려할 필요성에 대해 대화를 나누던 중에 생겨났을 만큼 그야말로 우연히 생겨난 것이다.

그러므로 족류-상징주의라는 명칭에 너무 큰 의미를 부여할 필요 는 없지만, 바라건대 이 시각이 유용하고 유익하다는 판결을 받았으 면 싶다. 내가 보여주려고 하는 족류-상징적 접근방법은 이 분야의 과거와 현재의 지적 통설(通說)들에 대한 중요한 보충(supplement)이 자 시정(是正, corrective)을 제공한다. 그것이 보충인 것은 이 접근방 법이 '근대주의자들'의 서사(narrative)*의 빈칸을 '채우는 것(fill out)' 을 목표로 하기 때문이다. 시정의 역할을 하는 것은 그런 작업을 통 해 족류-상징적 접근방법이 근대주의자들의 적(敵)인 '영존주의자들' 의 몇몇 주장을 논박하고 수정하는 것 못지않게 근대주의자들의 몇 몇 주장들을 논박하고 또 수정하려고 하기 때문이다. 족류-상징주의 는 (민족/민족주의) 연구의 대안적 패러다임을 제시하지만, 족류-상 징주의가 이전에 볼 수 없던 새로운 이론을 제시하지는 않는다. 이 것은 민족들과 민족주의 분야처럼 아주 광대하고 복잡한 분야에서

---

* 이 책에서 서사(敍事)로 번역한 narrative는 일련의 문어 또는 구어의 단어나 스틸 (사진)이나 움직이는 이미지로 표현된, 현실 또는 상상의, 연결된 사건들에 대한 기록 (report)을 말한다. 따라서 narrative를 우리말로 옮기기는 어렵고, 그래서 '내러티브'라 고 음역하는 일이 많으나 여기서는 서사로 옮겼다. 그 이유의 하나는 narrative가 일련 의 사건이 가지는 서사성(敍事性)을 의미한다는 것, 즉 스토리(story)와는 조금 다르게 narrative는 언어로 있는 그대로 기술(記述)하는 것이 불가능한 '모든 종류의 서사성 전 부를 포함하는 이야기'의 개념으로 이해된다는 사실을 강조하기 위해서다. 요컨대 거대 (巨大)서사라는 용어가 말해주듯, 서사에는 과학적으로 증명할 수 없는 다양한 요소가 들어 있다.

는 확실한 방법으로 그렇게 할 수 있는 가능성이 필연적으로 제한되기 때문이다. 아마도 이것이 그런 시도가 거의 없고, 어떤 이론을 반증하는 사례들이 쉽게 제시되며, 가설들이 쉽게 논박되는 이유일 것이다. 만화경같이 끊임없이 변하는 과정, 이데올로기, 행위자와 더불어 우리가 달성하리라고 희망할 수 있는 모든 것은 그것을 분류하고 조사할 수 있는 몇 가지 개념적 준거(準據)틀*과 도구들, 그리고 막스 베버의 정신에 따라, 부분적이고 있음직한 인과적 관계에 대한 몇 가지 착상을 제공하는 것뿐이다.

나는 이 이론적 진술을 개진하면서 때때로 다른 사람들의 저술, 특히 존 암스트롱과 존 허친슨의 저술에 의존했지만, 다음에 이어지는 내용은 족류-상징주의의 가장 중요한 요소들에 대한 **나 자신의 설명**(my own account)**으로 그리고 대부분 나 자신의 관심사에 토대를 두고 있는 것으로 여겨졌으면 한다. 내 접근방법에 대

---

* framework, frame of reference를 모두 '준거틀'로 번역하였는데, 준거틀은 '표준을 삼아서 따라 하는 기준이 되는 틀'이라는 의미다.
** 이 책에서 스미스는 민족과 민족주의에 대한 자신의 '설명'을 explanation이 아니라 account라고 말한다. 이 책의 서론에서 스미스가 첫 번째로 표명한 말이 "족류-상징주의는 과학적 이론임을 자처하지 않는다."이었고, 마지막 장의 결론에서도 "족류-상징주의는 내 자신의 판본을 포함하여 민족들과 민족주의에 대해 그럴 만하다고 할 수 있을 만큼 총체적인 하나의 이론이자 '완전하고 갖출 것을 다 갖춘 설명(fully fledged explanation)'을 제공하는 것을 목표로 삼지 않는다. 그런 척하는 것은 확실히 주제넘는 일이다."라고 다시 한번 강조한 것을 보면, 이는 당연한 일이라 하겠다. 즉 자신의 족류-상징주의는 민족과 민족주의에 대한 과학적 이론이 아니라 하나의 접근방법일 뿐이고, 따라서 이 책의 내용이 민족과 민족주의에 대한 이른바 과학적인 설명(Scientific explanation)이 아님을 분명하게 밝히기 위해서 account라는 단어를 사용한 것이다. 오늘날의 역사학은 더 이상 자연과학에서 말하는 과학이 아니라 과학과 문학의 중간지점을 자신의 자리로 여기며, 따라서 역사학이 목표로 하는 설명은 과학적 설명이 아니라 account나 explication(해명)이라는 점에 대해서는 Georg Iggers, *Historiography in*

한 이전의 간략한 개론서들을 모으고 발전시킨 이 책은 1986년 이래로 이 분야에서 내가 한 연구의 이론적 측면을 요약한 것이다. 족류-상징주의에 대한 좀 더 충실한 설명이 학생들에게, 그리고 족류성(ethnicity)^{***}, 민족들, 민족주의 연구에 의해 제기된 쟁점들에 흥미를 갖고 있는 모든 사람들에게 유용한 것이 되었으면 좋겠다는 희망에서 이렇게 좀 더 긴 해설을 내놓는다.

---

the twentieth Century (Wesleyan Uni. Press. 1997) 13-16, 특히 14를 보라. 참고로 이 책에서 편의상 '설명'이라고 번역한 account의 사전적 의미는 '일어났던 어떤 일에 대해 글이나 말로 하는 기록(보고)'이다.

*** 앞의 서론 맨 처음에 나온 역주를 보라.

1

영존주의*와
근대주의

'태초에' 민족은 영존(永存)적이었다. 그것은 모든 곳에 있었고 모

---

* perennialism/primordialism은 지금까지 영속주의/원초주의라고 번역되는 일이 많았으나 이 책에서는 영존주의/원생주의로 옮겼다. 영어용법사전은 'perennial은 계속해서 발생하고 있는 상황이나 상태 또는 모든 시대에 존재하는 것처럼 보이는 것을 기술하기 위해 사용'하고 'primordial은 세계의 역사에서 매우 초기에 속하는 것들을 기술하기 위해 사용한다'고 그 뜻을 풀이한다. 그렇다면 perennialism과 primordialism을 영속주의와 원초주의라고 번역하는 것은 별로 적절한 것 같지 않았다. 그래서 역자는 더 적합한 번역어를 찾기 위해 사전을 뒤지다가 primordialism의 적합한 번역어로 원생주의라는 단어를 생각해냈는데, 우연히 상해세기출판집단에서 펴낸 스미스의 『민족주의: 이론, 이데올로기, 역사』(제2판, 2010)의 중국어 번역본에서 이 용어를 '원생주의', perennialism을 '영존주의'로 번역한 것을 알고 이 번역어들을 사용하기로 작정하였다. 참고로 이가원(李家源)의 『한한대사전』은 '원생(原生)'을 '본래의 상태 그대로여서 변화나 진화하지 아니하는 일'이라고 설명한다. 또 '원생주의'라는 용어가 사용된 문장을 예로 든다면, "서정주의 『화사집(花蛇集)』은, '보들레르'의 퇴폐적 관능미와 저항 정신이 미당(未堂)의 토속적 원생주의(原生主義)와 결합됨으로써 탄생한 한국시사에서 일찍이 찾아볼 수 없었던 미적(美的) 세계의 확대와 구축이었다." 정도인데, 어쨌든 이 예문은 primordialism의 번역어로 '원초주의'보다는 '원생주의'가 더 적합하다는 것을 잘 보여준다.

든 시대에 있었다. 인도인, 중국인, 일본인은 말할 것도 없고 고대 이집트인, 아시리아인, 페르시아인, 그리스인은 '인종들(races)' 아니면 모두 '민족들(nations)'이었고, 이 용어들은 19세기와 20세기 초에는 흔히 서로 교체할 수 있었다. 다닐렙스키(1822-85) 같은 범슬라브주의자들에게 병든 서구를 대체하기 시작한 새로운 활기찬 세력이 젊은 러시아 '민족'이었던 것과 꼭 마찬가지로, 영국의 제국주의자들에게 '잉글랜드 인종(English race)'은 지구의 4분의 1을 정복한 사람들이었다. 같은 방식으로, 유럽인과 아프리카인은 '아프리카 민족(African nation)'의 존재와 마찬가지로 '아프리카 인종(African race)'의 존재에 대해 말할 수 있었다. 그래서 나폴레옹이 개개의 유대인에게 프랑스 시민권을 부여하기 위해서 유대 '민족'을 완전히 없앨 생각에 몰두해 있었다면, 바그너와 드뤼몽*으로부터 히틀러에 이르는 반유대주의자들은 유대 '인종'을 멸종시키는 일에 열중했다.

가장 중요한 점은 민족들은 인종들과 마찬가지로 자연 안에 주어졌고(were given in nature) 그러므로 영존적(perennial)이고 원생적(primordial)이라는 것이었다. 개별 민족들은 있다가 없어질 수도 있지만 하나의 범주이자 역사적 공동체로서의 '민족'은 그 기원과 얼굴 생김새가 궁극적으로 인간생물학으로 소급될 수 있지만 특유한 유형의 사회-문화공동체로 발현되는 영원한 역사적 소여(歷史的所與, an historical datum)였다. 물론 모든 관찰자들이 이 통속적이고 조잡

---

* Edouard Drumont(1844-1917), 언론인, 문필가, 반유대주의 및 프랑스 민족주의의 선구자로 평가된다. 『유대인의 프랑스』(1886)를 발표하여 유대인 배척을 주장하고 1889년 반유대인 동맹을 결성했으며, 반드레퓌스 운동에 앞장섰다. 그의 사상은 나중에 나치에 의해 받아들여졌다.

한 민족주의적 견해를 받아들이지는 않았다. 예를 들어 에르네스트 르낭은 조금 다른 역사적 설명을 제시했다. 한편으로, 그는 매일매일의 국민투표를 통해 현재 재확인되는 역사적 희생의 총합—비록 이 구절의 효력은 국민투표를 개인의 매일매일의 삶의 확인에 비유함으로써 다소 약화되었지만—으로서의 민족이라는 좀 더 자유의지주의적 개념정의(voluntarist definition of the nation)를 제안했다. 다른 한편, 이 동일한 강연(〈민족이란 무엇인가〉)에서 르낭은 현재 서유럽의 민족들은, 그것들의 대략의 국경선을 포함하여, 843년의 베르됭조약에 의한 샤를마뉴 왕국의 분열의 산물이었다고 주장했는데, 이는 많은 근대의 민족주의학자들이 인정하는 견해가 아니었다. 요컨대 르낭은 소수파였다. 특히 알자스-로렌에서, 민족들의 자연과 국경선을 족류지학적 토대(ethnographic basis)와 연결시킴으로써 그리고 민족공동체를 그 자신의 국가와 하나로 묶음으로써, 대다수를 대변했던 것은 역사가인 하인리히 폰 트라이치케였다.[1]

고전적 근대주의

양차대전의 충격과 홀로코스트의 공포는 민족들에 대한 '영존주

: .
1) 르낭의 강연에 대해서는 Thom(1990), 트라이치케에 대해서는 Guibernau(1996, 7-12)를 보라. 막스 베버도 민족과 자신만의 국가를 연결시켰지만, 콜마르 박물관을 방문하고 나서 그들이 독일어 사투리를 사용하고 있다는 사실에도 불구하고 알자스 인민의 동정심이 결정적으로 프랑스 쪽이라는 것을 알았다. Weber(1948, 176-7), Beetham(1974)을 보라.

의적(perennialist)' 이해의 이론적 자연주의(theoretical naturalism)*
는 물론 인종주의 이데올로기와 민족주의 이데올로기 모두를 약화
시켰다. 민족주의는 파시즘과 더불어―이 양자는 흔히 '부족주의
(tribalism)'의 형태들로 합쳐지면서―비난의 대상이 되었을 뿐만 아
니라, 민족의 개념과 '인종'의 개념을 동일시하는 것이 더 이상 불가
능해졌다. 이미 1920년대와 1930년대에, 칼턴 헤이스**, 루이 슈나
이더*** 같은 진지한 민족주의 학자들은 민족주의 이데올로기들의
근대적·세속적 내용과 그것들과 합리주의 및 자유주의와의 긴밀한
관계를 강조하고 있었다. 동시에 서구의 합리적·자유주의적 민족주
의와 라인 강 이동의 유기적·권위주의적 민족주의를 이분법적으로
나눈 한스 콘의 정신에 따라 민족들은 점차 18세기 민주주의 혁명들
과 밀접히 연결되었고, 근대 서구의 발흥의 산물로 간주되기에 이르
렀다.[2]

칼 도이치와 그의 사회적 커뮤니케이션 학파가 이러한 풍조의 선

---

* naturalism(자연주의)은 초자연적이라고 명명할 수 있는 모든 현상이나 가설은 오류
이거나 자연현상 내지 가설과는 근본적으로 다르다는 철학적 입장, 또는 모든 자연현상
은 과학적으로 논증될 수 있으며 개인의 운명은 자유의지가 아니라 유전과 환경에 의해
주로 결정된다는 것을 강조하는 철학적 입장 따위를 말한다.
** Carlton Hayes(1882-1964), 민족주의 연구의 선구자 중 하나. 교육자, 외교관, 독실
한 가톨릭이자 유럽사 연구자로서 당시 자유주의자와 반가톨릭의 반대에도 불구하고
1945년 미국 역사학회 회장으로 선출되었다. 제2차 세계대전 중(1942-5) 스페인 주재
미국대사를 역임하였다. 헤이스의 책은 『民族主義』(차기벽 옮김, 문명사, 1975), 『근대민
족주의 발전사』(서울고시학회, 1960)로 번역되었다.
*** Louis Leo Snyder(1907-93), 나치 대중 집회를 목격하고 히틀러주의에 관한 책을
쓴 미국에서 태어난 독일인. 히틀러의 집권, 무솔리니와의 동맹, 프랑스와 유대인에 대
한 전쟁을 예언했다. 1932년 가명으로 쓴 『히틀러와 나치즘』은 민족사회주의 정강에 대
한 최초의 책이라고 할 수 있다.

발주자였다. 도이치에게 참여 민족들의 출현은 서구 국가들이 18세기 이후로 경험했던 것과 같은 급속한 사회적 동원과 점증하는 사회적 커뮤니케이션에 기반을 둔 것이었다. 자신들의 경험을 하나의 모델로 사용함으로써 도시화, 사회적 유동성, 문해(文解, literacy)율의 증가, 미디어 접하기, 선거 패턴 등을 통해 민족들이 '건설'되는 단계들을 일목요연하게 기록하고 분석하는 것이 가능했고, 이 모든 것은 사회적 진화의 거대한 진보인 '근대화'의 산물이거나 차원들이었다.[3]

이러한 사고(思考)가 이 분야에서 몇 개 안 되는 이론들의 하나인 어니스트 겔너의 이론에 영감을 주었다. 1964년에 스케치되고[*] 1983년에 정교하게 개진(開陳)된[**] 겔너의 이론은, 전통사회들을 서서히 손상시키고 이전의 친족 간의 유대와 부족들의 역할관계를 언어와 문화라는 시멘트로 대체하는, 서구로부터 전 세계로 파도와 같이 번

:.

2) Kohn(1944, 2판은 1967)은 그런 구분이 긴급한 정치적 힘을 가졌을 시점에, 라인강을 구분선으로 하는 '서구'와 '비(非)서구' 민족주의를 말하지, '동구' 민족주의를 말하지 않는다. 분명히 지정학적으로 그리고 규범적으로 결함이 있음에도 불구하고 그것이 여전히 적절하다는 것은 분명하다. 콘에 대한 통찰력 있는 논문은 Calhoun(2007, 6장)을 보라. 민족주의에 대한 초창기의 유형론은 Hayes(1931)와 L. Snyder(1954), 그리고 Hertz(1944)를 보라.
3) 도이치는 1953년에 자신의 '사이버네틱스'적인 접근방법을 개척했으며, 제2판에서는 그것을 증폭시켰다(Deutsch 1966). '민족건설(nation-building)'의 개념에 대해서는 Deutsch and Follz(1963)와 1972년에 (도이치와 폴츠에 대해) 코너가 가한 비판(Connor 1994, 2장)을 보라.

---

[*] E. Gellner, *Thought and Change*(London: Weidenfeld and Nicolson, 1964)의 제7장 Nationalism을 말한다. 이것은 일찍이 백낙청 교수에 의해 우리말로 번역(「근대화와 민족주의」, 백낙청 엮음, 『民族主義란 무엇인가』, 창작과비평사, 1981)되었다.
[**] E. Gellner, *Nations and Nationalism*(Oxford: Blackwell, 1983)을 말한다.

져나가는 근대화의 물결을 자신의 이론의 토대로 삼았다. 근대사회는 성장 지향적이었고 유동성과 전후관계 없는 메시지(mobility and context-less messages)를 증가시켰다. 그 결과, (어떤 개인이) 근대적 정체성과 시민권을 얻을 수 있는 열쇠는 특유한 언어로 행해지는 세속교육이었다. 그러나 근대화는 불균등했다. 그것은 작은 농촌마을 단위들을 표준화된 대중교육체계에 필요한 자금을 대고 지원할 수 있는 대규모 국가들로 대체했다. 그러나 도시화가 진행됨에 따라, 부족한 자원을 둘러싸고 이전의 도시주민과 농촌에서 유입된 신출내기들 간의 투쟁이 도시에서 일어났으며 이 신출내기들이 어쩌다 다른 언어를 사용하거나 종교나 피부색이 다르면, 그들은 도시의 각종 혜택으로부터 배제될 가능성이 높았다. 이 시점에서, 그들의 인텔리겐치아는 그들과 같은 문화를 지닌 프롤레타리아트에게 새로운 민족과 국가를 형성하여 분리되어 나오자고 열심히 설득했다. 그러므로 근대 시대에 민족들이 존재하지 않았던 곳에서 민족들을 발명한 것이 바로 민족주의였다. 그리고 소수 엘리트가 농민대중을 지배하는 그 이전의 '농경-문해 사회들'에서는 민족들이 있을 수 없었던 반면, 민족들은 이제 단지 사회학적으로 불가결한 것일 뿐만 아니라 산업적 근대에 그야말로 합당한 작동방식이 되었다.[4]

민족주의와 민족들이 모두 역사(학)적으로 독특한 시대(즉 근대)에

∵

4) 나는 여기에서 겔너 이론의 초기 판본과 후기 판본을 하나로 합쳤다. 후기 판본은 좀 더 추상적이면서 동시에 물질주의적이다. 그것은 또한 좀 더 구조적이고 결정론적이다. Gellner(1964, 7장과 1983)를 보라. 좀 더 구조적인 이론으로의 이행은 그의 논문(Gellner 1973)에서 볼 수 있는데, 이 논문은 근대적 종류의 (군대의 일반 제식훈련과 같은) 일반(generic) 교육과 (군대의 전문 병과교육과 같은) 전문(specialist) 교육을 강조한다.

깊이 뿌리를 박고 있다는 사고는 새로운 것이 아니었다. 그것은 칼 카우츠키로부터 오토 바우어와 칼 레너에 이르는 마르크스주의자들이 표방해왔던 사고방식이었으나, 그것은 이제 제2차 세계대전 이후의 산업사회론에서 중심적인 역할을 부여받았다. 동일한 메시지는 산업사회론의 정치적 변형에도 영향을 미쳤다. 여기(즉 정치적으로 변형된 산업사회론)에서, 대중적 민족들* 및 그들의 총력전과, 존 브루이**의 연구가 보여주었듯이, 국가(state, 사실상 정부를 의미한다) 장악을 목표로 한 반대파의 민족주의 운동 모두를 낳은 것은 산업이나 자본주의라기보다는 근대의 전문화된 국가였다. 에릭 홉스봄의 주장에 의하면, 민족들을 낳은 것은 민족주의와 국가이지 그 반대가 아니었다. 그리고 이것을 실천하기 위해서 민족주의자들은 신화, 전통, 적당한 역사 같은 것들을 발명(invent)해야 했다. 이런 방식으로, 민족주의자들은 1870년 이후에 유럽의 여러 선진 산업 민주 국가들에서 정치적인 역할을 요구하기 시작했던 새로 선거권을 획득한 대중을 통제할 수 있었다. 베네딕트 앤더슨에 따르면, 그와 동시에, 전진하는 자본주의와 짝을 이룬 새로운 인쇄 미디어가 중간계급 독서대중을 만들어내고 있었다. 18세기 말에 이르러 지방토착어

---

* '대중적 민족들'이라고 번역한 mass nations는 대중을 대상으로 교육을 하고 대중에게 선거권을 주고 그들을 군대의 징집 대상으로 삼는 민족들, 즉 19세기 말 이후의 서유럽의 몇몇 민족들 정도로 이해된다.

** John Breuilly는 독일사를 전공하는 버밍엄 대학의 근대사 교수였다가 이 책의 저자인 스미스에 이어 런던정경대에 민족주의와 족류성 주임교수(Professor of Nationalism and Ethnicity)로 발탁되었다. 주저로는 *Nationalism and State*(Chicago Uni. Press and Manchester Uni. Press, 1982, 1993)가 있으며, 몇 년 전부터 옥스퍼드 대학출판사 출간 예정으로 『민족주의의 세계사(*Global history of nationalism*)』를 준비하고 있으나 아직 출판되지 않았다.

인쇄언어에 토대를 두고 '동질적인 빈 시간'을 뚫고 움직이는 것으로 인식된 민족이라는 새로운 '상상의 공동체'가 쇠퇴하는 우주적 신앙과 종교적 왕국들 대신에 등장하고 있었다.[5]

동일한 근대주의적 메시지가 민족주의 이데올로기에도 적용되었다. (이를테면 근대주의자에게는) 민족주의 이데올로기 또한 계몽주의와 낭만주의의 산물이었다. 엘리 케두리에게, 선한 의지는 자율적 의지라는 이마누엘 칸트의 믿음과 민족들이나 언어집단들은 자결권을 가져야 한다는 피히테의 주장은 민족주의를 세계적 단계로 나아가게 했고 전통적인 가족, 이웃, 신앙공동체들을 약화시켰다. 아들과 아버지를 서로 싸우게 만드는 민족주의 이데올로기는 전통사회와 계몽된 서구의 약속 사이에서 우왕좌왕하다가 현실이 그들의 기대에 미치지 못한다는 사실에 실망할 수밖에 없었던, 특히 아프리카와 아시아 식민지국가들의 '주변인들'에 의해 채택되었다. 그럼에도 쓰라린 인종차별 경험은 그들을 천년왕국의 꿈에 불타게 만들었고, 그들의 에너지를 과격하고 전복적인 정치적 해결책에 쏟게 만들었다. 지식인의 경험에 대한 케두리의 강조는 자기해방의 세속적 교리인 민족주의가 이 계층에게 특별한 호소력을 지닌다는 사고를 신봉하던 몇몇 학자들에 의해 받아들여졌다.[6]

1960년대와 1970년대에 이르러, '근대주의적' 시각은 영존주의적 견해들을 대학에서 거의 쓸어내버리면서 정설(the established

:.

5) Breuilly(1993), Hobsbawm(1990)과 Hobsbawm and Ranger(1983, 서론과 7장), Anderson(1991, 특히 1-3장). 이에 대한 평가는 A. D. Smith(2004a, 3장)를 보라.
6) Kedourie(1960과 1971, 서론). 지식인의 역할을 강조했던 다른 사람들에는 Shils (1972), Berlin(1979), Hutchinson(1987)이 포함된다.

orthodoxy)이 되었다. 모든 곳에서 민족들과 민족주의의 근대성이 자명한 진리처럼 선언되었다. 그리고 거기에 도전하는 질문자는 근대 민족주의의 렌즈를 통해 전근대적 과거를 보는 '회고적 민족주의'의 오류를 범하고 있다는 비난을 들어야 했다.

왜냐하면 근대주의자들은 다음과 같이 주장했기 때문이다.

1. 민족주의, 이데올로기와 운동은 근자의 것이며 동시에 아주 새로운 것이다.
2. 민족 또한 근자의 새로운 것이다.
3. 양자는 '근대화', '근대성'의 상태로 나아가는 사회들의 지구적 운동의 산물이다.

이러한 견해에서는 전근대 시대에서, 즉 가장 빨리 잡더라도 18세기 이전에서 민족주의는 말할 것도 없고 민족들의 근원(根源, roots)을 찾는 문제는 있을 수가 없다. 정말이지, 민족들과 민족주의는 대중적 현상이고 그 '대중'은 복지국가(the welfare state)의 등장과 더불어 비로소 역사에 출현했으므로 19세기 말이나 20세기 초 이전에는 민족들의 특징(lineament, 얼굴 생김새)이 식별될 수 없다고 주장했던 사람들이 있었다.[7]

그러나 근대주의적 시각은 시대구분의 문제에만 국한되지 않았다. 그것은 여러 다른 기본전제들을 가지고 있었고 그 기본전제들

••
7) Connor(1990, 2004, 2005)를 보라. 그리고 A. D. Smith(2004b, 2008a 1장)에 있는 나의 대답을 보라.

은 일부 예외를 제외하고는 그것을 적극적으로 지지하는 사람들의 분석들을 주도(主導)하였다. 의심의 여지 없이, 이들의 기본전제 가운데 가장 중요한 것은 민족들이 '현실적인(real, 가상이나 허구가 아니라 진짜로 존재하는)' 사회학적 공동체들이지 단순히 분석자가 만들어낸 인조물이나 (미국 캘리포니아 대학 사회학 교수) 로저스 브루베이커의 비판적 용어인 장기지속적 '실체'가 없는 담론구성체(discursive formations without enduring 'substance')가 아니라는 사고였다. 도이치, 겔너, 톰 네언 등에게 민족은 남들과 구별되는 주민, 특정한 영토, 남들과 구별되는 제도와 역할들, 유사한 그러나 유일무이한 문화들로 구성된다. 이런 의미에서 민족은 특유한 종류의 사회학적 공동체였고, 그것을 위하여 지도자들은 최후의 희생을 포함, 희생을 하도록 그 주민들을 동원할 수 있는 공동체였다.[8]

두 번째 기본전제는 민족주의들과 민족들은 단지 시간적 수열에 의해서뿐만 아니라 지리-문화에 의해서 역사에 깊숙이 뿌리를 내리고 있다는 것이었다. 심지어 겔너조차도 민족주의들이 이전부터 존재해온 문화적 재료들(cultural materials)—비록 부정적인 것들일지라도 그것들에 의존하여 그들의 민족-형성 사업을 수행한—을 필요로 한다는 것을 인정했다. 민족들은 족류공동체라는 '배꼽'을 갖지 않을 수도 있지만, 특정한 주민을 다른 사람들과 구별하고 그들을 하나로 묶는 것을 가능케 해주는—영토를 포함한—몇 가지 구성요소가 있어야 했다. 헤르더 이후로 언어는 흔히 천혜의 시멘트였

. .
8) Deutsch(1966), Gellner(1964, 7장), Nairn(1977, 2장). '실체론(substantialism)'에 대한 비판은 Brubaker(1996, 1장)를 보라.

으나, 이전부터 존재해온 국가전통도 필요한 접착제일 수 있었다. 그래서 이전부터 존재해온 공동체를 애써 부인했음에도 불구하고, 근대주의자들의 '근대 민족'에는 그것을 토대로 작용하는 조상의 재료들이 완전히 결여되어 있던 것은 아니었다.[9]

셋째, 근대주의자들은 민족들을 행동과 목표의 공동체들로 보았고, 그래서 민족들의 창출을 그 공동체 내의 혁신적인 개인들과 집단들의 작품으로 보았다. 그래서 '민족-건설'은 사회적·정치적 근대화 프로젝트의 본질이라고 주장되었고, 민족주의는 민족을 위한 역동적인 집단적 노력과 희생의 이데올로기였고, 그 결과 민족주의 지도자들과 그들의 운동에 의한 민족주의 이데올로기의 실현은 그것의 발전 잠재력의 결과이자 목적이었다. 이러한 관점에서, 결과를 낳는 능력으로 간주된 권력은 억압을 종식시키기 위해서일 뿐만 아니라 근대 민족이라는 완전히 참여적인 정치공동체를 창출하기 위해 꼭 필요했다.[10]

근대주의에 대한 비판들

①사회학적 리얼리즘, ②역사에 깊숙이 뿌리내림, ③집단적인 정

..
9) 1995년 워릭논쟁(the Warwick Debate)에서 Gellner(1964, 7장)는 에스토니아인을 완전히 근대적인 민족의 경우(즉 근대 이후에 돌연히 생겨난 민족의 경우)로 인용했다. 그러나 증거들은 그 이전에 그들에게 족류집단의 차이에 대한 인식이 있었고, 그것은 종교개혁 이후에 문학과 교육에 의해 강화되었음을 보여준다. Raun(1987)을 보라.
10) 근대국가의 역할에 대해서는 Breuilly(1993, 특히 367-80)와 Mann(1993)을 보라. Deutsch and Foltz(1963) 이외의 민족건설에 대해서는 Bendix(1964), Eisenstadt(1973), Rokkan et al.(1973)을 보라.

치 행동. 이것이 근대주의의 전형적 특징이고, 그런 특징들이 민족들과 민족주의 연구에 대한 근대주의의 지속적인 공헌을 요약한다. 그러나 그것들이 명확히 표명되고 있었을 때에도, 근대주의의 선결 조건들의 일부 또는 전부를 부정하면서 거기에 이의를 제기하는 목소리가 있었다. 여기에서 나는 족류-상징적 주장을 좀 더 깊이 살펴보기 전에 그와 같은 비판 세 개를 간략히 개괄해보겠다.

원생(原生)주의

그 비판들 가운데서 가장 잘 알려진 것들은 **원생주의**(primordialism)라는 포괄적 용어(umbrella term)*로 묶을 수 있다. 원생주의는 여러 학계에서 자연주의, 본질주의, 회고적 민족주의의 죄악들을 합쳐놓은 오욕(汚辱)의 용어, 즉 노골적인 비난의 대상이 되었다. 전부는 아닐지라도 일부 민족주의자들이 '원생주의자'로 명명될 수 있다는 것은 확실하다. 그들은 민족들이 '태초'로부터 이곳저곳에 있었고 그래서 비록 자연 그 자체는 아니지만 민족은 인간의 조건에 내재해 있다고 주장했다. 이데올로기이자 운동인 민족**주의**는 근자의 아주 새로운 것일지라도, 민족들은 확대된 형태의 친족관계로 간주되었고, 확대된 친족관계로서 민족들은 사방에 편재해 있고 가족이 생긴 이래로 존재한다고 (원생주의는) 보았다. 물론 특정한 민족들은 역사적

---

* umbrella term(포괄적 용어, 상위 용어)은 같은 범주에 속하는 여러 다양한 기능들이나 항목들을 포괄하기 위해 사용되는 용어를 말한다. 예컨대 소리를 내는 여러 다양한 물건들을 악기(instruments)라는 umbrella term으로 포괄하는 것과 같다.

시간대에 등장하고 쇠퇴했고, 모든 유기체나 모든 형태의 공동체처럼 변화를 겪었다. 그러나 공동체의 범주이자 형태로서의 민족은 반복적·초역사적·다문화적이었다.

근자에 나타난 '원생주의'는 두 가지 형태를 취했다. 첫 번째는 사회-생물학적이다. 그 중심인물인 피에르 반 덴 베르그는 민족들을 족류공동체 및 인종들과 함께, 궁극적으로는 개인의 유전자 복제 충동으로부터 도출되는 확대된 친족관계의 표현으로 본다. 족내혼과 족벌주의와 같은 메커니즘을 통해 개인의 유전자 풀을 극대화하려는 욕망은 확대된 가족을 넘어서 '내포적 적합성(inclusive fitness)'을 지닌 보다 광범위한 집단을 창출한다. 그러나 이 경우, 생물학은 문화—즉 공동의 음식, 의복, 말, 관습과 같은 문화적 기호들을 사용하여 다른 사람들과의 친근감을 인지하는 행위—에 의해 보충된다. 근자에 비판에 답변하면서 반 덴 베르그는 그의 이전의 분석을 특정한 영토 안에서 강압을 행사하는 국가들의 발흥에 의한 좀 더 특유한 민족이론으로 보충했다. 그러나 이것은 민족들을 생물학적 하층부(biological substratum)로부터 도출해내는 것을 더욱 약화시킨다.[11]

두 번째 형태는 문화적이다. 1963년에 클리포드 기어츠는 에드워드 실즈의 행동성향 유형론*에 입각하여 '원생적' 행동성향과 '시민적' 행동성향을 구분했다. 첫 번째가 언어, 관습, 종교, 인종, 영토의 '문화적 소여**'라고 그가 명명한 것들로부터 도출되는 반면, 시민

••

11) van den Berghe(1978, 1995)를 보라.

---

* 실즈(Edward Shils)는 유대(紐帶)를 원생적 유대, 사적인 유대, 종교적 유대, 시민적 유대의 네 유형으로 나눈다.

적 행동은 아프리카와 아시아의 신생국들이 그들 사회의 깊은 문화적-원생적 분열을 극복하는 데 매우 필요한 근대국가와 그것의 합리적 효율성의 세속적 질서를 지향했다. 기어츠에게 원생성은 개인들에 의해 생겨난 것이지, 문화적 유대 안에 내재한 것이 아니었다. 그럼에도 그것은 다른 것에 선행하고 사람들을 하나로 묶는 것으로 느껴졌고 그러므로 합리적 질서에 위협이 되었다. 왜냐하면 민족주의는 세속적인 국가질서를 창출하는 방향으로 나아가지만, 족류집단들과 민족들은 '문화적 소여'에 의해 창출된 균열(cleavages)*** 때문에 생겨난 것이기 때문이다.[12]

좀 더 근자에 이러한 유형의 분석은 스티븐 그로스비****에 의해 확대되었다. 그의 저술의 요지는 역사적 '신-영존주의'의 그것에 가깝지만(아래를 보라), 그로스비는 기어츠가 원생적 행동들을 비사회

••

12) 그의 행동성향 유형론에 대해서는 Shils(1957)를 보라. 기어츠의 논문에 대해서는 Geertz(1973)를 보라. 문화적 원생주의자들에 대한 전반적으로 긍정적인 평가는 Horowitz(2004)를 보라.

** 소여(given), 인식에 있어서 사유 작용에 앞서 전제되는 것으로, 사유 자체에서 이끌어낼 수 없는 '주어져 있는' 것을 말한다.
*** 균열(cleavages), 사회구성원들 사이의 집단적 갈등과 대립을 야기하거나 야기할 가능성을 지닌 사회적 구분을 의미하는 개념. 정치학에서는 정당체계의 유형적 특징을 만들어내는 사회적 갈등라인 혹은 분획(分劃)선을 의미한다.
**** Steven Grosby는 클렘슨 대학교의 종교학과 교수로 구약성서에 대한 사회학적 분석으로 유명하다. 스미스에 의하면, 그로스비는 대체로 기원전 7세기 말의 이스라엘은 완전한 민족이라고 본다. 그로스비는 민족을 '영토적 출생공동체(a territorial community of nativity)'라고 정의하면서, 태어난 땅의 이미지에 대해 애착심을 품는 인간의 경향은 인간의 행위에 대한 근본적인 것을 암시한다고 주장한다. 스미스(2000, 45) 참조.

적이고 심지어는 비합리적인 것으로 취급했다고 비난하는 비평가들에게 답하면서, 원생성은 삶을 보존하고 유지하기 위한 것이라고 느끼는 인간조건의 여러 특징 때문에 생겨난다고 주장하였다. 그 가운데 가장 중요한 것이 친족관계와 영토성이다. 삶이 보존되고 고양된다고 느끼는 것은 우리 고국의 흙의 결실을 통해서 그리고 우리 가족의 한가운데에서이다. 그러므로 민족은 시간적으로 깊고 하나의 영토 안에 묶여 있지만 지역적 토착성을 넘어서 있는 관계이고, 이러한 관계의 예들은 프랑스혁명이 있기 오래전, 즉 고대 이집트와 이스라엘로 멀리 소급되어 발견할 수 있다.[13]

그로스비의 확장은 부분적으로, 문화적 원생주의자들이 민족들과 민족주의에 의해 야기된 격렬함과 격정을 분명하게 부각시켰음에도 불구하고, 그들이 이 분야의 대단히 중요한 양상에 대해 어떤 설명도 내놓지 못했다는 비판에 답한다는 의도를 지니고 있었다. 그의 가설은 비록 사변적이지만 그가 고대 근동의 민족성이라고 명명한 것에 대해 그 자신이 조사한 것에 의해 뒷받침되고 있는데, 이 문제는 나중에 다시 다룰 것이다.

신-영존(永存)주의

이 지점에서 근대주의에 대한 두 번째 비판이 중요해진다. 나는

··

13) Eller and Coughlan(1993)이 원생적 유대에 관한 기어츠의 논문에 대해 비판한 것에 대한 응답은 Grosby(2002)를 보라. 또한 Glosby(2006)를 보라.

이러한 비판에 **신-영존주의**라는 명칭을 붙였는데, 왜냐하면 그것은 역사가 기록된 모든 곳에 민족이 있다고 보았던 구(舊)견해 즉 구영존주의를 거부하면서도, 적어도 **일부의** 민족들은 전근대 시대에 번성했다는 믿음을 되살려놓았기 때문이다. 오직 신-영존주의가 등장한 오늘날에 와서야, '민족'이라는 이름을 부여할 수 있는 문화적 주민들과 '민족'이라는 이름을 부여할 수 없는 주민들을 구별할 수 있게 되었고, 민족에 대한 개념정의와 민족임을 입증하는 역사적 증거에 대해서도 훨씬 더 신중해졌다.

일반적으로 말해, 여기에 해당하는 역사가들은 '지속적인 신-영존주의자들'이라고 명명될 수 있다. 즉 그들은 필요한 변경을 가하여 우리는 근대에서와 마찬가지로 고대나 중세에서도 어떤 점으로 보아도 똑같은 민족공동체에 대해 이야기할 수 있다고 주장하면서, 특정한 근대 민족들의 전근대적 근원과 전근대와의 연속성을 추적하는 데 주로 관심을 기울인다. 이 점에서 유대인들과 아르메니아인들이 원형(原型)이 되었다. 스티븐 그로스비에게, 이 두 공동체는 시간적으로 깊고 영토적으로 초지역적이지만 그 영토에 묶여 있는 토착성을 지닌 관계로 간주될 수 있고, 따라서 정당하게 민족이라고 기술될 수 있다. 그러나 그는 그들 구성원들의 다수 심지어는 대다수가 그들의 고국으로부터 추방당한 일이 그들의 변화된 정치적 지위와 일직선적으로 그들의 명칭을 변화시키는지 아닌지를 우리에게 말해주지 않는다.[14]

중세를 연구하는 역사가들에게 시범 사례를 제공하는 것은 잉글

..
14) Grosby(2002 특히 5장)를 보라.

랜드다. 이것은 잉글랜드에서 우리가 중앙집권적 국가의 가장 오래되고 가장 강력한 예들 중 하나를 볼 수 있기 때문이다. 앵글로-색슨 시대 말기로부터 지금 잉글랜드를 구성하는 이들은 대부분 노르만인들이 이미 하나로 통일된 왕국 위에 건설한 유일한 수도의 지배를 받았다. 14세기 이후, 단일한 잉글랜드의 법과 언어는 국가기구와 그것의 주(州), 배심재판, 주지사 제도를 지원했다. 아드리안 헤이스팅스*, 존 질링엄**, 패트릭 워말드*** 같은 신-영존주의자들에게, 이것은 적어도 14세기에 잉글랜드 민족이 존재했다는 증거다. 이와 비슷하게, 콜레트 본****에게, 비록 그것이 궁정과 성직자 주변의 소규모 엘리트에 국한되었을지라도, 우리는 이미 14세기에 이르러 프랑스인의 민족정체성 인식*****에 관해 말하기 시작할 수 있다.[15]

• •

15) 일반적인 입장은 Hastings(1997, 특히 2장)에서 힘차게 개진되었다. 중세 잉글랜드에 대해서는 Wormald(2005), Galloway(2004), Gillingham(1992), 그리고 그에 대한 비판은 Kumar(2003)를 보라. 프랑스 중세왕국의 자아상(自我像, self-image)은 Beaune (1991), Strayer(1971, 15, 16장)에 의해 탐구된다.

---

* Adrian Hastings(1929-2001), 로마가톨릭 신부이자 역사가. 모잠비크 독립전쟁 시에 일어난 "Wiriyamu massacre"에 관한 책과 *The Construction of Nationhood: Ethnicity, Religion and Nationalism*(Cambridge: Cambridge University Press, 1979)을 썼다.
** John Gillingham은 런던정경대 중세사 교수로서 2007년 영국 학술원 회원으로 선출되었다. 앙주 제국(헨리 2세가 다스리던 1154-89년의 영국) 전문가다.
*** Charles Patrick Wormald(1947-2004), 역사가인 Brian Wormald의 아들로 태어나 이튼 칼리지를 졸업한 영국의 유명한 중세사가로 초기 잉글랜드 기독교사회 전문가.
**** Colette Beaune은 1947년생으로 파리 10대학 중세사 교수로서 중세 말을 전공했으며 중세 말 프랑스 왕조와 영토의 상징적 표상들과 같은 민족적 이미지 연구를 통해 프랑스 민족의 탄생을 연구한 논문으로 1984년 국가학박사학위를 받았다.
***** a sense of French national identity는 '프랑스인이 민족정체성을 의식하고 있고 그것이 중요하다고 믿는 것'을 의미한다.

이러한 논지의 타당성이 인정된다면, 근대주의는 유지될 수 없을 것이다. 그러나 이 지점에서, 우리는 연대기적 근대주의와 구조적 근대주의라는 두 종류의 근대주의를 구분할 필요가 있다. 연대기적 근대주의는 단지 역사적 사실로서 민족들은 18세기 말의 민주주의 혁명들 이전에는 등장하지 않았고 그래서 근대 민족과 닮은 전근대적 민족 같은 것은 순전히 우연에 지나지 않는다고 주장한다. 구조적 근대주의는 민족이란 아주 간단히 말해 근대적 범주와 유형의 공동체라고 주장한다. 그것은, 그때에 이르러서야 비로소 첫 번째 사회들이 충분한 사회적·문화적·정치적 '근대화'를 겪었기 때문에 그러한 사회들이 근대로 접어든 18세기 말 이전에는 등장할 수 없다고 주장한다. 민족이라는 모호하고 복잡한 개념을 근대화라고 하는 그 또한 신축적이고 복잡한 개념에 의해 설명한다는 문제를 제쳐놓는다면, 신-영존주의적 비판은, 비록 우리가 신-영존주의의 발견들이 근대주의의 연대기를 약화한다는 사실을 인정한다고 하더라도, 구조적 또는 사회학적 근대주의에 타격을 주지 못한다. [즉 신-영존주의의 비판에도 불구하고, 구조적 또는 사회학적 근대주의는 비교적 온전하게 유지된다. 왜냐하면] 근대주의들은 첫째, 신-영존주의 역사가들은 일반이론 없이 그리고 종종 민족됨*에 대한 자신들의 범주를 명확하게 정의하지 않은 채 작업을 하며 둘째 아주 일찍 등장한 소수의 민족들이 있었다고는 해도, 대다수의 민족들은 1800년 이후에 와서야

---

* 민족됨(nationhood)은 어떤 집단이 하나의 민족으로서의 자격을 갖게 된다는 의미지만, 거기에는 개인과 민족의 일체화가 이루어진 상태라는 의미도 포함된다. 앞으로 나오는 '민족됨'은 '개인과 민족이 일체화됨으로써 생겨나는 민족적 자각' 정도로 읽으면 이해에 도움이 될 것이다.

등장했고, 이것이야말로 민족이 다름 아닌 근대성이라는 특별한 조건에 딱 들어맞는 새로운 유형의 공동체임을 증명하는 근본적인 이유라고 반박할 수 있기 때문이다.[16]

포스트-모던적 비판들

방금 언급한 것에 근거하여, 포스트-모던적(어떤 경우엔 포스트-모더니즘적) 방향전환은 근대주의에 대한 세 번째 비판을 낳는다. 민족들과 민족주의가 근대 시대에 '속하고' 근대 시대에 깊이 뿌리내리고 있다는 점에서 근대주의자들과 의견이 일치하지만, 이 유형의 분석은 한 걸음 더 나아가 우리는 지금 포스트-모던 시대로 진입하고 있으며 그래서 민족국가라는 이전의 지배영역은 해체되어 다른 것으로 대체되었고, 민족주의는 점차 거부되(거나)고 힘이 약해지는 '포스트-민족적' 질서의 출현을 목격하고 있다고 주장한다.

그것의 본질상, 이러한 유형의 분석은 제각각이다(즉 서로 성격이 다르다). 대여섯 가지 이론적 발전들을 포스트-모던적 비판이라는 이름으로 묶을 수 있는데, 페미니즘적 비판, 규범적 비판, 담론비판, 미시적 수준의 비판 등이 여기에 포함된다. 가장 많이 발견되는 공통점은 거대이론과 거대서사에 대한 부정이고, 대개 민족들과 민족

••
16) 역사학을 배경으로 신-영존주의와 족류-상징주의적 입장을 강하게 비판하고 근대주의적 개념과 이론에 대해 활발한 진술을 하고 있는 Breuilly(1996, 2005a, 2005b)를 보라.

주의를 도구적인 이유뿐만 아니라 흔히 상징적인 이유로 다양한 엘리트들이 창조해낸 것으로 보는 구성주의적 접근방법을 사용한다. 물론 폴 브라스* 같은 일부 근대주의자는 근대 인도와 같은 사회들에서의 민족주의의 발생(genesis)에서, 대중의 지지를 얻기 위한 엘리트들의 경쟁에서 문화적 상징들이 갖는 중심적 역할을 진작부터 강조했다. 그러나 포스트-모던적 구성주의자들은 민족주의와 '원생주의'의 본질주의와 자연주의에 대해 반발하면서, 홉스봄과 랭거가 주장했듯이, 민족을 궁극적으로 사회적 통제를 목적으로 '발명된 전통들'을 이용하는 엘리트들에 의해 만들어진 가공물(架空物, fiction)로 보거나 앤더슨을 본받아 새로운 형태의 '상상의 공동체'**, 즉 언어적·상징적 관행의 담론구성체로 본다.[17]

현장에서 민족주의 관행을 연구한다는 생각은 마이클 빌리히의 혁신적인 작업을 통해 영향력이 커졌다. 그러나 빌리히에게 중요한 것은 더 큰 그림이었다. 서구의 '흔들리지 않는 깃발'의 '일상화된' 민족주의들(the 'banal' nationalisms of the 'unwaved flag')***은 언제나 서구 이외의 곳에서의 '뜨겁고' 활동적인 변종들(the 'hot' and active

••

17) 인도에서 엘리트에 의한 문화상징의 이용에 대해서는 Brass(1985, 1991)를 보라. '발명된 전통'과 '상상의 공동체'는 Hobsbawm and Ranger(1983)와 Anderson(1991)에 의해 제안되고 탐구되었다.

---

* Paul R. Brass는 워싱턴 대학의 정치학 및 국제관계 교수로, 1961년 이후 인도 아대륙을 연구하고, 인도정치에 관한 여러 저서들을 펴냈다.
** imagined community는 통상 '상상의 공동체'로 번역되지만 정확하게는 사람들이 자신의 '상상을 통해 만들어낸', 즉 '상상된 공동체'라는 의미를 지닌다.
*** 요란하지 않지만 평범하게 느껴질 정도로 몸에 깊숙이 배어 있는 일상화된 서구의 민족주의들을 말한다.

varieties)과 대조를 이루고 있었다. 로저스 브루베이커의 소비에트 및 포스트-소비에트 민족문제에 대한 연구는 한 걸음 더 나아간다. 민족주의적 관행의 제도적 성격을 강조함으로써 브루베이커는 초점의 변화를 촉구하는바, 장기지속적이고 실체적인 사회학적 공동체로서의 민족의 관념으로부터 벗어나 민족을 단순히 근대국가들의 범주화와 분류법에서 기인한 민족주의적 디자인, 관행, 사건들의 결과로 보는 견해로 나아간다.[18]

거대이론으로부터의 유사한 후퇴는 문화적 차이, 상황적 족류성, 민중적 민족문화를 문제 삼은 근자의 저술들에서 분명하게 나타난다. 호미 바바*와 같은 사람들(포스-모던주의자들)에게, 문화 차이는 더 이상 줄일 수 없다. 그 결과 민족정체성에 대한 전통적 서사는 돌이킬 수 없을 만큼 잡스러운 혼성체로 밝혀지고, 이전 식민지민들, 외국인 노동자들, 피난민 등이 서구로 유입되면서 파편화된다. 다른 사람들은 결국 족류성을 해체한다. 에티엔느 발리바와 이매뉴얼 월러스틴은 족류성을 특정한 영토국가 안에 포함되는 주민들을 이식된 족류공동체로 바꾸는 민족화의 과정과 더불어, 얼마든지 모습을 바꿀 수 있고, 변하기 쉽고, 상황에 따라 달라질 수 있는 것으로 본다. 이러한 민족화의 실행은 팀 에든서**에 의해 좀 더 일상적이고 민중적인 수준에서 분석된다. 민족의 공간화, 공연(公演), 물체화, 표상

••
18) 각인된 또는 일상화된 민족주의에 대해서는 Billig(1995)를 보라. 소련의 민족성 관행에 대해서는 Brubaker(1996)를 보라.

---

* Homi Jehangir Bhabha(1909-66), 인도의 핵물리학자. 인도 핵 프로그램의 아버지로 알려져 있다.

화의 과정들은 미디어나 공식문화에서와 마찬가지로 일상 활동에서도 발견할 수 있다. 그리고 그것들은, 비록 그러한 개념들이 민중의 일상적 용도에서 더 복수화되고 파편화될지라도 민족의 개념을 깊이 뿌리박는 데 기여한다.[19]

민족정체성이라는 하나로 통일된 인식의 잡종화와 파편화에 대한 이러한 강조는 이론적으로도 그리고 경험적으로도 도전을 받았다. 비록 민족공동체 안에 여러 소수의 목소리가 들렸을지라도, 공식적인 민족 서사는 여러 민족국가의 구조와 관행이 그러하듯이, 영속된다. 지구적인 이주는 여러 서구국가의 족류구성을 분명히 확대시켰지만, 이주민과 피난민의 초민족적 권리에 이의가 제기되는 것과 같이, 민족정체성, 인권, 국가안정성의 서사를 둘러싸고 점점 더 지독한 투쟁이 벌어지고 있다. 이론적으로, 민족적 파편화와 세계화의 결과로서의 포스트-모던적, 그러므로 포스트-민족적 질서라는 이전의 전제(前提, assumption)도 지구적 추세가 민족국가와 민족주의를 약화하기보다는 재활성화한다고 보는 사람들에 의해 도전을 받았다. 더욱더 중요한 것은 포스트-모던적 비판이 거대서사(이 경우에는 근대주의 서사)에 의존한다는 사실이 입증되었다는 것인데, 그들 자신의 경험주의적이고 흔히 미시 수준의 방법론은 그런 사실을 얼버

• •

19) 일상적인 민중민족주의의 여러 가지 차원은 Edensor(2002)에 의해 탐구되고 예증된다. 족류성의 자연화(naturalisation) 과정에 대해서는 Balibar and Wallersein(1991), '잡종화된 정체성(hybridised identities)'에 대해서는 Balibar(1990, 16장)를 보라.

_____

** Tim Edensor는 Manchester Metropolitan University의 교수다. 2002년에 *National Identity, Popular Culture and Everyday Life*(Oxford and New York: Berg)를 발간했다.

무리는 역할을 했다. 그러므로 그것을 대체할 수 있는 대안적 패러다임들을 제시함으로써 근대주의와 이론적으로 씨름을 해볼 필요가 있다.

족류-상징적 비판

역사적 족류-상징주의는 우세한 근대주의적 통설에 대해 근본적이지만 지금까지 논한 것들과는 조금 다른 비판을 함으로써 그와 같은(즉 족류-상징주의라는) 패러다임을 제시한다. 족류-상징주의는 과학적 의미의 이론을 제공하지는 않지만, 족류-상징주의는 민족들과 민족주의 연구를 위한 대안적 접근방법과 리서치 프로그램을 제공하려고 노력한다.

그러나 그러기 전에, 근대주의와 견해를 같이하는 몇 가지 기본적인 사항을 진술하는 것이 중요하다. 여러 종류의 '포스트-모던적' 비판에 맞서, 족류-상징주의자들은 민족들을 '현실적인' 사회학적 공동체로 인식하는 것의 중요성에 대해 근대주의자들과 의견을 같이한다. 민족들의 건설에 아무리 상상(imagination)의 요소들이 들어온다고 하더라도, 그 결과는 하나의 구성물 및 담론구성체보다 훨씬 더 큰 가치와 중요성을 갖는다. 왜냐하면 일단 창조된 민족공동체들은 '그것들 자체의 삶'을 갖기 때문이다. 즉 그것들은 현실적인 사회적 중요성을 가지며 그 구성원들은 민족들이 없었다면 그렇게 하지 않았거나 하려고 하지 않았을 것이 분명한 특정한 방식으로 행동한다. 우리가 사회와 정치에 민족들의 출현과 지배의 깊은 결과를 파악하려면 민족들이 없는 세계를 상상하려고 노력하기만 하면 된다. 오늘날 '사회'의 개념은 국가가 있든 없든 상관없이 '민족'의 개념 이상도 이하도 아니라고 말할 수 있을 정도가 되었다.

동일한 방식으로 족류-상징주의자들은 민족들을 역동적이고 목표를 지닌 행동의 공동체로 인식한다는 점에서 근대주의자들과 의견을 같이한다. '민족', '민족정체성', '민족주의'와 같은 용어들에 의해 제기된 지속적이고 심각한 개념적 혼란을 감안할 때, 민족을 순전히 국가와 국가 엘리트들에 의해 창조되고 조작되는 '담론구성체 (discursive formations)'로 간주하고 싶어진다. 그러나 이것은 '열정'의 문제를 기피하는 결과를 낳는다. [한마디로 말해] 수많은 사람들이 '그들의' 민족에 대해 느끼는 강한 헌신과 열렬한 애착심을 기피하는 결과가 되어버린다. 사람들은 [일개] 담론구성체를 위해 그들의 삶을 버리지 않는다. '민족'이 상상될 뿐만 아니라, 느껴지고 우리의 의지의 대상이고 행동목표이듯이, 오늘날 민족의 여러 구성원은 그들 자신의 이익, 요구, 안녕이 '그들의' 민족의 안녕 및 운명과 밀접하게 연결되어 있다고 느낀다.

의견이 일치하는 영역이 또 있다. 근대주의자들과 족류-상징주의자들 모두에게 민족들은 특정한 역사적 그리고 지리-문화적 맥락 속에 깊숙이 뿌리박은 역사공동체들로 인식된다. 그 결과 그것들의 기원, 성격, 도정은 인과적인 역사적 분석을 허용한다. 그리고 민족주의 이데올로기와 운동도 마찬가지로 인과적인 역사적 분석이 가능하다. 이것은 민족들이 '본질'을 가지고 있다고 주장하거나 민족들과 민족주의들을 물화(物化, reify)하려는 것이 아니라 그것들을 특정한 시간과 공간의 맥락 속에 위치한, 그 구성원들이 그것들을 그들 자신의 이익과 비전의 자원이자 도구로 그리고 친근한 사회적 결속과 문화적 유대로 보는, 공동체이자 운동의 형태로 보는 것이다.

그러나 이런 점들을 제외하면, 족류-상징주의자들은 서너 가지 핵심 쟁점에서 근대주의자들과 의견을 달리한다. 여기에는 상징자원, 장기지속(la longue durée), 족류공동체(ethnie)와 민족, 엘리트와 대중, 충돌과 재해석의 문제들이 포함된다.

1. 상징(象徵)자원*

근대주의 패러다임에서 물질적 요인들의 중요성은 과도할 정도로 크다. 근대성 그 자체가 새로운 기술적·경제적 '토대'를 통해 이루어졌다고 여겨지며, 그래서 정치와 문화의 변화는 이러한 물질적 혁명의 속성으로, 즉 물질적 혁명이 있어야만 정치와 문화의 변화가 있을 수 있다고 간주된다. 주요 근대주의 이론가들도 문화적·정치적 변수를 고려하는 것은 사실이다. 도이치는 사회적 커뮤니케이션과 언어, 겔너는 언어와 문화, 네언은 낭만주의와 포퓰리즘, 헤치터는 문화적 연대, 홉스봄은 '발명된 전통들', 브루이는 근대국가, 그리고 [브루이가 쓴 책의] 한 구절에서는 공식적인 의례와 의식, 앤더슨은 우리의 시간관념의 변화와 밀접한 관계가 있는 인쇄기술과 인쇄 자본주의의 언어와 담론적 관행을 고려한다. 그러나 이런 것들에 많은 관심을 기울임에도 불구하고, 문화적 요인들 그리고 그보다 작은 비중을 갖는 정치적 요인들은 명확하게 자본주의의 발흥, 산업주의,

---

* 이 책에서 스미스는 자원(resources)이라는 용어를 자주 사용하고, 그것을 상징자원(symbolic resources), 물질자원(material resources), 문화자원(cultural resources) 등으로 나눈다.

또는 이 양자 모두에 좌우된다. 케두리의 관념주의조차도 그것의 정치적 출발점을 프랑스혁명으로 잡는다.[20]

이것은 불가피하게 결코 전적(全的, 하나도 남김없이)이라고까지 할 수는 없어도 눈에 띄게 도구적인 분석을 낳는다. 관심은 엘리트 행위자들과 계급들의 이익과 욕구에 집중되고, 신분적 요인들과 이데올로기들은 흔히 민족주의적 행동의 '현실적(real, 가상이나 허구가 아닌 진짜)' 동기들에 좌우되고 때로는 그러한 동기들을 은폐하는 것으로 여겨진다. 이것은 기존의 도시 거주자들과 새롭게 프롤레타리아트화한 신참자들 사이에서 부족한 도시 자원을 둘러싸고 경쟁이 벌어진다고 한 어니스트 겔너의 분석에서 쉽게 찾아볼 수 있다. 그렇지 않은 경우, 그 동기는 권력의 극대화다. 예를 들어, 존 브루이는 어떻게 민족주의가, 자본주의의 진전에 의해 스스로를 사회로부터 점차 분리해내는 근대국가의 지배권을 장악하려는 운동을 통해, 경쟁하는 계급들과 계층들의 이익을 동원하고, 협력하고, 정당화할 수 있는지를 설명한다. 그 결과 주관적인 구성요소들은, 부정되지는 않지만 격하(格下)된다. 그것은 근대주의자들이 '의지(will)'와 '의식(consciousness)'과 같은 사회심리학적 요인의 중요성을 인정하려 하지 않기 때문은 아니다. 그러나 그들은 사회심리학적 요인을 부수현상이라고까지는 아니지만 종속적인 요소, 즉 물질적인 요인들이 인간의 관심(human interests)을 몰고 가는 그 '트랙을 (사회심리학적 요인들이) 바꿀' 수는 없다고 본다. 심지어 앤더슨의 유일무이한 출발

••

20) Hechter(1975와 2000), Breuilly(1993), Anderson(1991), Hobsbawm and Ranger (1983), Gellner(1983), Nairn(1977), Deutsch(1966), Kedourie(1960)를 보라.

점을 특징짓는 '상상'이라는 특성도 근대 시대에 성공적으로 상상될 수 있는 것의 토대가 되는 (상상에 앞서 존재하는) 일군의 물질적·제도적 선행요인들에 의존한다.

물질자원 그리고 권력의 차이(power differentials)가 그런 조건 하에서 민족공동체, 민족이데올로기, 민족운동이 역사에서 중요한 역할을 할 가능성이 있는 바로 그 조건들에 영향을 미친다는 것은 두말할 나위도 없다. 그러나 그것들(물질자원과 권력의 격차)은 그것들(민족공동체, 민족이데올로기, 민족운동)의 내용이나 강도를 결정하지 않는다. 그것들은 어떤 공동체, 어떤 이데올로기, 정체성에 대한 어떤 인식이 출현하고 뿌리를 내릴 것인지를 우리에게 말해줄 수 없다. 막스 베버가 주장했듯이, 어떤 이데올로기를 '담지하는' 하나의 계급이나 신분집단이 선택적 친화성*에 의해 그들을 끌어당기는 하나의 이데올로기를 다시 만들 수도 있다. 그러나 그 계급이나 신분집단은 단지 그것의 당초 처방을 따라, 즉 개인들에 의해 제안되고 핵심 서클(반드시 엘리트 서클일 필요는 없다)에 의해 채택된 그 내용에 따라 그렇게 할 수 있다. 그것들의 내용과 그것들의 호소력을 설명하려면 우리는 다른 곳으로 눈을 돌려야 한다.

족류-상징주의자들에게, 그것은 공동체, 이데올로기, 정체성 인식을 그것들을 구성하는 상징자원, 즉 인구의 문화단위(cultural units of population)**의 축적된 유산을 구성하는 전통·기억·가치·신화·

---

* elective affinity라는 용어는 원래 물리학에서, 다른 어떤 물질보다 어느 하나의 물질과 결합하는 경향을 가진 물질의 특성을 언급하기 위해 사용되었다. 그런데 1809년에 발표된 소설에서 괴테가 이 용어를 자기 소설의 제목으로 삼고, 인간의 열정이 화학적 친화성의 법칙에 따르는 것처럼 이 용어를 은유적으로 사용하면서 과학과 화학법칙이

상징들에 의해 분석하는 것을 의미한다. 이것은 우리가 특정한 이데올로기와 공유된 정체성 인식의 형식·내용·호소력을 다룰 때만이라도 문화의 영역에 특권을 주는 것, 즉 그것들을 다른 사람들과 똑같이 다루는 것이 아니라 남들과는 다르게 또는 남들보다 낫게 다루는 것이다. 물질적·정치적 영역을 근대주의가 강조하는 데 반해, 족류-상징주의자들은 이데올로기와 집단행동의 동기를 이루는 주관적·상징적 자원들의 역할을 강조한다. 그렇게 함으로써 그들은 참여자들의 '내부 세계(inner world)'에 들어가고 그들의 인식과 비전을 이해하는 것을 목표로 삼는다.

2. 장기지속

근대주의들에게 민족들의 거푸집을 형성하는 것은 근대성이다. 이것은 연대기적 제약과 사회학적 평가 이 양자를 수반한다. '근대성'의 시대는 가까운 과거와 현재이고, 근대 이전의 것은 중요하지 않다. 어니스트 겔너가 표현했듯이, 민족의 근대성이라는 쟁점에 관해 말하자면,

---

여타 인간의 사회적 관계와 결혼제도를 약화시키는지 아니면 강화하는지를 검토하였다. 19세기 말 막스 베버는 그가 어릴 때 읽은 이 책의 제목을 빌려다가 이 개념을 인간관계를 설명하는 사회학의 주요 개념으로 확대·사용하였다.
** 여기서 'cultural units of population'이 무엇을 의미하는지 정확히 알 수는 없지만 내용상 족류집단(스미스는 핸델만의 연구에 입각하여 족류집단을 그 발전 수준에 따라 족류범주, 족류결사체, 족류공동체로 나눈다)을 가리키는 것 같다. 스미스는 ethnos라는 단어를 설명하면서, "이 단어는 문화적 차이의 중요성과 역사적 공동체의 느낌을 하나로 결합시킨다"고 설명한다. 이에 대한 자세한 설명은 졸저(2014, 제3부 578-9와 588 주 14)를 보라.

내 자신과 같은 근대주의자들은 세계가 18세기 말경에 창조되었고, 그래서 그 이전의 것은 우리가 직면한 쟁점들에 조금도 중요하지 않다고 믿는다.

그가 제시했던 이유는 17세기 말과 18세기의 일련의 과학적·경제적 변화들이 세계를 변화시켰고, 그 이전에는 민족들이 중요하지 않았던 곳에서 민족들을 사회학적으로 필연적인 것으로 만들었다.[21]

여기에는 두 가지 문제가 있다. 첫째는 민족에 대한 그들의 개념정의의 방식에 내재해 있는 순환논리다. 근대주의자들에게 민족은 그 개념과 사회학적 공동체 모두, 근대적인 것으로 정의된다. 민족은 근대성의 산물이므로 전근대적 민족이란 상상할 수 없는 것이 된다. 양자택일적으로 근대주의자들은 전근대사회는 '근대적인 의미의' 민족이 아니라고 주장한다. 그래서 그것들을 민족으로 보는 것은 '회고적 민족주의'에 빠지는 것이라고 본다.[22]

좀 더 심각한 문제는 그리고 부분적으로 그 결과로서, 이러한 개념정의는 특정한 민족들의 장기적인 선례들에 대한 연구에 관심을 갖지 못하게 막는다. 만약 18세기 이전에는 중요한 것이 없다면, 해당 시기가 자의적으로 제한된다면, 이전 세기들이나 이전 세대들에서 민족들의 근원을 찾는 것은 쓸데없는 일일 뿐만 아니라 잘못된 일이 된다. 이런 설명에 따르면 민족들은 아주 짧은 기간에 만들어

••

21) Gellner(1996, 366)를 보라.
22) 민족의 개념정의에 있어서 이러한 순환성은, 그것을 제외한다면, 잉글랜드 민족정체성의 창출에 대한 뛰어난 설명인 Kumar(2003, 53)에서 볼 수 있다.

지거나 발명될 수 있다. 겔너 스스로 에스토니아의 경우를 예로 드는데 에스토니아는 유럽의 근대화에 대응하기 위해 19세기 중엽 이후에 등장했다고 그는 주장했다. 반면 족류-상징주의자들에게 그와 같은 과격한 역사의 절단은 민족들이 형성되는 그리고 같은 지역에 있었던 이전의 문화적·정치적 사회형태들과 연결되는 장기적 과정들에 대한 탐구를 불가능하게 만드는 일이다.[23]

3. 족류성[*]

(민족에 대한 근대주의자들의 설명에서는 민족과) 문화와의 연관관계처럼 (민족과) 족류성과의 연관관계도 불가능해진다. 근대주의자들은 민족들과 민족주의에 대한 그들의 설명에서 족류현상을 대체로 덜 중요한 자리에 배치하거나 생략해왔다. 초기의 겔너가 족류성에 관한 모든 언급을 생략하고 그의 나중 이론에서는 거기에 단지 부차적인 지위만을 할당했다면, 홉스봄은, 족류성이 혈통을 뜻한다면 너무나도 제한적이고 족류성이 문화의 다른 구성요소들을 포함할 정도로 확대된다면 너무 모호하다는 이유로 족류성을 무시해버렸다. 앤더슨에게 그의 분석의 출발점을 이루는 것은 족류성이라

‥

23) Gellner(1996)와 앞의 주 9를 보라.

---

* 앞의 서론 맨 앞의 역주에서도 언급했듯이, '족류성(ethnicity)'은 같은 족류집단에 속하는 사람들이 가지고 있는 혈연의식, 집단적 연대, 공동의 문화를 가리키며, 이러한 내용을 가장 쉽게 전달하는 우리말은 '동포성'이다. 즉 족류성 연구란 현재 지구상에 사는 사람들을 여러 족류집단으로 나누고 그 족류집단에 속한 사람들이 내부적으로 가지고 있는 혈연의식, 집단적 연대, 공동의 문화를 연구하는 분야로서, 주로 '보통사람들'의 일상생활을 연구하는 문화연구(cultural studies)의 한 형태라고 할 수 있다.

기보다는 언어였고, 브루이, 기든스, 마이클 맨 같은 정치사가나 사회학자들에게 족류성은 기껏해야 (민족들과 민족주의의) 보완요인 (a supplementary factor)에 불과하고, 일반적으로는 민족들과 민족주의의 별 볼 일 없는 예측변수(predicator)일 뿐이다.[24]*

이렇게 (근대주의자들이 족류성을) 무시해버리는 이유의 하나는 역사에 대한 근대주의자들의 시대구분론, 즉 민족들과 민족주의는 그것들이 발생한 시간대로 볼 때 절대적인 근대성을 갖는다는 그들의 주장과 관계가 있으며, 그것(즉 민족과 민족주의는 절대적으로 근대적인 현상이라는 것)과 전근대 시대에는 족류집단이 우세했다는 사실은 어느 정도 절충될 수 있었다. 근대주의자들은 문제(민족/민족주의와 족류성과의 연관성의 문제)를 의식하지 못하는 것이 아니라 대부분 그들은 족류성을 하찮은 존재로 만들어버린다. 예를 들어 톰 네언은 1800년 이전의 족류성의 중요성과 편재성을 인정하지만, 그것은 그후 민족주의의 확산으로 제기되는 문제와는 별 상관이 없다고 주장한다. 겔너도 16세기 잉글랜드가 자신의 이론에 문제를 제기한다는 것을 인정하지만, 그는 잉글랜드의 때 이른 유동성과 개인주의를 만개한 근대화의 예고편으로 본다. 그리고 홉스봄조차도 튜더 잉글랜드**에서 우리가 아직은 설익었지만 자라나고 있는(avant la lettre) 국가 중심의 애국주의(a state-centred patriotism)***에 맞닥뜨린다는

•••

24) Gellner(1983), Hobsbawm(1990, 2장), Anderson(1991, 1장), Breuilly(1993과 1996), Mann(1995), Giddens(1984)를 보라.

---

* 예측변수는 변수들 사이의 상관을 이용하여 준거변수의 값을 예언하는 데 사용하는 변수, 즉 예보를 위한 모델에 들어가는 입력 자료로서 사용되는 요인을 말한다.

사실을 인정한다. 그러나 국가 중심의 전통이 상당한 민족적 연속성을 확보해주었던 아주 드문 사례처럼, 이런 사실은 민족들과 민족주의를 본질적으로 19세기 현상으로 보는 그의 견해를 변화시키기는 커녕 거기에 조금도 영향을 주지 못한다.[25]

반면 역사적 족류-상징주의에게, 족류현상의 편재성(遍在性, the ubiquity of ethnic phenomena)은 민족들과 민족주의의 역사사회학의 중심부에 자리 잡아야 하는 극도로 중요한 일이 된다. 이것은 서너 가지 분석을 통해 확인될 수 있다. [첫째] 개념정의상, 민족들과 족류집단들 사이에는 집단적 문화정체성의 다른 형태들에서는 찾아볼 수 없는 연관관계가 있다. [둘째] 이론적으로, 족류성은, 그것이 지니고 있는 문제에도 불구하고, 민족들과 민족주의들의 독특한 생성방식과 성격의 핵심적인 구성요소들을 설명해주는 좀 더 유익한 토대

∙∙

25) Hobsbawm(1990, 75), Gellner(1983, 91, 주 1), Nairn(1977, 2장).

** 튜더 왕조는 1485-1603년의 잉글랜드 왕조로, 헨리 7세가 열었고 강력한 왕권 하에 근대 국가의 기초를 다졌다. 헨리 7세, 헨리 8세, 에드워드 6세, 메리 1세, 엘리자베스 1세의 5대가 이어졌다.

*** 보통 애국심으로 번역되는 patriotism이란 추상명사는 근대 초(대략 18세기 초)에 생겨나 그 후 계속해서 사용됐지만, patriot는 "countryman"을 의미하는 그리스어 πατρι ώτης(patriōtēs)와 "fatherland"를 의미하는 그리스어 πατρίς(patris), 그리고 후기 라틴어(6세기의 patrota)로부터 중세 프랑스어를 거쳐, 엘리자베스 시대에 처음으로 사용된 것으로 알려져 있다. 공화주의 전통에서 patriotism은 시민들의 공유된 정치적 자유와 그것을 유지시켜주는 제도에 대한 시민들의 헌신과 사랑이며, 이런 의미에서 patriotism은 흔히 public spiritedness(즉 구체적인 장소를 가지고 있는 영토국가인 '네이션'이 아니라 공공선을 추구하는 추상적인 국가인 '파트리아'를 위해 혼신을 다하는 정신적 태도)와 동의어다. 그러나 19세기에 patriotism은 점차 민족주의적 방식으로 해석되었고, 그래서 patriotism과 nationalism은 오늘날 거의 동의어로 쓰인다.

(fruitful basis)를 제공한다. [셋째] 역사적으로, 우리는 족류공동체들이 '민족들'로 전환된 여러 중요한 사례와 여러 족류집단들의 상징요소들이 민족을 형성하는 활동을 하면서 그 이후의 민족주의들에 흘러 들어가거나 민족주의에 의해 사용되었던 훨씬 더 많은 수의 사례를 추적할 수 있다. 과거와 현재에서 족류 요소들에 대한 언급을 생략하는 것은 민족들과 민족주의의 내용과 호소력을 설명하는 과제를 훨씬 더 어렵게 만든다.

그것의 역사적 중요성과는 별도로, 족류성은 또한 (민족공동체) 참가자들의 '내부 세계'로 들어가는, 그리고 특별히 민족이 불러일으키는 대개는 아주 강한 참가자들의 헌신으로 들어가는 필수적인 입구이다. 너무나도 흔히, 대규모의 경제적이거나 정치적 요인들로부터 시작하는 분석들은 민족들과 민족주의의 상징적·정서적 차원들을 설명하지 못한다. 이런 것들을 파악하기 위해 우리는 신화, 가치, 기억, 상징의 문화·상징요소들이 이해와 염원의 준거틀을 제공하는 방식들을 탐구해야 하며, 그런 방식들은 전적으로는 아닐지라도 흔히 공동의 족류정체성 인식 그리고 공동의 조상을 지닌 하나의 문화공동체에 속해 있다는 인식 안에서 구체화된다.

4. 엘리트주의

족류-상징주의자들이 보기에 근대주의에는 강한 엘리트주의적이거나 '위에서 아래로 작용하는' 힘('top-down' thrust)이 있다. 이런 힘이 그들의 근본적인 이론적 입장으로부터 도출되는지 아닌지는 분명하지 않다. 확실히, 칼 도이치의 사회-인구학적 지표에 대한 리서치 프로그램은 도시화, 문해, 투표와 같은 대중적 변수와 활동들에 초점을 맞춘다. 그리고 어니스트 겔너 이론의 첫 번째 판본에서, 뿌리 뽑힌 마을사람들의 프롤레타리아트는 인텔리겐치아와 함께 민족주의 분리운동의 (삼지창이 아닌) 이지창(二枝槍)의 하나로 취급되었다. 그러나 겔너의 나중 이론에서는 케두리, 네언, 브루이, 앤더슨의 도식에서처럼, 중심적인 지도자 역할을 맡는 것은 '대중들'을 그들의 보살핌의 대상으로 삼거나 단순히 무의미한 존재로 보는 엘리트들이나 준엘리트들이다. '위에서 아래로 작용하는' 겔너의 접근방법을 비판하는 홉스봄조차도 그가 기술하는 종교, 지역, 언어라는 여러 민중적인 '원형 민족적인' 강한 유대감과 공동체들이 훗날의 영토적 민족주의와 필연적 관계를 갖지 않는다고 분명하게 밝힌다.[26]

우리가 보았듯이 이와는 대조적으로 '미시민족주의' 연구('micro-nationalist' studies)라는 새로운 학파는 민족주의적 관행과 제도의 대중적 표현, 즉 일상적인 매스 익스프레션(everyday mass expressions)*에 초점을 맞춘다. 미시민족주의 연구는 엘리트를 강조하고 공식적[관(官)에 의한] 대의(代議)와 과제수행을 강조하는 근대주의에 좋은 시정책이 된다. 그럼에도 족류-상징주의자들에게 이 쟁점은 분석 수준의 문제라기보다는 엘리트들과 여러 계층 간의 상호작용 그

••

26) Anderson(1991, 2장과 결론), Hobsbawm(1990, 2장), Hobsbawm and Ranger (1983, 서론과 7장), Nairn(1977, 2장과 9장), Deutsch(1966), Gellner(1964, 7장).

* mass expressions를 매스 익스프레션이라고 음역한 것은 mass media를 매스 미디어로, mass communication을 매스컴이라고 음역한 것과 같은 이치다. 즉 매스 익스프레션은 어떤 것에 대한 여러 표현이 불특정 다수의 사람들에게 마구 주어지는 것을 의미한다. 즉 민족주의적 관행과 제도에 대한 여러 표현이 불특정 다수의 사람들에게 마구 주어지는 것을 뜻한다.

리고 그들의 이상과 요구가 서로 영향을 주고 민족정체성과 이데올로기를 생성하는 데 도움을 주는 방식의 문제다. 그래서 족류-상징주의자들은 일상적이고 민중적인 민족적 관행들을 그 자체로 연구하는 데 주력하기보다는 엘리트들이 민족관념을 제시하고 촉구하는 과정에서 민중적 믿음, 기억, 문화가 어떻게 엘리트들의 견해와 행동에 영향을 주었는지, 그리고 반대로 민족주의 엘리트들의 여러 사상과 제안들이 그들이 동원하고 힘을 부여하려고 하는 명시된 인구의 여러 계층 사이에서 어느 정도까지 공감을 불러일으켰는지를 탐구하는 데 주력한다.

5. 충돌(conflict)과 재해석

근대주의자들에게 민족은 근대화 과정들—산업 자본주의, 도시화, 이동성, 민주주의, 근대국가, 세속교육 등—로부터 출현한다. 많은 문제와 어려움이 있지만, 일단 근대화 과정이 진행되면 민족공동체의 본질(nature)과 방향(direction)을 둘러싼 근본적인 불연속이나 충돌은 없다고 근대주의자들은 본다. 충돌은 오로지 내적·외적 압제자들을 대상으로 일어난다는 것이다.

여기에서 우리는 두 가지 판본의 근대주의를 구별할 필요가 있다. 도이치, 겔너, 네언에서 발견되는 근대주의의 첫 번째 판본은 민족들과 민족주의를 근대화의 흔히 들쭉날쭉한 경로에서 나타나는 필연적 발전(necessary developments)으로 본다. 예컨대 겔너는, 그의 이론의 두 번째 판본에서, 어떤 문화집단은 새로운 '고급문화'와 민족 안에 융합될 수 없기 때문에, 서로 다른 피부색과 종교를 가진 사람들 사이에서 도시의 산업공정을 둘러싸고 충돌이 일어난다고 보았다. 네언에게 제국주의적 자본주의의 불연속적인 성격은 주변부에서 억압을 당하고 있는 사람들에 의한 저항을 불러일으킨다. 오직 존 브루이만이, 비록 민족주의 운동이 그들을 화해시키고 그들의 개별적인 불만과 이익을 포섭하는 일에 어떻게든 성공한다고 설명하고 있기는 하지만, 서로 다른 준엘리트들 간의 충돌에 중심적인 역할이 부여된다. 그러나 근대주의의 두 번째 판본에서, (존 브루이가 지적한 준엘리트 간의 이러한) 충돌은 회피되거나 통제된다. 에릭 홉스봄은 엘리트들이 '발명된 전통들'*을 통해 사회적 통제권을 어떻게든 행사한다고 보는 반면, 앤더슨은 엘리트들이 행정적 순례여행과 인쇄물과 그것의 공급자들의 상상력의 결합을 통해 민족들을 만들어낸다(forge)고 본다. 이 근대주의의 두 번째 판본(즉 홉스봄과 앤더슨의 민족주의론)에서, 민족을 창출하는 일의 새로움은 극단으로까지 내몰린다. 창출은 1차적으로(즉 민족 창출의 가장 중요한 점이나 이유는) 엘리트들에 의한 '발명'과 '상상'이 된다.[27]

족류-상징주의자들의 눈으로 보면, 이런 설명이 놓치고 있는 것은 민족들 내부와 민족들 사이(즉 이 양자)의 충돌이 만들어내는 사회적·상징적 변화다. 이 점에서 근대주의는 민족 형성의 복잡한 과정들, 특히 생각보다 오래 지속되는 싸움의 문화적·심리학적인 결

••

27) Breuilly(1993, 2장과 결론), Anderson(1991, 4장과 5장), Hobsbawm and Ranger (1983, 서론과 7장), Nairn(1977, 9장), Gellner(1964, 7장).

---

* 'invented traditions'을 우리말 번역서에서는 '만들어진 전통'이라고 부드럽게 번역하고 있지만 실은 엘리트들이 자신들의 필요에 의해서 인위적으로 발명해낸 전통이라는 뜻이다. 에릭 홉스봄, 박지향·장문석 옮김, 『만들어진 전통』(2004, 휴머니스트)을 참조하라.

과들, 그리고 특별히 민족에 대한 경쟁적인 개념정의와 신화에 의해 창조된 내부 충돌에 해당되는 것들을 단순화하거나 생략하는 경향이 있다. 근대주의는 아울러 민족 간의 문화전쟁과 내부의 문화적 대립으로부터 족류집단의 신화와 기억들이 만들어지는 방식과 그 결과로 만들어지는 쓰라린 유산들을 설명하지 못한다. 이 점에서, 존 허친슨이 생생하게 예증했듯이, 이주민(migrants)과 외부인(outsiders)에 대한 외국인혐오증(xenophobia)으로 매우 자주 표현되는 족류성의 폭발력은 역사적 문화정체성을 주기적으로 재확인하는 일에서 계속해서 대단히 중요한 역할을 한다. 눈에 덜 띄지만 훨씬 더 중요한, 공동의 족류성을 가지고 있다는 인식 또한 민족정체성에 대한 여러 재해석 과정들을 통해 민족들의 영속에 아주 중요하며, 그것에 의해 '우리의' 족류집단의 과거의 여러 가닥들이 선택되고 논쟁의 대상이 된다. 나는 다음 장에서 이 과정들을 살펴볼 것이다.[28]

결론

요약을 해보자. 족류-상징주의자들은 근대주의가 민족들을 특정한 역사시대(즉 근대)에 깊이 뿌리박고 있는 능동적이고, 목적이 분명한 사회학적 공동체라고 강조하는 것에는 의견을 같이하지만, 민족 형성의 시대구분과 족류성의 역할에 대해서는 의견을 달리한다. 근대주의자들이 족류집단의 유대를 경시하는 경향을 보이는 데 반

..
28) '문화전쟁'에 대해서는 Hutchinson(2005, 3장)을 보라.

해, 족류-상징주의는 족류정체성과 족류공동체가 민족들의 형성과 영속에 극히 중요하다고 여긴다. 민족들은 부분적으로 정치적 제도들에 의해 만들어질 수 있지만, 장기지속적으로 그것들은 연대의 공동체를 창출하기 위해 족류-문화자원들을 필요로 하는데, 주로 '주관적인 차원의 민족정체성 인식'*이 대단히 중요하기 때문이다. 그것은 또한 민족들을 단순히 엘리트의 프로젝트로 볼 수 없는 이유이기도 한다. 우리는 엘리트들과, 주민들과 공명(共鳴)이 잘되는 상징, 신화, 기억에 의해 엘리트들이 동원하고자 하는 보다 광범위한 주민들의 다양한 계층들 사이의 흔히 복잡한 상호작용을 이해할 필요가 있다. 끝으로, 그와 같이 복잡한 과정은 언제나 충돌을 낳고 변화하기 마련이다. 그래서 경제적·정치적·군사적 발전이 중요한 것 못지않게, 민족들의 생성과 영속에 매우 중요한 것이 바로 이 내적 변화와 재해석들이다.

---

* a sense of national identity of subjective dimensions는 그들이 '주관적 차원의 민족정체성을 의식하고 있고 그것이 중요하다고 믿는 것'을 의미한다.

2

족류–상징주의의
기본 주제

그런데 우리가 족류-상징적 시각의 주요 주제들과 관심사들을 탐구해보면, 우리는 그것의 근본 전제들이 내가 지금까지 약술한 근대주의에 대한 비판으로부터 직접적으로 생겨난 것임을 깨닫게 된다. 그러한 비판의 여러 요소들은 민족들의 형성과 유형, 민족주의의 역할, 민족들과 민족주의들의 영속과 변화에 대한 족류-상징적 접근방법의 주요 모티프와 기본전제들을 보여준다.

족류성의 상징요소들[*]

앞 장에서 나는 족류-상징주의자들이 가장 중요시하는 문제가 상징요소들과 주관적 차원들에 대한 분석을 통해 족류성과 민족주의의 '내부 세계'를 이해해야 할 필요성이라고 주장했다. 이러한 연구 주제에 대한 최초의 학문적 이론화는 존 암스트롱의 『민족주의 이전의 민족들』(1982)에서 이루어졌다. 영향력이 대단히 큰 그 책에서 그는 족류정체성들과 민족들의 영속은 그것들이 겪은 변화보다 훨씬 더 중요하며, 그런 이유로 우리는 그것들을 그것들의 이웃들과 구분 짓는 상징적 경계(symbolic boundary)에 특별히 관심을 기울여야 한다고 주장했다. 프레데릭 바르트를 길잡이로 삼아 암스트롱은 집단의 사회적 경계는 그 경역 내부 구성원들의 문화적 인식 및 태도보다 더 장기지속적(durable)이라고 주장했다. '족류성' 그자체는 한 묶음의 조금씩 변하는 태도(shifting attitudes), 정서(情緒, sentiments)**, 인식(perceptions)으로서, 현상학적으로 이해되어야 한다는 것이다. 그러므로 단어, 기호, 언어, 의상, 건축과 같은 상징적 경계 메커니즘—즉 엘리트들이 상징들과 그와 같은 상징들이 굳게 자리 잡고 있는 대대로 내려온 신화구조를 사람들에게 알리는 방식—에 의해 족류집단들의 장기지속성을 설명하는 것이 필요했다. 신화, 상징, 커뮤니케이션***—신화-상징 복합체—은 족류정체성의 장기간의 영속을 보증하면서 족류정치체구성신화(mytomoteur)의 중

＊ 인간이 어떤 외부대상을 인지할 때 그 외부대상이 지니고 있는 형태적인 요소는 크게 상징요소(symbolic elements)와 감각요소(sensory elements)로 나뉜다. 그리고 이 두 요소가 함께 작용하여 인간에게 어떤 정서를 불러일으킨다.

＊＊ sentiment는 사람들이 갖고 있는 사고(思考)나 느낌을 근간으로 해서 생겨나는 어떤 태도(an attitude which is based on their thoughts and feelings)를 말한다. 즉 이 단어의 뜻은 수시로 바뀌는 '감정'이 아니라 잘 바뀌지 않는 '감정적 태도'에 가깝다. 따라서 이 책에서는 감정적 태도라는 의미에서 '정서'로 옮겼다.

＊＊＊ communication을 우리말로 '의사소통'이라고 번역하지 않고 음역한 것은 그것이 의사소통의 과정 및 시스템 전체, 즉 사람들이 정보나 메시지를 주고받는 여러 형태의 과정과 시스템 전체를 가리키기 때문이다.

심적 기능을 파악할 뿐만 아니라 장기지속(*longue durée*)적으로 족류집단들과 민족들을 분석하는 데 필요한 극히 중요한 개념적 도구를 제공했다.[1]

얼마 후 존 허친슨의 『문화민족주의의 역학』(1987) 역시 민족주의 운동의 발흥을 설명하는 데 있어서 장기적 문화 요인들의 중요성을 강조했다. 아일랜드의 경우에서, 우리는 정치적이고 국가 및 주권지향적인 운동과 족류공동체의 도덕적 갱생*과 자족적인 민족의 창출을 더 중시하는 문화운동이라는 두 종류의 민족주의 운동이 병행했다는 사실을 뚜렷하게 인식할 수 있었다. 이런 경우 오래된 신화, 상징, 기억의 재발견을 통해 족류공동체를 정의하고 부활시키는 과정에서 문화민족주의 지식인들의 역할이 아주 중요했고, 대개는 정치민족주의와 제휴하거나 정치민족주의가 목표달성에 실패할 때에는 그 대안의 역할을 했다. 이런 관점에서 볼 때, 문화민족주의자들은 국가-지향적인 그 어떤 정치민족주의자들 못지않은 '민족-건설자들'이었다.[2]

신화, 상징, 기억, 가치는 내 자신의 학문적 이론화에서도 중심적 지위를 차지하게 되었다. 처음에 나는 민족주의 운동에서 지식인들의 여러 정향성(定向性, orientations, 정해져 있는 방향성)―신-전통주의, 동화주의, 개혁주의―과, 종교에 대한 '과학적 국가'의 도전에 대해

••

1) Armstrong(1982와 1995)과 Barth(1969)를 보라. 그리고 A. D. Smith(1988, 8장)에 있는 이에 관한 논의를 보라.
2) Hutchinson(1987, 1992, 1994)을 보라.

───────────

* 갱생(更生)은 regeneration의 번역어다.

그들(지식인들)이 반응하는 방식에 관심을 기울였다. 그러나 『족류공동체의 부활』(1981)에서 나는 민족들과 민족주의를 보다 큰 역사적 맥락에 넣고 보기 시작했고, 그래서 존 암스트롱처럼 그것들의 장기적인 족류공동체적 기원을 분석해야 할 필요성이 있다고 주장했다. 『민족들의 족류공동체적 기원』(1986)에서, 나는 암스트롱의 '신화-상징 복합체'의 개념을 받아들였고, 그래서 그것들을 구성하는 개별적인 상징, 신화, 기억, 가치, 그 정치조직들을 지지하고 강화해주는 족류정치체구성신화들, 그리고 나중에 민족 형성의 토대가 되었던 서로 다른 종류의 족류공동체들을 자세히 조사해야 할 필요성을 주장하면서 민족들의 형성에서 족류공동체들의 역할을 규명하는 일에 관심을 집중했다.[3]

'상징적인 것'과 '현실적인 것'을 정반대의 것으로 보는 영어용법과는 반대로, 급기야 족류-상징주의자들은 이제 이러한 문화적 요소들이 어떤 물질적 또는 조직적 요인들 못지않게 중요한 사회현실의 일부라고 주장하게 되었다. 사실 따지고 보면, 사회현실은 상징체계 밖에서는 상상할 수도 없다. 그래서 족류-상징주의자들이 이러한 문화적 요소들을 강조한다면, 그것은, 그들이 보기에는, 족류성·민족들·민족주의를 좀 더 완전하고 섬세하게 이해하려고 하지 않고 '상징적인 것들'을 상부구조나 부수현상의 영역에 속하는 것으로 격하시켰던 (과거의) 패러다임에 의해 엉망이 되어버린 균형을 되찾는 것이다.

이러한 일반적인 고려사항들 이외에도, 족류-상징주의자들은 상

∴

3) A. D. Smith(1983, 특히 10장과 1981과 1986)를 보라.

징, 신화, 기억, 가치, 종교의식, 전통이라는 문화적 요소들이 족류성·민족들·민족주의에 대한 분석에서 극히 중요하다고 생각한다. 여기에는 서너 가지 이유가 있다. 첫째, 이러한 요소들의 각종 조합(組合, combinations)은 사회구조들과 문화들의 모습을 결정하는 데에서, 즉 한 공동체 내의 서로 다른 부문들·집단들·제도들의 관계를 정의하고 합법화하는 데에서 매우 중요한 역할을 맡아왔고 앞으로도 계속해서 맡을 것이다. 이러한 수단들에 의해, 그들은 위기 시나 급격한 변화의 시기에도, 그리고 프랑스, 러시아, 중국 혁명 시기에 발생했던 것처럼, 이전의 신화, 상징, 전통의 일부가 수정되거나 거부될 때에도, 일치단결은 아닐지라도 일정한 정도의 공동의 의식을 확보해주었다. 둘째, 이 동일한 문화적 요소들은 각 공동체에 언어, 종교, 관습, 제도에 의한 독특한 상징적 레퍼토리를 부여해주었고, 그러한 레퍼토리는 공동체의 구성원들과 외부인들 모두에게 그 공동체와 다른 유사한 공동체들을 구별하게 도와주고, 그래서 경계가 그 공동체를 계속해서 정의하고 '우리'를 '저들'로부터 분리하는 것 못지않게, 그 공동체의 프로필을 낳고 그 공동체의 사회적 경계 및 그 공동체와 외부인들 간의 대비를 좀 더 뚜렷하게 부각시켰다. 끝으로, 공유된 가치, 기억, 제례, 전통은 그 공동체의 과거 세대들과의 연속성에 대한 인식*—깃발·애송가(愛誦歌)·민족적 명절과 같은 집단적 상징들의 광범위한 수용에 의해 아주 강화된 정서**로서, 그 의미는 시간이 지나면서 바뀔 수 있으나 그 형식은 비교적 고정

---

* sense of continuity를 '연속성에 대한 인식'이라고 딱딱하게 번역했지만, 좀 더 쉽게 표현하면, 그 공동체의 과거 세대들과의 연속성을 알아채고 그것을 중요하게 여기는 것을 말한다.

되어 있음—을 확보하는 데 도움을 주었다. 그와 같은 상징들은 공공문화의 의례와 의식들에서 특히 중요하며, 그것들은 공동의 강한 유대감과 민족정체성 인식을 창조하고 유지하는 데 도움을 준다.[4]

'상징적 영역'에 초점을 맞추면, 족류공동체들과 민족들의 구성원들과 민족주의 운동의 참여자들의 '내부 세계' 안으로 어느 정도 들어가는 것이 가능해지고, 그렇게 되면 우리는 이러한 현상들에 대해 좀 더 충실하고 좀 더 균형 잡힌 설명을 할 수 있게 된다. 이에 반해, 근대주의적 분석들은 민족들과/또는 민족주의들의 발흥을 생겨나게 하는 구조적 조건들이 무엇인지를 너무나도 쉽게 확인해주지만, 민족주의 이데올로기들과 운동들의 내용, 민족들의 독특한 생성 방식, 그리고 누가 근대 민족들로 등장할 가능성이 높은 주민들이나 집단들인지를 말해주지 못한다. 이러한 문제들에 답하려면, 우리는 서로 다른 모티프들—신화, 기억, 상징, 가치 등—이 여러 계층의 주민에게 발휘하는 호소력, 그리고 그들의 물질적 이익과 필요성에 의해서뿐만 아니라 그들의 비전과 염원에 의해서 생겨나는 이러한 친화력, 즉 사용된 개념들, 민간전통, 관습 등이 왜 그들에게 그토록 익숙한지의 이유들을 조심스럽게 고려하고 평가하려고 노력해야 한다. 그러므로 구조적 분석들을 족류성과 민족됨의 상징적·문

∴

4) 이스라엘의 족류상징에 대해서는 Gal(2007)을 보라. 상징체계 일반에 대해서는 Rothwald(2006)를 보라. 유럽 민족들의 상징, 특히 그들의 깃발과 국경일에 대해서는 Elgenius(2005)를 보라.

** 앞에서도 지적했듯이 sentiment를 '정서'라고 번역한 것은 그것이 수시로 바뀌는 '감정'이 아니라 오랫동안 바뀌지 않고 지속되는 '감정적 태도'를 말하기 때문이다.

화적 영역에 대한 탐구로 보충해야 할 필요가 있다.

상징적 영역에 대한 이러한 관심은 종종 '주관적' 접근방법으로, 즉 소위 '객관적' 요인들을 배제하고 주로 사람들의 느낌과 태도에 초점을 맞추는 접근방법으로 간주된다. 하지만 이렇게 간주하는 것은 사실과 거리가 멀다. 어떤 설명(account)에 포함된 여러 특징 또는 요소들이 두 종류의 차원을 동시에 가지고 있다는 사실을 감안할 때, 주관적 요인들과 객관적 요인들을 대립적으로 보는 낡은 설명방식이 어떤 설명적 가치(explanatory value)를 갖고 있는지는 분명하지 않다. 예를 들어, '전통들'이나 '신분적 필요성'을 우리는 객관적 범주에 넣어야 하는가 아니면 주관적 범주에 넣어야 하는가? 어떤 경우든, 족류-상징적 접근방식은 언제나 양자 사이의 (임의적) 구분선을 오가며, 그들이 사용하는 개념들은 '객관적'이면서 동시에 '주관적'인 것으로 간주될 수 있다. 왜냐하면 족류-상징주의자들에게, 중심적인 것은 주관적인 태도나 느낌이 아니라 문화—그리고 정치와 관계를 맺고 있는 문화—이기 때문이다. 그리고 '문화'라는 말의 의미는 관념이나 이상보다 훨씬 더 많은 것을 의미하기 때문인데, 6장에서 이 점을 다시 살펴보겠다.

족류집단의 토대와 핵심

우리가 보았듯이, 근대주의자들이나 영존주의자들은 족류성에 대해 그리고 민족들의 형성에서 족류성이 하는 역할에 대해서 별로 관심을 기울이지 않는다. 더욱이, '족류성'은 비교적 근자에 생겨난 개념으로서 대부분 한 민족국가 특히 미국 내의 여러 소수 족류집단들을 분석하는 데 국한되어 사용되었고, 그 결과 개념적·역사적으로 민족과는 아주 다른 개념으로 이해되었다. 이와는 대조적으로, 족류-상징주의자들은 족류집단의 유대(와 그에 포함되는 활동)의 각종 네트워크를 민족들과 민족주의들의 발흥과 영속의 유일하고 가장 중요한 요인이라고 생각한다. 그들의 견해로는, 갖가지 종류의 족류집단의 유대가 다수 민족들을 창출하는 것의 토대와 출발점을 이루며, 족류집단의 혈연관계에 대한 인식은 흔히 이질적인 족류들로 구성된 정치조직 안에 있는 '족류집단의 핵심(ethnic core)'*의 형태로 나타난다.[5)]

족류집단의 유대는 여러 형태로 나타난다. 가장 단순한 수준에서는 **족류범주들(ethnic categories)**이 있음을 우리는 증명할 수 있다. 여기에 해당되는 주민은 외부인들에 의해 하나 또는 그 이상의 문화적 지표들—보통은 언어, 관습, 종교—을 토대로 하나의 독특한 범

••

5) 주도 족류공동체들에 대해서는 Kaufmann(2004b)에 있는 논문들을 보라. 그리고 서구와 그 외의 소수족류에 대해서는 Glazer and Moynihan(1975)을 보라. 좀 더 일반적인 독자들은 Hutchinson and Smith(1996), Guibernau and Rex(1997)를 보라.

---

* 사과 안에 응어리(core)가 들어 있듯이, 족류집단 안에는 '족류집단의 핵심(ethnic core)'이 들어 있다는 뜻이다. 족류집단의 핵심은 "공동의 조상을 갖고 있다고 믿는 데서 생기는 유대감과 지방토착(어) 문화(이것들은, 어떤 경우, 점차 확대되어 하층계급뿐만 아니라 주변 지역과 주변의 족류공동체들을 병합한다)에 의해 하나가 된 주도(主導)인구(dominant populations)"[스미스(2000, 71)]를 말한다. 아울러 "안정성을 획득하려는 국가(특히 민주화를 겪고 있는 국가)에게 이러한 핵심(cores)은 인구학적으로 주도적이어야 하고 국가 및 국가의 영토와 스스로를 강하게 동일시해야만 한다. 이런 조건이 없으면 다민족 국가들은 기존의 족류공동체적 신분질서를 흔드는 근대화 과정의 예측 불가능성에 의해 정기적으로 불안정해질 가능성이 높다."[허친슨(1994, 133)]

주로 명명된다. 그러나 그 구성원들은 알려진 조상신화가 없으며 연대에 대한 인식도 거의 없거나 아예 없다. 경우에 따라, 그들은 페니키아인이나 전근대 에스토니아인처럼 자기를 가리키는 이름조차 없거나 그 이름이 다른 모든 족류의 구성원들에 의해 인정되지 않을 수도 있다. 그러나 좀 더 활동적인 수준의 족류구성원은 그 구성원들 사이의 상호관계의 네트워크를 발전시키고 만들어낼 수 있다. 이러한 **족류결사체들**(ethnic associations)은 상당한 공동의 제도들, 예컨대 수메르의 도시국가들이 니푸르*, 그리스 도시국가들이 델피(Delphi)에 가지고 있었던 제례의 중심을 자랑할 수도 있고, 그것들은 그들의 씨족과 가족들 사이의 정규적인 교역활동에 종사할 수도 있다. **족류공동체들**(ethnic communities) 또는 프랑스어의 *ethnies*는 좀 더 복잡하고 하나로 통일된 형태의 족류성을 보여준다. 그와 같은 경우, 우리는 적어도 그 상위계층들이 연대에 대한 인식을 소유하고 있고, 그 구성원들이 문화적 지표 및 공유된 기억과 함께 그들의 공동의 기원과 혈연에 대한 인식을 설명해주는 조상신화를 갖고 있는 하나의 공동체에 대해 말할 수 있다. 이것은 우리로 하여금 **족류공동체(*ethnie*)를 그 구성원들이, 최소한 상위계층 안에서, 한 영토와의 연계 및 상당한 정도의 연대를 포함하여, 공동의 조상, 공유된 기억, 하나 또는 그 이상의 공동의 문화요소들을 소유한, 이름과 자기인식을 지닌 인간 공동체****라고 정의하게 해준다.[6]

..

6) 족류성의 발전 수준에 대해서는 Handelman(1977)과 Eriksen(1993)을 보라. 족류공동체(*ethnie*)의 개념정의에 대해서는 A. D. Smith(1986, 2장)를 보라.

---

* 니푸르(Nippur), 바그다드 동남쪽에 있는 고대 바빌로니아의 도시 유적.

민족들과 민족주의의 형성과 영속에서 족류(정체)성의 역할 하나만 집어내고 거기에 특별한 관심을 기울인다고 해서, 족류-상징주의자들이 다른 요인들, 즉 경제적·사회적·정치적 요인들의 힘을 무시하거나 격하시키는 것은 아니다. 막스 베버가 주장했듯이, 정치와 정치제도는 족류집단의 유대(ethnic ties)를 단조(鍛造)하는 데 매우 중요한 역할을 한다. 이것은 장기간의 전쟁 시에 아주 분명하게 나타난다. 군대의 동원, 시골에서의 전쟁으로 인한 파괴, 영웅적인 전투 업적, 친족의 희생과 족류집단의 저항과 확장의 신화와 기억은 모두 족류공동체를 정의하고 결정화(結晶化)하는 데 일조한다. 전쟁의 희생과 신화는 상호의존과 배타성의 의식과 정서를 창조하는 데 아주 효과적이고, 이것은 족류공동체에 대한 인식을 명확히 해주는 공유된 문화, 공동의 조상에 대한 기억과 신화를 강화시킨다. 이런 의미에서, 정치적 행동은, 기존의 문화적 차이와 결합될 때, 족류공동체의 강력하고 반복적인 원천(sources)이다. 그것은 내가 앞으로 살펴볼 하나의 쟁점이다.[7]

우리는 어떤 경우에 족류집단의 유대와 민족정체성 인식을 만드는 데 정치적 행동과 제도가 결정적인 역할을 한다고 한 걸음 더 나아가 주장할 수도 있다. 예를 들어 중세 초 스코틀랜드에서는, 9세

• •

7) Weber(1968, 제1권, 5장 '족류집단'에 대하여)를 보라. 전쟁과 족류성에 대해서는 A. D. Smith(1981b)와 Hutchinson(2007)을 보라.

** 참고로 영어원문을 적어둔다. 'a named and self-defined human community whose members possess a myth of common ancestry, shared memories, one or more elements of common culture, including a link with a territory, and a measure of solidarity, at least among the upper strata.'

기와 10세기에 포스 만(灣) 너머의 땅에 왕국이 등장했고 이 왕국을 주도한 인구는 언어와 문화적으로 픽트인*과 스코틀랜드인이었다. 그러나 이 혼합된 인구를 서부 변경 지역에 사는 켈트인과 앵그르인과 합쳐 스코틀랜드 민족으로 변형시키는 데 가장 중요한 역할을 한 것은 케네스 맥알핀** 왕조와 그 제도였다고 주장할 수 있다. 역사의 스펙트럼의 다른 한쪽 끝에 있는 에리트레아와 같은 국가들에는 그 땅을 장악한 단일한 족류범주나 족류공동체가 없었고, 그래서 영토적으로 경계를 정하고 민족주의적 인텔리겐치아 사이에서 처음으로 민족정체성 인식을 만들어낸 것은 이탈리아와 영국이 그곳에 세운 식민지국가의 장기적인 조치(措置)였다. 이런 조치가 그와 같이 족류적으로 이질적인 인구로부터 하나의 민족을 창조하기에 과연 얼마나 충분할지는 여전히 문제로 남아 있지만 말이다.[8]

그러나 (스코틀랜드처럼) '정치에 의해 민족이 창조된' 예들이 제시될 수는 있어도, '족류공동체가 (민족 형성에서) 가장 중요하다는 사실'을 보여주는 여러 다른 사례들이 역사기록을 가득 채우고 있다. '족류공동체가 가장 중요하다는 사실'이라는 말은 민족들이 단순하게 그저 족류집단의 유대와 족류공동체 문화를 토대로 출현했다는 의미가 아니다. 오히려 그것은, 정치적 행위자들과 제도들이 민족을 단조(鍛造)하는 일에 일조했다는 것 자체가 **족류모델**을 토대로 삼고

··

8) 스코틀랜드 왕국의 기원에 대해서는 Broun(2006)을 보라. 에리트레아의 식민주의의 결과에 대해서는 Cliffe(1989)를 보라.

---

* 중세 초 스코틀랜드 북부와 중부에 살던 사람들.
** 839년에 스코틀랜드 왕국을 세운 인물.

있었고 또 주도적인 **족류집단의 핵심** 인구를 중심으로 하고 있었다
는 것이다. 요컨대, 중세와 근대 초의 잉글랜드와 프랑스에서 일어
났던 일이 바로 이것이다. 중심부에 여러 세대에 걸쳐 달성된 상당
한 정도의 족류공동체적·문화적 동질성이 없었다면, 강력한 국가가
그 영토 위에 잉글랜드와 프랑스의 민족과 민족국가라고 알려진 것
들을 단조(鍛造)해낼 수 있을 정도로 아주 오랫동안 사람들을 규합
할 수 없었을 것이다. 이것은, 잉글랜드와 프랑스가 어떻게 최초로
민족 및 민족국가가 되었는지는 몰라도, 족류집단의 핵심들과 족류
공동체 문화들(ethnic cores and ethnic cultures)이 정치적 민족이 되
는 방향으로 한 걸음 더 발전해나가는 것의, 설령 충분조건은 아니
더라도, 필요조건이 되었다는 것을 의미한다. 이와 비슷하게, 일단
민족 및 민족국가가 되자, 잉글랜드와 프랑스는 세계의 인구들의 상
호관계를 정(定)하는 모델의 역할을 하게 되었다. 이런 시각에서 볼
때, 족류공동체 문화들과 족류집단의 핵심들은 인간세계에 틀을 부
여해주고 그것을 해석하는 수단—특히 잘 모르는 다른 사람들을
분류하고 그들의 제자리를 찾아주는 수단—이라고 할 수 있다.[9]

∵
9) Armstrong(1982, 1장과 9장). 중북부 프랑스의 족류신화와 문화의 기반에 토대를
둔 강한 정치조직의 창출에 대해서는 Beaune(1991)를 보라. 그리고 노르만 잉글랜드에
서의 이와 유사한 과정에 대해서는 R. Davies(2000)를 보라. 족류집단의 핵심의 개념과
이용에 대해서는 A. D. Smith(2004c)를 보라.

민족들의 역사성

영존주의자들이 보기에, 민족들은 역사가 특정 영토를 점령하고 있는 이름을 지닌 문화 공동체를 기록하고 있는 모든 곳에서, 역사의 전 시대에 걸쳐, 발견된다. 그와 같이 (민족에 대한) 폭넓은 성격묘사의 문제점은 이름을 지닌 영토적 문화공동체에는 여러 종류—부족연맹, 신정(神政)국가, 제국, 도시국가 등등—가 있다는 것과 이러한 지나치게 포괄적인 개념정의만으로는 우리가 민족이라는 특유한 범주를 다른 유형의 공동체와 구별할 수 없다는 것이다. 이와는 대조적으로, 근대주의자들은 민족의 자격을, 근대 서구에서 생겨났던 것처럼, 대다수의 인구가 시민으로서 참여하는 영토화된 그리고 자율적인 법적–정치적 공동체(territorialised and autonomous legal–political community)*라는 아주 특유한 종류의 공동체로 국한시키는 경향이 있고, 이런 이유로 그들은 불가피하게 민족을 본질적으로 근대적인 현상으로 간주한다. 족류–상징주의자들은 민족들과 민족주의가 역사에 깊숙이 뿌리를 내리고 있다는 점에서는 그들과 견해를 같이하지만 상대적으로 제한된 그들의 개념정의나 시대구분에 대해서는 견해를 달리한다. 그들은 이런 것들(즉 근대주의자들의 개념정의와 시대구분)이 서구의 경험과 이해에 특혜를 주는 것이고, 그래서 민족의 비서구적인 그리고 전근대의 역사적 변종들을 제대로 다

---

* 스미스는 '영토화(territorialization)'의 개념을 '인정된 국경선 내의, 특정한 역사적 토지나 조상의 고토(homelands)의 소유, 그리고 그것들에 대한 집단적 애착심의 발달'이라고 정의한다. 따라서 '영토화'라고 직역했지만 실제의 의미는 '고토화(故土化)'라고 할 수 있다. 스미스(2004, 17)를 참조하라.

루지 못한다고 주장한다. 더욱이, 족류–상징주의들은 이전, 심지어 전근대, 시대 속의 여러 민족들의 족류집단의 가계(ethnic lineage)를, 그리고 근대 민족들의 성격이 형성되는 데 있어서 족류공동체(ethnic community)와 (갈등과) 충돌의 지속적인 영향(impact, 강력한 효과, 충격)을 문제 삼는다.[10]

   분명히 우리는 민족의 범주를 민족과 연관되는 다른 범주들로부터 구별해낼 수 있으면서 동시에 가능한 한 족류중심주의(ethno-centrism)*와 독단적인 제약**으로부터도 자유로운, 그러한 유형의 개념정의가 필요하다. 이런 자세로, 나는 민족(nation)을 이상형적으로***, **그 구성원들이 공유된 기억, 상징, 신화, 전통, 가치를 배양(培養)하고, 역사적 영토나 '고토(故土)'에 거주하고 거기에 애착을 느끼며, 독특한 공공문화를 창조 및 전파하고, 공유된 관습과 표준화된 법률을 준수하는, 이름과 자기인식을 지닌 인간 공동체****라고 정의하고자 한다. 그와 같은 개념정의는 불가피하게 약정(約定)적이고, 어

∙∙

10) 이 주장은 Hutchinson(2005)과 A. D. Smith(2008a)에 의해 훨씬 더 충실하게 개진되었다. 아울러 Dieckhoff and Jaffrelot(2005, 제1부)을 보라.

---

* 스미스는 『민족주의의 이론들』(1971)에서 민족주의를 전근대사회에서 주로 볼 수 있는 '족류중심적(ethnocentric)' 민족주의와 오로지 근대에서만 볼 수 있는 '다중심적 polycentric)' 민족주의로 나눈다. 요컨대 족류중심주의는 고대 로마에서 로마에 항거했던 유대의 열심당원이나 자신들을 페르시아인과 정치적·문화적으로 구분했던 고대 그리스의 범그리스주의자들이 가지고 있던, 전통적·배타적·유아론적인 관념, 즉 전근대적 집단정서의 일반적 성격을 특징짓기 위한 개념이다. 졸저(2014, 232-6, 597)를 보라.
** 여기서 스미스가 말하는 독단적 제약은 민족을 일단 무조건 근대의 산물로 규정하는 근대주의자들의 독단을 말하는 것 같다.
*** 흔히 '이념형'이라고 번역되지만 '이상형'이 막스 베버가 이 개념을 도입한 본래의 뜻에 더 가깝다.

느 정도로는 앞에서 제시한 족류공동체(*ethnie*)의 개념정의와—이름 붙이기와 자기인식 그리고 공유된 상징, 신화, 가치, 전통의 배양이라는 두 측면에서—겹친다. 그러나 이것은 단지 족류–상징주의자들이 족류공동체들과 민족들 사이에는 의미심장하고 때로는 밀접한 관계가 있다고 믿는다는 것을 반영할 뿐이다. 다른 한편, 민족에 대한 이러한 개념정의의 초점은, 족류 요소들을 무시하지는 않지만, 좀 더 법률적·영토적·정치적(에너지나 권력이라는 일반적 의미에서) 차원 쪽으로 이동한다. 거기에는 족류공동체들이 개별적으로 또는 함께 가질 수는 있으나 그것들이 반드시 소유할 필요는 없는 측면들—사람들이 거주하는 영토, 공공문화, 표준화된 관습과 법률—이 포함된다.[11]

방법론적으로 우리는, 공동체를 분석하는 하나의 분석범주로서의 민족 개념(the concept of nation as an analytic category of community)과 특별한 종류들과 사례들의 특징들을 기술하고 나열하기 위해 사용되는 하나의 역사적 형태로서의 민족(the nation as an historical form)을 구분할 필요가 있다. 하나의 사회학적 범주로서의 민족에 대한 개념정의는, 분석적 용도를 가지려면, 시간적 제약으로부터 자

··

11) 민족의 개념정의에 대해서는 많은 문헌이 있다. 특히 Deutsch(1966, 1장), Connor (1994, 4장), A. D. Smith(1973b, 1부와 2001, 1장)를 보라.

**** 참고로 영어원문을 적어둔다. 'a named and self-defining human community whose members cultivate shared memories, symbols, myths, traditions and values, inhabit and are attached to historic territories or "homelands", create and disseminate a distinctive public culture, and observe shared customs and standardised laws'

유로워야 하고, 따라서 초역사적이고 문화적 구분을 넘어서야 하지만, 구체적 사례(또는 종류)의 민족들은 시대, 장소, 사회적·정치적 맥락에 따라 기술되고 분류될 수 있는 역사적 형태의 공동체로 여겨질 필요가 있다. 여기에서 강조되어야 할 점은 민족들의 **이중의 역사성(dual historicity)**이다. 민족은 아주 특유한 역사적 맥락과 상황 속에 깊숙이 박혀 있고, 아울러 그들은 민족 구성원들의 기억과 전통에 뿌리를 두고 있다. 대체로 민족들은, 앞으로 우리가 보게 되듯이, 긴 시간에 걸친 특별한 사회적·상징적 과정들의 발전과 그것들의 결합을 통해서, 특히 민족의 '청사진'과 민족을 만드는 조리법이 널리 알려진 근대 시대에—예외가 있긴 하지만—등장하는 경향이 있다. 그러나 민족들은 또한 명시된 구성원들의 되풀이되는 활동은 말할 것도 없고, 공유된 기억, 가치, 신화, 상징, 전통들로 구성된다. 그리고 장기간에 걸친 이러한 다양한 문화적 요소들의 정형화(patterning)가 민족공동체의 잇따른 세대들의 사회화의 준거틀을 구성하는 사회적 관계의 구조와 문화형식의 유산을 생산한다. 그 결과, 민족(들)/민족주의(들) 현상이 유독 역사적 분석의 대상이 되어 왔다는 것은 이상한 일이 아니며, 그래서 역사가들이 이 분야에서 오랫동안 학문의 선두에 서 있었다는 것도 놀라운 일이 아니다.[12]

⁂

12) 민족주의의 역사가들과 역사적으로 깊이 뿌리내림에 대해서는 Hayes(1931), Kohn(1944, 1967년 2판), Hobsbawm and Ranger(1983), Breuilly(1996), A. D. Smith(1999, 1장)를 보라. 방법론적 쟁점들에 관한 더 충실한 논의는 A. D. Smith(2008a, 1장)와 Hutchinson(2008)을 보라.

엘리트와 대중에 대한 호소력

민족공동체들이 그 구성원들의 전통, 가치, 기억을 구현하고 있다는 사실은 우리의 분석이 공동체를 구성하고 있는 서로 다른 여러 계층의 이익, 욕구, 이상에 민감해야 한다는 것을 의미한다. 이미 지적했듯이, 대부분의 근대주의 설명은 엘리트와 그들의 민족 프로젝트—우리가 명기한 몇 가지 예외가 있긴 하지만—에 의해 틀이 부여된다. 그러나 이것은 전체 그림의 일부분일 뿐이다. 족류-상징주의자들에게 중요한 문제는 오히려 엘리트의 제안서와 그 프로젝트를 받아들이거나 거부하거나 다시 만들 수도 있는 다수의 반응 사이의 상호작용을 통해 그 민족이 어떻게 단조(鍛造)되는가 하는 것이다.

여기서 핵심쟁점은 '선택'과 '공명'이다. 전형적으로, 명시된 주민은 특수한 지역 언어(사투리) 범주/공동체와 흔히 종교적 범주/공동체일 뿐만 아니라 계층들과 지역들로 세분되어 있고, 이것은 민족이라는 제안(提案)된 범주의 토대를 흔히 아주 이질적인 주민들의 심금을, 아니 여러 심금을 울릴 수 있는, 주의 깊게 선택된 범위의 상징, 전통, 기억, 신화, 가치에 두는 것을 꼭 필요한 일로 만든다. 초창기의 다양한 민족주의 학자들—문헌학자, 철학자, 사전편찬자, 역사가—이 동유럽과 오스만 제국과 합스부르크 제국의 발칸에서 달성하고자 했던 것이 바로 이것이다. 이러한 전통들이 '발명'된다고 주장하는 사람들과는 정반대로, 족류-상징주의자들은 주민(그리고 특히 주도 족류공동체)의 대다수 사이에서 이전에 공명을 불러일으킨 상징요소들만이 엘리트가 제안하는 민족의 정치문화의 내용이 될 수 있을 것이라고 주장한다. 그런 이유로, 엘리트들의 욕구와 그들의 뇌리를 사로잡고 있는 생각에 초점을 맞추는 것만으로는 충분치 않다. 에릭 홉스봄이 인정하듯이, 전송되는 선택된 내용이 조금이라도 실효를 거두려면 청중과 '동일한 주파수로' 전송되어야 하고, 주민의 서로 다른 계층들과 지역들 간의 상호 영향을 감안해야 한다.[13]

이것은 엘리 케두리가 주장했던 것처럼, 민족주의 엘리트들이 그들의 정치적 목적을 달성하기 위해 대중의 '조상으로의 회귀' 감정을 건드려야 했다는 것을 말하고자 함이 아니다. 틸라크[*]가 초창기 인도 민족주의에서 시와지[**]와 무시무시한 칼리[***] 여신 숭배를 이용했던 예를 들면서, 케두리는 힌두 대중에 대한 틸라크의 조종(操縱)에서 '감상(感傷)의 오류', 즉 통치자의 욕구와 이익을 피통치자들의 욕구 및 이익과 동일시하는 오류를 보았다. [이것(전통적 신화 이용을 '감상의 오류'로 잘못 본 것)은 민족주의가 살아남을 수 있는 전통적 공동체들을 전복시키고 지상에서 완전을 이룰 수 있다는 자신의 병든 비전을 실현하기 위해 '어둠의 신들'을 불러낸 체제전복적이고 천년왕국적인 이데올로기라는 민족주의에 대한 케두리의 아주 부정적인 평가를 확정해주었다.] 정치적 엘리트들과 '대중' 사이에는 격차가 있다고 상정하기는커녕,

••

13) Hobsbawm and Ranger(1983, 7장)를 보라. 동유럽과 발칸에서의 문학과 휴머니스트 지식인의 역할에 대해서는 Argyle(1976), Pech(1976), Anderson(1995, 5장)을 보라.

---

* Tilak(1856-1920), 근대 인도의 정치가, 사상가. 민족 운동 급진파의 지도자. 스와데시·스와라지 등의 슬로건을 내걸고 운동을 전개했다.
** Shivaji, 17세기 인도의 전사이자 왕.
*** Kali, 힌두교의 주신인 시바의 배우자로, 광포하고 잔인하며 살상과 피를 좋아하는 암흑의 신이다. 칼리란 말 자체가 검다는 의미를 담고 있다. 칼리는 여러 개의 해골 목걸이를 걸고 있으며 상층 계급의 멸시와 박해로 고통받는 하층민으로부터 사랑받고 있다.

이러한 접근방법은 엘리트나 준엘리트 서클에 의해 시작된 민족 프로젝트가 비엘리트 내의 다양한 부문들과 계층들에 의해 변경될 수 있는 양방향의 과정임을 파악하지 못한다. 바로 그와 같은 양방향의 과정이, 세속적 인텔리겐치아의 헬레닉 프로젝트가 다른 사회계층들과 제도들에 의해 처음에는 도전을 받고 그 후에는 다수의 비엘리트 구성원들의 지지를 받은 '비잔틴' 정교의 좀 더 전통적인 비전과 결합되었던, 19세기 그리스에서 일어났다. 양자택일적으로, 엘리트 프로젝트는 20세기 이집트의 파라오 운동의 사례에서 일어났던 것처럼, '대중의 공명'의 결여 때문에 축소되거나 심지어 포기되어야 했다.[14]

이것은, 엘리트들 스스로가 대다수 주민과 동반관계를 갖기 위해 그들 자신의 아이디어와 상징들을 자주 바꿔야 했던 것과 꼭 마찬가지로, 우리가 비엘리트들 사이에서 이전부터 존재해온 전통, 기억, 상징체계를 고려할 필요가 있다는 것을 의미한다. 예컨대 그들은 새로운 '정제된' 언어 대신 가장 장래성 있는 지방 사투리를 선택하고, 가장 널리 퍼진 관습을 포함시키고, 정치적 목적을 위해 잘 알려진 상징들을 각색하고, 전통적인 가치들을 현실에 맞게 수정하고, 기존의 영웅신화와 성자신화들을 정치화해야 했다. 어떤 경우, 민족주의 정권들은 새로운 가치, 신화, 상징, 기억을 수립하려고 노력했

..
14) 아프리카와 아시아에서의 '감상의 오류'와 '어둠의 신들' 숭배에 대한 그의 분석에 대해서는 Kedourie(1971, 서론)를 보라. 근대 그리스의 두 가지 민족 프로젝트, 즉 헬레닉 프로젝트와 '비잔틴' 프로젝트 간의 경쟁은 Kitromildes(1989)와 Roudometof(1998)에 잘 기록되어 있다. 20세기 초 이집트의 파라오 운동의 이상은 Gershoni and Jankowski (1987, 6-8장)에 의해 분석되어 있다.

고, 이것은 프랑스혁명기나 19세기 이탈리아의 경우에서 그랬던 것처럼, 다수 주민 사이에서 거의 또는 전혀 통용되지 못했다. 그러나 프랑스의 자코뱅파와 같은 혁명정권들조차도 적절히 수정된 프랑스혁명 이전의 종교적 상징체계 위에 건설되어야 했고, 당시 그들은 그들의 호소력을 확대하기 위해 그것을 그들의 '로마적' 이상과 억지로 결합시켰다. 그런 이유로, 서로 다른 계층의 이익과 이상 사이의, 엘리트와 비엘리트 사이의 상호작용을 파악하려면 민족의 **공공문화**(public culture)―민족의 정치적 상징과 이상들, 민족의 공공제례(public rituals), 의식(ceremonies)과 코드(codes)―에 초점을 맞출 필요가 있다.[15]

엘리트와 비엘리트가 민족의 생성방식에 서로 영향을 준다는 사실을 이해하는 데 있어서 공공문화와 그 상징들이 갖는 중요성은 또한 고도로 추상적인 민족 개념이 민족의 구체적인 '신체(body)', 즉 감각에 의해 인지되는 가시적이고 쉽게 인식되는 일종의 창조물이 되었던 과정들을 이해하는 데 도움을 준다. 이 구현 과정(즉 추상적인 민족이 구체적인 신체를 지닌 창조물로 바뀌는 과정)에서 가장 중요한 것은 모든 종류의 예술가들에게 단지 민족을 상상하는 것뿐만 아니라 민족을 만들도록(fashion) 권유했던 미학 정치(aesthetic politics)의 발흥이었다. 드라마 작가, 작곡가, 시각 예술가들은 민족에게 독특한 성격과 형상을 부여하는 데 일조했고, 역사소설, 교향시, 역사화

••

15) 이탈리아 국토회복운동이 이전부터 존재해온 문화 재료들과 아주 새로운 것들을 동시에 이용한 것에 대해서는 Doumanis(2001)를 보라. 프랑스 애국자들이 프랑스혁명 이전의 상징체계를 이용한 것에 대해서는 Herbert(1972)와 Schama(1989)를 보라.

와 장르화, 경관들과 같은 새로운 예술유형들이 특유한 시간 및 장소와 연결된 민족공동체에 대한 인식을 부분적으로 생겨나게 하고 전달하기 위해 창조되었다. 보통 엘리트들에 의해 향유되고 사용되었지만, 그와 같은 장르의 작품들은 예술가들이 정의하고 묘사하려고 했던 민족과 민족의 시민들에게 봉사하기 위해서뿐만 아니라 공공영역에 자리를 잡게 되었다는 의미(즉 시청이나 박물관과 같은 공공장소에 전시되었다는 의미)에서 점점 더 민중적으로 되었다. 그와 같은 이미지들의 민중성은, 그러한 이미지들이 묘사했던 사람들, 즉 묘사함으로써 그 민족의 특유성과 그 민족의 상징적이고 영토적인 경계를 관찰하고 그려냈던 바로 그 사람들의 가치, 전통, 상징, 신화, 기억, 관습을 그러한 이미지들이 반영하고 구체화했던 방식에 부분적으로 의존한다. 여기에서 다시 우리는 그와 같은 민족의 이미지들이 어째서 그리고 왜 족류집단의 과거에, 그리고 특히 족류민족주의들 (ethnic nationalisms)*의 경우에는 이전부터 존재해온 문화적 유대들에, 깊이 뿌리박고 있는지를 볼 수 있다.[16]

..

16) 서유럽과 중부유럽의 미학 정치에 관해서는 Mosse(1994)를 보라. 다비드는 아마도 서약과 순교자의 기억할 만한 이미지를 통해 민족을 '(그림으로) 표현'해달라고 주문을 받아 그림을 그린 최초의 공공 예술가의 하나였을 것이다. 이에 관해서는 Herbert(1972)와 Vaughan and Weston(2003)을 보라. 그 이후의 유럽의 형상화(imagery), 특히 조각상에 대해서는 Hargrove(1980)와 Hobsbawm and Ranger(1983, 7장)에 있는 홉스봄의 논문을 보라. 영국제도(諸島)의 시(詩)에 대해서는 Alberbach(2007)를 보라.

* 앞서 지적했듯이, 역자는 지금까지 ethnic nationalism을 '족류공동체적 민족주의' 또는 '족류적 민족주의'라고 번역해왔으나 이 책에서는 '족류민족주의'로 번역했다. 이에 따라 civic nationalism도 '시민민족주의'로 번역했다.

충돌과 재해석

매우 다양한 종류의 예술가와 작가들이 민족을 구현하는 과정에 참여한다는 사실은 또한 우리에게, 동질적인 민족공동체나 단일한 '민족의 운명'이 결코 있을 수 없는 것과 꼭 마찬가지로, 민족과 민족의 과거에 대한 단일한 '버전'이 결코 있을 수 없다는 것을 말해준다. 서로 다른 계급, 카스트, 종파, 지역, 족류공동체들은 민족에 대한 다양한 버전과 경쟁적인 서사를 옹호할 수 있다. 서로 다른 엘리트들이 민족에 대한 상반된 서사와 처방을 제시하기 때문에 이것은 이데올로기적 충돌을 낳을 수 있다. 정말이지, 19세기 그리스의 고전적인 헬레네스 이상이나 명치 시대 일본의 제국 이상의 경우에서처럼, 이들 중 하나가 특정한 시점에 주도적 서사, 나아가 공식 프로젝트가 될 수도 있다. 그러나 공식 버전은 종종 다른 족류사(ethno-histories, 족류집단의 기억으로서의 역사)와 비전의 도전을 받는다. 인도의 민족주의가 이러한 사회적·이데올로기적 충돌의 좋은 예를 보여준다. 이곳에서는, 중간계급 국민의회파의 주도적인 세속적 서사와 사회주의적 비전이 각종 종교조직과 당파의 '아리아' 힌두 민족주의에 의해 점차 거부되었고, 그것은 서로 다른 부문의 인도 주민에게 각각 호감을 사고 있다. 비슷한 충돌이 20세기 말 터키에서 관찰되는데, 케말 아타튀르크*에 의해 확립되고 군대의 지지를 받는 강

---

* Ataturk, 케말 파샤(1881-1938)를 말한다. 제1차 세계대전 후의 튀르크를 망국의 위기에서 구하고 공화국의 건설에 힘써 '아타튀르크' 즉 '튀르크인의 아버지'란 칭호를 얻은 튀르크의 정치가다. 1923년 터키 공화국을 창건하고 초대 대통령에 취임했다(재임 1923-38).

력하고 세속적인 공화주의적 민족주의는 에르도안*이 이끄는 정의
개발당(AKP)의 정치적 이슬람주의자들의 민족주의에 의해 위협당하
는 것처럼 보이는데, 이들은 아타튀르크의 서구화개혁의 영향을 상
대적으로 덜 받았던 강력한 이슬람 시골의 오지를 대변한다.[17]

　실제로, 대부분의 민족주의들은 충돌로 쪼개져 있다. 이것은 단
지 전략과 전술의 문제가 아니라 민족의 성격, 과거와 현재에 대한
그들의 근본적인 비전의 문제라고 할 수 있다. 이것은 노르만의 멍
에라는 잉글랜드인의 개념에서처럼 계급으로, 또는 덴마크의 사회
개혁 모델로 그리고 그룬트비**의 국민고등학교운동으로도 표현될
수 있다. 양자택일적으로 그것은 19세기 러시아의 슬라브주의자와
서구주의자 간의 충돌이나 이스라엘의 사회주의 시오니스트와 종교
적 시오니스트 간의 충돌처럼, 종교와 세속주의 간의 충돌을 통해
실현될 수도 있다. 제2차 세계대전 이전과 1990년대의 남슬라브인

17) 메이지 유신 시대 일본의 제국 이상(imperial ideal)에 대해서는 Oguma(2002)를 보
라. 힌두민족주의정치운동(Hindutva)의 철학과 정당에 의해 제기된 도전은 Jaffrelot
(1996)에 의해 종합적으로 분석되어 있다. 민족에 대한 서로 다른 해석과 목소리에 대
해서는 또한 Chatterjee(1993)를 보라. 터키/오스만 역사와 운명에 대한 상충적 설명과
'터키인됨'을 구성하는 것에 대한 경쟁적인 이해에 대한 예리한 분석은 Cinar(2005)를
보라.

＊ Erdogan(1954-), 터키 수상을 지낸 터키의 정치인.
＊＊ Grundtvig(1783-1872), "하느님을 사랑하자·이웃을 사랑하자·땅을 사랑하자"란
구호를 제시하고, 메마른 땅 덴마크를 개척해서 세계적으로 아름다운 나라로 만드는 데
크게 공헌했다. 덴마크 중흥의 할아버지로 불린다. 그는 국민고등학교운동(folk high
school movement)이라는 민중교육을 주장했는데, 이는 서구나 북구에서 발달한 성인
교육의 하나다. 흔히 18세 이상의 정규학교 학생이 아닌 사람들을 대상으로 교육하는
것을 민중교육이라고 한다.

의 경우, 충돌은 점차 족류적이고 분리주의적인 형태를 취했고, 끝내 해체에 이르렀다. 이 모든 예들을 통해, '민족의 운명'에 대한 비전의 분기(分岐)와 민족을 위한 '참되고 운명에 의해 미리 정해진 길'의 파편화는 민족적 과거에 대한 그리고 궁극적으로는 '민족성' 즉 민족을 구성하는 것에 대한, 그래서 사실 따지고 보면 '우리는 누구'이고 세계에서 '우리의 자리'는 무엇인지의 문제를 제기하는 민족 주민의 구성에 대한, 상반된 이해로부터 나온다는 것을 확인할 수 있다.[18]

　유고슬라비아의 경우가 역사적인 족류집단의 분열을 이용한 충돌의 최종 결과라면, 대다수의 경우에는 그보다 훨씬 더 큰 족류집단의 통일성이 있었다. 이것은 충돌의 폭력을 감소시키지는 않았지만 개혁과/또는 혁명으로 향하는 길로 접어들게 만드는 데 성공했다. 이런 경우들 가운데서 다수가 개혁의 과정을 겪었고, 이것은 잇따른 세대들에 의해 받아들여진 전통, 기억, 가치, 신화, 상징이 정기적으로 재해석되었음을 의미한다. 이것은 기존의 민족적 유산의 수정에 의해 또는 그 기본가치에 대한 대규모의 거부를 통해 달성될 수 있다. 그러나 후자의 경우에서도, 민족의 유산에 대한 하나 또는 그 이상의 재해석을 통해 새로운 종합을 추구할 수 있다. 예를 들어, 영국에서 제국의 유산과 그것을 지탱해주는 가치들은 대체로 거부되었지만 세계의 지도자로서의 영국이라는 사상은, 적어도 도덕적

----

18) '노르만의 멍에'와 앵글로-색슨주의에 대해서는 MacDougall(1982)을 보라. 덴마크의 사회개혁 모델과 니콜라이 그룬트비의 민중공동체 개념, 폴켈리드 정신(folkelighed), 그의 국민고등학교는 Jesperson(2004, 103-13)에 의해 분석되었다. 19세기 러시아의 슬라브주의에 관해서는 특히 Thaden(1964)과 Hosking(1997)을 보라. 시오니즘의 다양성은 Shimoni(1995)에 의해 종합적으로 분석되었다. 크로아티아의 발흥과 그것의 다양한 민족주의 이데올로기는 Uzelac(2006)에 의해 일목요연하게 기록되고 분석되었다.

으로는, 고스란히 남아 있다. 제국은 이제 영연방으로 바뀌었고, 그들의 눈에 그 나라는 아메리카와 유럽 사이의 '가교'이자 이민자들을 위한 다문화 자석(磁石)과 같은 것이 되었다. 프랑스 또한 문명전파의 사명(mission civilisatrice)을 완전히 버리지 않았으며, 핵전력(핵무기)을 통해 강대국의 지위를 지키고 있다. 이 경우 역시 프랑스혁명기와 그 이후에도, 민족공동체의 정당성 그 자체는 결코 의문시되지 않았으며, 프랑스의 운명의 위대함에 대한 신앙도 약화되지 않았다.[19]

그럼에도 어떤 민족공동체도 특히 근대 시대의 변화의 압력을 견뎌내지 못했으며 그 결과 많은 것들을 포기해야 했다. 동시에, 존 허친슨이 보여주었듯이, 족류집단의 이전의 유대와 정서는, 비록 약간 변화된 형태이고 종종 문화전쟁을 통해서이긴 하지만, 공동체에 대한 주기적인 물질적·정신적인 도전에 맞서기 위해, 재생되고 부활되었다. 다시 말해 모든 종류의 문제에 직면하여, 재해석은 변경과 거부일 뿐만 아니라 부활과 쇄신을 의미했다. 특히 대규모의 이민은 오래된 민족들의 중심에 있는 족류집단의 핵심에 새로운 활력을 주었고, 경쟁적인 족류공동체들 사이의 충돌을 일으키거나 민족의 변화하는 구성과 다문화적 성격을 둘러싸고 지배적인 족류공동체 내부의 여러 분열과 논쟁을 불러일으켰다. '충돌지대'로서 민족들은 변화를 받아들이고 재종합을 하면서 새로운 상황에 잘 적응하고 있다. 사실 따지고 보면, 되풀이되는 '민족정체성' 논쟁은, 비록 화합

19) 프랑스인의 '위대함(grandeur)'에 대해서는 Gildea(1994, 3장)를 보라. 잉글랜드와의 비교는 Kumar(2006), 포스트-제국 잉글랜드의 문제에 대해서는 Kumar(2003, 8장)를 보라.

(cohesion)을 증가시키지는 않을지라도, 모든 부분들에게 민족사의 중요성과 '민족정체성'에 대한 경쟁적인 비전들의 필요성에 초점을 맞추기 때문에, 모든 참여자들의 민족의식 수준을 제고시킨다. 다시 한 번, 그것들의 공식화 사이의 극명한 대결을 통해, 이 경쟁적인 비전들은 민족공동체의 구성원들에게 '우리가 누구'이고 '우리의 존재가 어떤 목적에' 쓰일 것인가 하는 근본적인 물음에 직면하게 만든다.[20]

과거와 현재

특히 위기와 변화의 시기에 그와 같은 격렬한 이데올로기적 충돌이 빈번하게 일어난다. 이런 시기는 흔히 민족 구성원들에 의해 일반적으로 생각되는 민족적 창조력과 장엄함의 기준에서 멀어진 침체된 시기로 인식된다. 그리고 이런 시기는 민족의 '진정성'이라는 쟁점과 적어도 정신적으로는 민족사의 이전의 '황금'시대로의 복귀를 통해 현세대에게 지침의 필요성을 제기한다. 그것은 전형적으로 민족사의 거대서사가 만들어지는 때이고, 그 민족의 본보기가 되는 시대 내지 황금시대가 정의되고, 그 민족의 영웅들과 성인들이 선택되는 시기다. 민족이 걸어온 거리―대개는 '하향'되어온 거리―가 파악되고 측정되는 것도 그리고 그것의 이른바 쇠퇴의 원인들이

..
20) 오늘날 서구의 '민족정체성'에 대해서는 Guibernau(2007)를 보라. 말레셰비치에 의한 (민족) 정체성 개념에 대한 비판은 Malešević(2006, 1-4장)와 이 책의 6장을 참고하라. '충돌지대'로서의 민족과 족류집단의 갱신(ethnic renewal)과 그것의 장기적 결과에 대해서는 Hutchinson(2005와 2000)을 보라.

그 궤도의 다양한 요인들—그리고 읽기—속에서 추적되는 것도 그때다. 우리는 이러한 서사를 발명이나 위조가 아니라 문서나 여타의 증거로 입증될 수 있는 족류공동체의 과거의 측면들에 대한 선택적인 정치적 이해로 해석해야 한다. 그것들을 여타의 좀 더 '객관적'인 역사 읽기와 구분하는 것은 그것들의 공인된 도덕적 의미와 이데올로기적 초점이다. 그것들은 본보기가 되는 영웅들과 확실한 이야기를 통해 역사를 운명에 연결시키고, 그럼으로써 민족의 개탄스러운 현재의 침체를 반전시킬 수 있는 '하나의 참된 길'을 드러내준다.[21]

그렇기 때문에, 만약 우리가 이 깊은 이데올로기적 충돌과 그에 따르는 민족적 재해석과 종합의 과정을 이해하고자 한다면, 의당 장기지속적인 통시적 분석이 필요하다. 민족 형성에 대한 연구와 민족의 운명에 대한 프로젝트는, 몇몇 민족들의 형성 과정이 전적으로 근대화에만 묶일 수 없는 것과 마찬가지로 단 하나의 (근대적) 시기에 국한될 수 없다. 내가 기술했던 침체에 대한 인식과 이데올로기적 충돌은 1789년 이후의 근대 시기에 아주 빈번하게 나타나지만, 그것들은 이전 시기의 족류공동체들과 족류정체성 인식으로 소급된다. 그러므로 우리가 이러한 현상들—존 암스트롱이 그의 책 마지막 장에서 탐구했던 것과 같은 종류의 현상들—을 이해하려면, 족류공동체들과 민족들 사이의 관계에 대한 상당한 고려와 평가가 반드시 필요하다.[22]

••

21) '황금시대'의 다양한 신화는 Hosking and Schöpflin(1997)에 있는 논문들에 기술되어 있다. 또한 이러한 신화와 과거와 현재를 '연결하는' 그것들의 역할에 대한 나의 논의는 A. D. Smith(2003a, 7-8장)를 보라.

대개 이러한 관계는 **재발견**과 **재전유**의 관계로 기술된다. 이러한 모델에서 엘리트들 특히 지식인들은 민족사의 이전 시기나 유사한 족류공동체적 과거에서 나온 영웅적 **범례들**(exempla)을 기억하고 상기시킨다. 그래서 슬라브주의자들은 표트르 대제의 서구화 이전의 '진정한' 구러시아의 복원을 염원했고, 적어도 도시에서 표트르 대제의 근대화 관료체제가 파괴했던 민족적 교감에 대한 인식을 되찾으려고 노력했다. 비슷한 방식으로, 여러 아랍의 지식인들, 특히 20세기 초 이집트의 라시드 리다[*]와 무함마드 압두[**]는 아랍 민족정신의 진정한 실현으로서 선지자의 동반의 시대(the Age of the Companion of the Prophet) 안에서 초창기의 이슬람을 기억하고 상기시켰다. 이집트의 이웃 이란에서는 영광스러운 족류공동체적 과거에 대한 이와 비슷한 공식적인 재전유가 분명하게 나타났다. 첫째, 팔레비 왕조는 '아리아인'의 아키메네스 제국의 광영을 회복하려 했고, 그것은 1975년에 페르세폴리스에 있는 다리우스의 궁전 유적에서 샤(Shah)의 권력을 장엄하게 과시하는 데서 절정에 달했다. 그 후 몇 년 되지 않아 그의 정적들, 즉 팔레비 왕조를 전복하려 했던 시아파의 물라(이슬람 율법학자)들은 7세기의 알리와 후사인의 황금시대를 상기시키면서 극적인 재연을 통해 후자의 순교를 기념했다.

••

22) Armstrong(1982, 9장과 1995)을 보라. 암스트롱은 이데올로기와 이론으로서 민족주의의 도입은 민족들의 출현에서 새로운 시대를 획(劃)한다고 본다.

---

[*] Rashid Rida(1865-1935), 무함마드 압두의 제자로 흔히 '압두의 대변자'로 불린다.
[**] Muhammad Abduh(1849-1905), 알 아프가니의 후계자로 근대 개혁주의 이슬람의 위대한 선구자. 라시드 리다와 함께 살라피야 운동을 체계화하여 북아프리카와 동남아시아의 근대 이슬람 개혁주의 운동의 중축을 이루고 현대 이슬람 사상을 낳았다.

각각의 경우에서 우리는 의미 있는 족류공동체적 과거가 황금시대로 재발견되어 근대적인 정치적 목적을 위해 재전유(때로는 조작)되는 것을 본다.[23]

근대주의자들은 습관적으로 과거와 현재 사이의 관계를 일방적으로 기술하고, 과거가 노골적으로 위조되거나 조작된 것은 아니라도 상당 정도로 신화화한 것이라고 과거를 묵살해버린다. 이것은 결과적으로 과거에 대한 우리의 견해가 현 세대의 필요, 이익, 관심사에 의해 결정되지는 않지만 적어도 결정적으로 영향을 받는다고 전제한다. 그러나 이러한 종류의 현재주의적 분석은 과거의 자율성을 이해할 수조차 없게 만들고 어떻게 그 과거(과거들)의 측면들이 우리 자신의 경험들을 해석하는 준거틀이 되어 계속해서 우리에게 영향력을 행사하는지를 보지 못하게 만든다. 만약 과거의 측면들에 대한 우리의 변화하는 선택이 그것에 대한 우리의 연속적인 견해를 생성하는 데 일조한다면, 그 반대 역시 사실이다. 과거의 측면들은, 형식의 연속성을 통해서뿐만 아니라 비교와 대조를 통해, 우리 자신의 상황에 대한 우리의 이해를 생성하는 데 도움을 준다. 재발견되는 족류공동체적 과거나 과거들은 그 안에서 그리고 그것을 통해 우리가 공동체와 세계 속에서의 그것의 위치를 이해하는 경계선과 준거틀을 창조한다. 그것들은 또한 인식되는 역사적 규범이나 표준의 모

..

23) 민족주의자들에 의한 '과거의' 전유라는 근대주의적 개념(과거의 일부를 매우 선택적으로 읽는 것)은 Breuilly(2005b)에서 발견된다. 슬라브주의자에 관해서는 Hosking(1997, 270-5)을 보라. 아랍 민족정체성 인식의 창건에 아랍 지식인들의 역할에 대한 예리한 분석은 Choueiri(2000)와 Suleiman(2003)에서 볼 수 있다. 이란혁명의 뿌리에 관해서는 Keddie(1981)를 보라.

방과 공동체의 '참된 본질'로 복귀하려는 갈망을 키우면서 민족 형성과 그 이후의 민족적 관행의 문화적 모델을 제공한다.[24]

과거와 현재 사이의 **연속성**은 장기지속적인 두 번째 방식의 관계를 특징짓는다. 여기에서 우리의 관심사는 문화의 요소들과 형식들―의식과 제례, 제도, 관습, 명명법, 경관, 스타일, 언어, 그 밖의 코드들―의 연속성이다. 이러한 연속성들은 제례와 교의의 변화가 느리고 점진적이며 아울러 사회와 정치의 다양한 측면에 대해 계속해서 강한 영향력을 행사하는 종교와 같은 분야에서 아주 분명하게 나타난다. 그러나 우리는 또한 경관과 건축적 유산, 여러 가정적·정치적 제례, 심지어 언어와 게임과 같은 규칙에 입각한 활동에서도 연속성을 발견하며, 이런 연속성은 기술혁신에 의한 대규모 변화에도 불구하고 이어진다. 이러한 형식적 연속성으로부터 많은 민족주의자와 영존주의자들은 대부분의 근대 민족들은 중세 초에 뿌리를 두고 있으며 그 구성원들의 연속적인 세대들은 그것의 근대적인 경계선 안에 있는 고토에 지속적으로 거주해왔다는 결론에 성급히 도달했다. 족류-상징주의자들에게, 그와 같은 주장은 근대주의자들이 옹호하는 시간적 제한만큼이나 정당성이 없다. 특정 민족의 기원과 발전의 문제는 엄격하게 말해 합의된 개념정의를 토대로 한 경험적 연구의 대상이다. 그것은 선험적인 추론의 문제도, 직관의 문제도 아니다. 소수의 서유럽 민족들과 그 밖의 일부 민족들에서 문서로

••

24) '차단하는 현재주의(blocking presentism)'의 개념에 대해서는 Peel(1989)을 보라. 족류집단의 과거의 이용에 대한 족류-상징적 접근방법에 대한 비판적 논의는 Özkirimli (2000, 5장)를 보라.

입증될 수 있듯이, 일정한 제도화된 관행과 과정들이 근대가 시작되기 오래전에 일어난 경우가 있을 수 있다. 그러나 대부분의 경우, 그이후의 민족의 족류집단의 핵심 인구의 문화를 뒷받침하는 것은 한마디로 민족적 연속성이라기보다는 족류집단의 유대다. 또다시, 특정한 경우에 그와 같은 유대가 어느 만큼이나 과거로 소급될 수 있는지, 그리고 어느 정도로 그것들이 민족들의 사회적·문화적 토대를 이루었는지는 역사적 판단의 문제다.[25]

민족들이 전근대 시대에 존재했을 가능성은 우리를 민족적 반복에 대한 영존주의자들의 주장으로 돌아가게 만들며, 족류정체성과 민족에 대한 존 암스트롱의 상징적 역사의 많은 부분에 대해 말해준다. 그러나 민족이 반복적 형태의 영토적·사회적 조직이라는 사상은 그것이 '회고적 민족주의'라는 비난을 받고 증명되어야 할 것을 전제하기 때문에, 신중하게 다룰 필요가 있다. 내 생각에 우리가 보여줄 수 있는 것은 공동의 조상, 선민이라는 확신, 족류경관의 편재성과 황금시대의 기억과 같은 특정한 족류공동체적 차원과 요소들의 반복이다. 라이트모티프(leitmotif)처럼, 이것들은 족류공동체들과 민족들의 문화사를 꿰뚫고 있으며, 비록 어느 정도로만 그리고 흔히 큰 파열을 일으키면서, 시대를 가로질러 서로 다른 족류공동체 및 민족 구성체들과 상당한 연결고리를 제공한다. 더욱 중요하게는, 이러한 족류 요소들은 필수적인 문화적 '재료들'을 제공하고 유리한

••
25) 특히 독일에서, 과거, 특히 로마 제국 이후의 '암흑시대'의 민족주의적 이용에 대한 강한 공격은 Geary(2001, 1장)를 보라. 그러나 이런 공격은 훨씬 더 잘 기록되고 더 그럴듯한 중세 말에 대해서는 검토하지 않는다. 이에 관해서는 Scales(2000과 2005)를 보라.

조건이 주어지면 그것을 중심으로 근대 민족을 형성할 수 있는 매듭들을 창출한다.[26]

민족의 문화사

재전유의 형식이든, 연속성 또는 반복의 형식이든, 민족적 현재와 족류공동체의 과거 또는 과거들과의 관계는 족류-상징주의의 가장 중요한 관심사다. 그래서 장기지속적인 역사적 분석은 민족들과 민족주의의 특징과 형성과 영속에 대한 탐구에 없어서는 안 되고, 그래서 근대주의가 근대라는 단 하나의 시기를 연구대상으로 고집하는 것도 지나치게 제한적이고 자의적인 것 같다. 문제가 되는 민족공동체가 오직 근대 시기에만 출현했다는 사실을 우리가 인정한다고 해도, 우리가 다른 공동체들과의 관계에서 그것의 독특한 문화적 특징과 그것이 점하는 지리-문화적 위치에 대해 좀 더 만족스럽고 완벽한 설명을 제시하고자 한다면, 우리는 여전히 그것의 족류공동체적·문화적 선례와 민족 구성원의 일부가 기대하는 사회적·상징적 공동체의 모델을 탐구할 필요가 있다.

그러므로 족류-상징적 분석의 주요 이론적 과제는 역사적 문화공동체의 한 유형으로서의 **민족의 문화사**를 쓰는 것이다. 민족의 문화사란 특정한 지역과/또는 정치조직 내의 문화적으로 정의된 인구의

••
26) 이 모든 것에 관해서는 Armstrong(1982)을 보라. 그러나 그와 같은 연결 관계나 영향에 대한 공격은 Breuilly(2005a)를 참조하라.

연속적인 사회적·문화적 자아에 대한 이미지와 정체성 인식, 이데올로기적 충돌 및 사회적 변화에 대한 탐구를 의미한다. 이러한 자아에 대한 이미지, 정체성, 충돌, 변화는 전적으로 거기에 국한되지는 않지만 근대 민족주의 시대에 많이 일어나는 외부의 집단과 사건들의 정치적 충격뿐만 아니라 특정한 지역과 인구와/또는 정치조직 내의 서로 다른 계급, 종파, 족류집단들의 경쟁적인 문화적·정치적 프로젝트의 상호작용으로부터 생긴다. 그것들은 또한 고대 세계에 공공문화의 모델로부터 도출되었고, 중세 말에서 현재에 이르기까지 점점 더 '민족적'이 된 공동체의 사회적·정치적 구성에 역사적으로 매우 큰 영향을 미친 서로 다른 종류의 독특한 **공공문화**—계서제적·언약적·시민적-공화국적—에 힘입은 바 크다. 요인들과 모델들의 이러한 복잡한 상호작용의 결과로, 대개 우리는 어느 시점이든 정치적 영향력을 갖기 위해서 서로 경쟁하는 민족의 운명에 대한 두 개 또는 그 이상의 비전과 특히 위기와 쇠퇴의 시기에 서로 다른 황금시대와 공공문화의 유형들을 되돌아보고, 서로 다른 심지어는 반대되는 민족적 재활성화의 프로젝트를 제시하는 공동체의 구성원들을 본다. 그와 같은 상황은 이런저런 종류의 혁명을 통해 또는 보통 받아들여진 전통에 대한 선택과 재해석에 토대를 둔 어떤 종류의 종합을 포함하는 사회적·문화적 개혁과 도덕적 부흥운동의 과정들을 통해, 경쟁하는 프로젝트 가운데 어느 하나를 포기함으로써 해결될 수 있다.[27)]

..

27) 세 종류의 독특한 공공문화에 대한 더 충실한 논의는 A. D. Smith(2008a, 4-7장)를 보라. 또한 민족 '문화전쟁'에 대해서는 Hutchinson(2005, 3장)을 보라.

이상의 고찰들은 민족들과 민족주의에 대한 족류-상징적 설명의 단계들을 구상할 수 있게 해주는데, 이 문제는 나중에 자세히 언급할 것이다. 혈연적 유대, 문화, 정치적 행동의 상호작용에 의해 형성된 족류공동체의 토대로부터 시작되는 민족의 문화사는 첫째 그것들의 연속적인 시대구분은 물론 민족공동체의 여러 유형과 민족 형성의 서로 다른 경로를 구분하기 전에, 그것이 형성 과정 중에 있는 사회적·상징적 과정들을 추적하려고 노력할 것이다. 그런 다음에 그것은 이 과정에서 지식인과 전문직 종사자들이 행한 역할뿐만 아니라 여러 종류의 민족주의가 이데올로기 운동으로서 인구를 동원하고 별개의 민족들을 생성하는 일에서 행한 역할을 탐구할 것이다. 끝으로 이것은 특히 근대 세계에서 민족들을 영속시키고 변화시킨 힘들이 무엇인지에 대한 연구로 나아갈 것이다. 그와 같은 탐구는 서로 다른 족류사적 서사를 제시하고 '인민'을 위한 민족갱생과 '민족의 운명'에 대해 서로 아주 다른 프로젝트를 실현하려고 하는 엘리트들 간의 충돌뿐만 아니라 민족의 근본적인 문화자원과 종교자원들의 분석을 필요로 한다.

이것은 그러니까 다음 세 장의 방법론적 순서를 정해준다. 즉 첫 번째 장인 제3장은 민족들의 형성, 두 번째 장인 제4장은 민족주의의 역할, 세 번째 장인 제5장은 민족들의 영속(persistence)과 변화(change)와 자원(resources)이 될 것이다. 한 번 더 이야기하지만, 그와 같은 접근방법의 이득과 한계를 강조하는 것이 중요하다. 이것은 표준적인 근대주의적 설명을 다른 설명으로 대체하려는 것이 결코 아니다. 그것이 상징적·사회적 요소들에 초점을 맞추는 이유는 차라리 근대주의자들에 의해 제시된 대개 정치적이고 경제적인 모델을 보충하고 필요하다면 수정하기 위한 것이라고 할 수 있다. 다시 말해, 인습적인 설명이 멈춘 곳에서 설명을 계속하고 그것들이 간과하는 경향이 있는 문화적·상징적 차원들을 보충하려는 것이다. 우리는 많은 근대주의적 설명들이 민족공동체의 구성원들의 '내부 세계'에 들어가는 데 실패하기 때문에 그들이 이루고자 하는 결과에 결코 도달하지 못한다는 인식을 갖고 있다. 족류-상징주의가 (근대주의를 도와주겠다고) 제안하는 바로 그 민족의 문화사가 하고자 하는 일이 정확하게 바로 이것(민족공동체의 구성원들의 '내부 세계'에 들어가는 것)이다.

3

민족들의
형성

근대주의적·영존주의적 설명의 주요 목적과 마찬가지로, 족류-상징적 접근방법의 주요 목적도 민족들의 성격, 형성, 영속과 역사 속에서의, 특히 근대 세계 속에서의 민족주의의 역할을 설명하는 것이다. 이번 장에서 나는 민족들의 형성에 관련된 쟁점들을 집중적으로 다루겠다.

민족: 담론과 현실

그런데 왜 민족들이 문제인가? 왜 우리는 무엇보다도 먼저 민족들에 대해 이야기해야 하는가? 이것이, 민족들과 족류집단들을 현실적인 집단(real groups)이자 동질적이고 안정적이고 장기지속적인 공동체들(homogeneous, stable and enduring communities)이라고 보는 인습적인 견해를 비판하였던 (미국의 사회학교수인) 로저스 브루베이커(Rogers Brubaker)가 1996년에 제기했던 문제였다. 확고한 실체적 집단(a fixed and substantial groups)이라는 분석적으로 의심스러운 민족개념 대신에(확고한 실체적 집단이라는 민족개념을 무비판적으로 수용하지 말고), '민족들'이라는 항목 아래서 우리가 설명하려고 노력해야만 하는 것은 민족주의적 관행, 제도화된 문화적·정치적 형식들의 범주와 '민족(이라는) 상태'(nationness)라는 우연한 사건들이라는 것이다.* 우리는 민족의 개념으로부터 그것의 실체적인 집단적 형질을 제거해야 하고, 민족주의 없는 민족들이 아니라 '민족들이 없는 민족주의'에 대해 생각해봐야 한다는 것이다. 그리고 그러한 주장을 뒷받침해주는 주요 사례로 브루베이커는 1920년대 소비에트의 소수민족 정책이, 자치지역들로부터 아제르바이잔과 카자흐스탄과 같은 이름을 지닌 족류공화국들에 이르는 정치적 준거틀의 계서제(a hierarchy of political frameworks) 속에서(즉 계서화된 정치적 준거틀 속에서) 족류공동체들과 민족들을 (정책적 필요에 의해) 만들어내고 제도화했던 방식들을 문제 삼았다. 소비에트의 정책과 국가 관행은,

전면적인 사회적 분류 시스템, 즉 사회세계를 조직하는 '비전과 분열의 원칙'

---

* 한국전쟁 후 우리나라 사람들, 특히 교육을 받은 사람들에게 은근히 강요되었던 사고가 바로 민족은 확고한 실체적 집단이 아니며 따라서 민족을 당연한 것으로 받아들이지 말라는 로저스 브루베이커식의 사고가 아니었을까? 그리고 이런 사고방식은 스미스의 지적처럼 목욕물과 함께 아기를 내다 버리는 것이 아니었을까?

이 되었다. 그래서 소비에트 시스템이 붕괴되었을 때, '민족됨'의 우발적 사건들은 후속 국가들 안에서 민족들 간의 투쟁이 아니라 제도적으로 만들어진 민족적 엘리트들 간의 투쟁을 낳았다는 것이다.[1]

그와 같은 반(反)본질주의적 분석의 거창한 프로그램은 매력적으로 보이지만, 그와 같은 과격한 미니멀리즘*이 목욕물과 함께 아기를 내다 버리는 위험성이 있다고 주장하는 것은 족류-상징주의자들만이 아니다. 먼저, 그 목적이 물화된 민족 개념을 피하려는 것이라면, 동일한 사유방식이 국가에 대해서도 적용되어야 한다. 제도, 특히 국가는 이러한 설명에서 민족과 마찬가지로 (다른 무엇에도 영향을 받지 않는) 독자적인 객체(objects in their own right)**가 될 위험성이 있다. 게다가 이러한 분석은 민족들의 형성에서 국가들이 하는 역할을 상당히 단순화시킨 견해를 제시한다. 소비에트의 경우에서조차, 공산당 엘리트들은, 비록 때로는 '숨겨져 있었고' 또 인정받지 못했지만, 족류-언어 집단으로서의 민족이라는 준-헤르더적 개념을 가지고 작업했다. 이런 상황을 바로잡고 각 집단에게 정치적 계서제 내에서의 그 집단의 적합한 위치를 할당해주는 것이 소비에트

∙∙

1) Brubaker(1996, 특히 24와 2005).

---

* 미니멀리즘은 사물의 근본만을 표현했을 때 현실과 작품과의 괴리가 최소화되어 진정한 리얼리티가 달성된다는 믿음에 근거해 기교나 각색을 최소화하는 예술·사상적 경향을 말한다. 예컨대, 문학비평에서 미니멀리즘은 최소한의 노력으로 최대한의 효과를 얻는다는 경제 원칙을 중요시하며, 그래서 문자 그대로 절제와 응축, 그리고 경제성을 가장 핵심적인 서술 전략으로 삼는다.
** object는 '정해진 모습이나 형식을 지닌 어떤 것'을 말한다. 즉 객관적으로 존재하는 무엇을 뜻한다.

족류지학자들(ethnologists)의 임무였다. 다른 경우들에서, 민족 형성의 족류공동체적 기반은 더욱더 두드러지게 나타났으며, 이것은 특히 19세기 동유럽과 20세기 아프리카, 중동, 아시아의 일부, 예컨대 에웨, 바콩고, 쿠르드족, 시크족, 타밀족의 분리주의 운동에서 두드러지게 나타났다. 서로 다른 종류의 정치조직, 즉 토착적 정치조직과 식민지 정치조직은 공동체들의 성격과 그것들의 족류민족주의 (ethnic nationalism)의 작동에 분명히 영향을 주고 제약을 가했지만, 정치조직이 족류민족주의의 이상, 이익, 행동가들을 구성하지 않았음은 물론, 정치조직(국가)이 족류민족주의를 창조했다고도 말할 수 없다.[2]

　[국가가 민족(주의)을 발명했다는 논지에 대한] 좀 더 근본적인 반대가 있다. 구성주의와 담론분석의 반(反)본질주의적 취지는 민족들과 민족주의를 근대 세계의 매우 중요한 일부로 만들었던 바로 그 측면을, 즉 민족들과 민족주의가 계속해서 수백만 남녀들의 마음과 정신에 미치고 있는 그 영향력을, 제대로 설명하지 못한다. 우리의 분석범주들은, 브루베이커가 옳게 지적했듯이, 가능한 한 일반인들의 통념과는 거리를 두어야 하지만, 그것들은 민족들의 전형적 특징— 다시 말해 민족들의 단순한 형식, 즉 빈껍데기만이 아니라 민족들의 내용—인 강렬한 감정, 의지, 상상력을 제대로 이해하거나 다룰 수 있어야 한다. 구성원들에게 민족은 인식, 정서, 소속의 현실의 공

••
2) 소련의 소수민족 정책에 대해서는 Connor(1984), G. Smith(1990, 1-2장), Brubaker (1996)를 보라. 소련 '족류집단들(ethnoses)'에 대한 이론적인 족류지학에 관해서는 Bromlei(1984)를 보라.

동체(real communities)*이다. 그러므로 분석자들에게도 민족은, 막스 베버의 공식에서 말하는, 권력과 위신의 공동체—심지어는 (갈등과) 충돌의 공동체(conflict communities)—로 이해되어야 한다. 우리는 민족들의 느껴지고(felt), 경험되고(lived), 의지된(willed) 현실과 그 결과들의 현실을 관측하기 위해, 민족들에게 '본질'을 부여할 필요도 없고, 그것들을 확고하고 내부적으로 동질적인 존재로 여길 필요가 없는 것은 물론, 안정된 존재로 여길 필요도 없다. 그러나 아무리 문제가 많아 보여도, 많은 학자들이 민족들을 독자적인 '현실의 공동체들'로, 그리고 순전한 담론구성체 이상의 어떤 존재로 취급하는 데 동의했던 것은 (민족은 인식, 정서, 소속의 현실공동체라는) 그 느낌의 매우 현실적이고 지속적인 영향(impact, 강력한 효과, 충격) 때문이었다. 민족의 개념은 상상에서 나온 높은 수준의 추상적 개념처럼 보이지만, 그것의 상징들, 이미지들, 제례는 그것의 구성원들에게 목숨을 요구할 수 있는 긴밀한 공동체라는 인식을 실어 나른다.[3]

••

3) 민족에 대한 베버의 간단한 분석은 Weber(1948, 171-9)에서 '권력의 구조들'이라는 제목 밑에서 다루어진다. 담론구성체로서의 민족이라는 관념은 Calhoun(1997)에 의해 개진된다. 민족의 관념이 이야기의 대상이 되고, 선택되고, 소비되고, 상징적으로 재현되는 다양한 방식에 대해서는 Edensor(2002)를 보라. 피의 희생 메커니즘으로서의 민족에 대해서는 Marvin and Ingle(1999)를 보라.

---

* 베네딕트 앤더슨의 '상상의 공동체(imagined community)'에 대비되는 용어로 사용된 점을 감안하여 '현실의 공동체'로 옮겼다.

민족들과 민족주의

그런데 민족들이 현실의 공동체로 취급되어야 할 필요가 있다면, 그것들은 이데올로기이자 운동인 민족주의와 어떤 관계를 갖고 있는가? 어니스트 겔너의 유명한 말처럼, '민족들이 존재하지 않는 곳에서 민족주의가 민족들을 발명'하는가?

많은 근대주의자들이 보기에, 민족주의는 역사적으로 그리고 사회학적으로 '그' 민족('the' nation)에 앞선다.* (근대주의자들의 주장처럼) 민족주의가 근대의 산물이라면 민족들은 18세기 말보다 더 앞설 수 없다. 어쨌든, 그 구성원들을 동원하고 그들에게 민족적 화합을 가져다주는 것은 민족주의자들이다. 루소에 따르면, 스파르타의 (입법자인) 리쿠르구스 및 로마의 누마 폼필루스(베스탈이라는 제도를 처음 만든 로마 제2대 왕)와 더불어 고대 3대 입법자의 하나인 모세가 출애굽 이후에 유대 백성들에게 한 일이 바로 이것(그 구성원들을 동원하고 그들에게 민족적 화합을 가져다주는 것)이다.

첫 번째 인물(즉 모세)은 비참한 도망자들의 무리로부터 하나의 민족을 창조할 놀라운 계획을 품고 실행하였는데…… 이들 비참한 도망자들은 자기 것이라고 부를 단 한 뼘의 땅도 없이 이방인의 무리로서 이 세상을 헤매고 있었다. 이러한 방랑과 노예와 같은 무리로부터 모세는

---

* 여기서 스미스가 'the' nation이라고 표현한 '그' 민족은 내용상 근대주의자들이 말하는 '근대 민족'을 가리킨다. 그러나 스미스가 이 절의 제목을 민족들과 민족주의(nations and nationalism)라고 붙인 데서 짐작할 수 있듯이, 민족은 근대 민족만 있는 것이 아니다. 고대, 중세에도 민족이 있었다는 것이 스미스의 입장이고 해석이다.

하나의 정치체(body politic), 하나의 자유로운 백성을 창조하는 대담성 (audacity)을 가지고 있었다……

비슷한 방식으로, 근대 민족주의자들은 교육, 예술, 공공의례와 의식을 통해 미성숙한 주민들을 조직되고 화합된 '민족'으로 단조 (鍛造)한다고 말할 수 있다. 그리고 근대주의자들은 우리가 '민족들 없는 민족주의'라고 정당하게 말할 수 있는 사하라 이남 아프리카의 전(前) 식민지뿐만 아니라, 동유럽과 아시아의 일부에서 '민족-건설' 이 행해진 여러 사례들도 들먹일 수 있다.[4]

그러나 이것은 이야기의 일부일 뿐이다. 순전히 개념적인 의미에서, 민족들은, 영토화된 역사적 문화공동체(territorialised historic culture-community)*의 자율성, 단일성, 정체성을 추구하는 민족주의가 민족 이라고 하는 개념을 전제로 하듯이, 전신(前身, precedence)을 가져야 만 한다. 더 중요한 점은, 다수의 동유럽과 아시아의 민족들은, 폴 란드나 헝가리, 슬로바키아나 핀란드에서처럼 기존의 족류공동체나 족류네트워크를 중심으로 창조되거나 또는 이란, 스리랑카, 버마,

• •

4) 1772년의 그의 『폴란드 통치에 대한 성찰』 제2장에 있는 리쿠르구스, 누마 폼필루스, 모세에 대한 루소의 견해에 대해서는 Watkins(1953, 162-7, 특히 162)를 보라. 여기서 모세는 근대주의자가 아님에도 불구하고 설익은 '구성주의자'로 간주되고 있다! 민족주 의는 '민족들이 존재하지 않는 곳에서 민족들을 발명한다'는 근대주의적 견해는 Gellner (1964, 7장)에 의해 표명되지만, 겔너의 공식은 민족주의 이전에 일부 민족들이 존재할 가능성을 배제하지 않는다. 그리고 이 공식은 그 후의 민족주의적 민족건설 사업의 모 델 역할을 한다.

---

* 앞의 역주에서도 지적했듯이 '영토화'의 실제 의미는 '고토(故土)화'이다. 그러므로 '영토 화된' 역사적 문화공동체도 '고토화된' 역사적 문화공동체라고 읽으면 이해가 쉬울 것이다.

베트남과 같은 국가에서처럼 주도 족류공동체의 토대 위에서 창조되었으며, 그 이후에 출현한 민족들의 토대를 형성했던 것도 이러한 족류집단의 유대였다. 그들의 주도 족류공동체의 상징, 기억, 전통, 신화는 이러한 새로운 민족국가들에게 그 국가의 공공문화, 상징 코드와 레퍼토리, 그리고 여러 법률과 관습을 제공했다. 그리고 이 동일한 족류집단의 유산들은 (민족주의를 둘러싼) 논의에 더 큰 역사적 깊이를 부여했는데, 왜냐하면 그것들은, 민족들이 단지 하나 또는 두 세대의 근대 민족주의자들에 의해 창조된 것이라기보다는 기존의 문화적·정치적 유대로부터 오랜 시기에 걸쳐 여러 단계를 밟으면서 단조(鍛造)되었다는 것을 보여주기 때문이다.[5]

이와 같은 사고방식은 '전근대 민족'의 가능성을 제기한다. 어쨌든, 민족들이 오랜 시간에 걸쳐 형성된다면, 우리는 일부 민족들의 기원을 적어도 근대가 도래하기 훨씬 이전까지 소급해갈 수도 있을 것이라고 예상할 수 있다. 민족='근대 민족'이라는 등식이 성립되지 않는다면, 우리는 중세 시대나 심지어는 고대에도 민족이 존재했다는 생각을 품을 수 있다. 내가 2장에서 개괄한 민족의 이상형적 개념정의 같은 것을 사용하는 족류-상징적 접근방법은, 비록 실제로는 핵심적인 사회적·상징적 과정들의 발달을 보였던 그리고 그 결과 민족의 이상형에 근접했던 경우들에만 적용되지만, 확실히 이러한 가능성을 허용한다.[6]

••

5) 특히 합스부르크 제국에서 지식인들이 민족의 범주를 공식화하는 단계에 대한 분석에 대해서는 Argyle(1976)을 보라. 동유럽 민족들의 창건에 관해서는 Hroch(9185)와 Sugar(1980, 특히 Hofer의 논문)를 보라. 아시아에서 민족 형성에 따르는 요인들은 Tønneson and Antlöv(1996, 특히 Winichakul의 논문)에 수록된 논문들에서 분석된다.

이러한 과정들에 대해서는 조금 후에 살펴보겠다. 그러나 근자에 이르러 다수의 중세사가들이 일부 서유럽 사람들, 특히 잉글랜드 사람들은, 그보다 더 이른 경우는 드물지만, 확실히 중세 말에 이르러서는 전근대적 민족을 이루고 있었던 것으로 간주해도 정당하다고 주장하게 되었다는 사실을 우선 나는 알리고 싶다. 그리고 어떤 고대사가들은 '고대 민족들', 즉 민족의 이상형의 핵심적 특징들을 보여주었던 옛 유대와 초창기 기독교 아르메니아와 같은 고대의 공동체들이라는 상당히 드문 사례들을 가려냈다.[7]

지금은 그들(중세와 고대에도 민족이 있었다고 주장하는 역사가들) 주장의 세부 내용을 살펴볼 처지가 못 된다. '민족' 개념에 대해 서로 다른 관념이 근대, 중세, 고대사가들에 의해 사용되고 있고, 다른 **종류들**의 민족이 기술되고 있다고만 말해두자. 동시에 족류-상징적 분석들은, '민족주의'란 민족적 자율성, 단일성, 정체성을 위한 이데

••

6) 전근대 민족이라는 개념에 대한 격렬한 반박에 대해서는 Breuilly(2005a와 2005b)를 보라. 중세 잉글랜드 민족에 대한 이와 비슷한 거부는 Kumar(2003, 3-4장)에서 찾아볼 수 있다.

7) 아르메니아인과 고대 유대인의 경우는 Grosby(2002, 1장)에 의해 분석된다. 아울러 고대 유대인의 민족주의와 민족됨의 요소들을 탐구한 Goodblatt(2006)와 고대 아테네 민족의 존재를 주장하고 있는 Roshwald(2006, 1장)를 보라. 고대 지중해 세계에 대한 예리한 개관에 대해서는 Garman(2007)을 보라. Mendels(1992)도 헬레니즘과 로마 세계의 '정치민족주의'에 대해 말하지만 이 족류-정치적 세계관과 정서를 근대 민족주의와 구분한다. 중세 유럽에서 민족의 가능성에 대해서는 Smyth(2002)에 있는 논문들과 근대 민족과 중요한 차이를 인정하는 Reynolds(1984, 7장과 2005)를 보라. 프랑스의 경우는 Beaune(1991)을 보라. 잉글랜드는 흔히 중세 민족의 가장 유력한 경우로 간주된다. 의심의 여지 없이 그 시대의 강한 **국가**인 앵글로-색슨 왕국은, 비록 여기서도 근대 민족과 동일한 의미에서는 아니지만, Wormald(1984)와 Foot(2005)에 의해 **민족(nation)**으로 취급된다. 노르만 잉글랜드에 대한 비슷한 접근방법에 대해서는 Gillingham(1992와 1995)을 보라.

올로기이자 운동이라기보다는 단순히 위협에 대한 방어적 반작용이고 또 '민족정서'나 의식과 같다고 보기 때문에 민족뿐만 아니라 민족주의도 전근대적이라고 주장했던 아드리안 헤이스팅스와 같은 학자의 영존주의와는 구별되어야 한다. 의심의 여지 없이, 민족주의 이데올로기의 몇몇 구성요소들은 18세기 이전으로 소급될 수 있다. 그러나 몇 가지 예외가 있지만, 민족주의 이데올로기의 구성요소들은 18세기 중엽 진정성(authenticity)에 대한 숭배가 생겨나기 이전까지는 단일한 강력한 이데올로기적 운동으로 결집되지 않았다. 그러므로 우리는 민족주의가, 사실상 서방(the West)에서 민족주의가 호소력을 가질 수 있도록 첫 기반을 제공했던 서로 다른 종류의 어떤 민족과 민족정체성이 생겨난 다음에 그 뒤를 쫓아 등장한 것으로 볼 수 있다.[8]

족류집단 창건(ethno-genesis)의 과정들

그런데 민족주의가 이 이전의 민족들(these earlier nations) 다음에 생겨난 것이라면, 우리는 민족들의 형성을 어떻게 설명할 수 있는가? 이것은 사회학적 접근방법과 역사적 접근방법 모두를 필요로 하는 문제다. 여기서 나는 사회학적 토대에 초점을 맞추겠다. 그리고 족류-상징주의자들이 해야 할 제1보는, 민족들은 일정한 정도

··
8) Hastings(1997과 1999)를 보라. '민족들의 출현 시기'에 대한 다른 주장에 대해서는 A. D. Smith(2008a, 4-5장)를 보라.

의 문화적 단일성과 독특성으로 특징지어지며, 그것들은 결과적으로 그 힘과 지속성의 대부분을 족류집단의 연대에 대한 확신으로부터 도출한다고 믿고, 민족의 '족류집단의 핵심'*이 무엇인지 찾아내고 그것의 사회적·정치적 기원을 추적하는 일이다.

2장에서 주장했듯이, 족류네트워크와 공동체는 다른 종류의 문화공동체 및 문화집단과 마찬가지로 흥망성쇠를 겪으며, 그 결과 모든 다른 유형의 공동체와 동일한 다양한 사회적·정치적·문화적 영향을 받는 족류집단의 창건에는 마찬가지로 비슷하게 복잡한 우발적 요소가 작용한다. 그럼에도 다른 종류의 문화공동체로부터 '족류'공동체를 구별 짓는 것은, 워커 코너의 말을 빌리자면, 그것이 아무리 가공적일지라도, '조상과의 관련성(ancestral relatedness)'에 대한 공유된 믿음이다. 그것은 우리에게 구성원들 사이에 조상과의 관련성에 대한 확신이 창출되게 만드는 핵심적인 사회적·상징적 과정들로 족류공동체들의 기원과 발전을 일목요연하게 기록하고 분석할 것을 요구한다. 여기에는 집단들에 이름 붙이기; 이방인들을 상대로 자신들의 경계선 긋기; 그들의 기원신화; 상징들을 만들어내는 활동 등이 포함된다.[9]

그들이 단지 누가 아니라는 것을 아는 주민으로부터 그들이 누

: :
9) Connor(1994, 8장). 코너에게 이러한 확신은 또한 그가 자기-의식적 족류집단이라고 간주하는 민족들을 특징짓는다.

---

* 족류집단의 핵심(ethnic core)은 "공동의 조상을 갖고 있다고 믿는 데서 생기는 유대감과 지방토착(어) 문화(이것들은 어떤 경우, 점차 확대되어 하층계급뿐만 아니라 주변 지역과 주변의 족류공동체들을 병합한다)에 의해 하나가 된 주도인구(dominant population)"를 말한다. 스미스(2000, 71)를 참조하라.

구인지를 아는 주민들로의 이행 속에서, 한 집단에게 **고유한 이름** (proper name)을 부여하는 행위는 족류집단의 창건에 아주 중요하다.

지명(地名, place-name)과 성(姓, family name)이 주민들을 구별하는 데 사용될 수 있고, 그것들이 집단적 유사성(닮음)과 차이(다름)에 대한 최초의 가시적 기호들 가운데 하나인 건 분명하지만, 문화적 유사성은, 비록 그것이 그 집단에 독특성이 있음을 증명하더라도, 그 자체만으로는 그 집단에게 족류공동체 인식을 부여하지 않는다. 나는 페니키아인들—비록 그 주민들 자신들은 구약성서에 동일한 명칭들이 등장하는 '아르파드(Arpad), 비블로스(Byblos), 티레(Tyre), 시돈(Sidon) 등등의 거주민들'에 관해서만 알고 있었고 그들에 대해 언급했지만, 그들의 경쟁자인 그리스 상인들이 그 지역의 자주색 염료의 이름을 따 *phoinikes*라고 분류한 레바논 해안 도시들의 가나안어(語)를 사용하는 사람들—의 사례를 거론했다. 비록 '페니키아' 도시국가들의 구성원들은 정말이지 다양한 문화적·종교적 관행을 공유하고 있었지만, 그들은 공동체나 정치적 통일에 대한 인식이 없었고 그에 대한 어떤 열망도 없었다. 그리고 그들 자신의 집단의 고유한 이름[集團名]이 없었던 것 같다. 남러시아 평원지대에 거주하는 중세 및 근대 초의 우크라이나인들과 카르파티아 산악지대에 인접한 계곡에 거주지를 갖고 있었던 슬로바키아도 거의 동일한 경우였다. 그 부분들의 단일성을 강조하는 집단의 고유한 이름이 어떤 주민들에게 주어질 때만 그리고 그것이 주민 구성원들에 의해 널리 받아들여질 때만, 독특한 족류정체성 인식이 등장하기 시작한다.[10]

그러나 이름 붙이기는 단지 시작일 뿐이고 아울러 더 광범위한 과정들로부터 따로 떼어낼 수도 없으며, 그것은 족류공동체의 발생에

작용하는 유일한 족류–상징(ethno-symbol)도 결코 아니다. 마찬가지로 중요하고 또 밀접히 연관되어 있는 것은 이웃들과 타자들 일반에 대한 혐의와 적대감은 아닐지라도 대개는 차별과 배제의 결과라고 할 수 있는 **경계선 긋기**(boundary delineation)를 통한 **집단적 자기인식**(collective self-definition)*이다. 이 장기적 과정 속에서 상징체계와 보다 특별하게는 언어가 아주 중요한 역할을 한다. 제스처(손짓, 몸짓, 의사표시, 감정표시를 모두 포괄하는 용어)건 단어건 기호건 간에 한 집단의 사람들과 쉽게 의사소통을 하는 능력, 그리고 다른 주민들과 어렵게 의사소통을 하거나 또는 의사소통을 전혀 하지 못하는 것은 의심할 바 없이 경계 지음(boundedness)과 다름(difference)에 대한 인식을 키운다. 그러나 이러한 타자에 대한 인식은 그 자체만 가지고는 특정한 주민 안에 공동의 족류성 인식을 확고하게 만들 수 있는 장기지속적인 사회적 경계를 충분히 형성하고 유지하지는 못하다. 그와 같은 결과는 오직 전략적 엘리트들과 주민 다수의 반복적인 행동에 의해서만 달성될 수 있다. 이 점에서 특별히 강력한 것은 (갈등과) 충돌을 통한 그리고 무엇보다도 오랜 전

. .

10) 페니키아인과 그들의 집단에 고유한 이름이 없었다는 것에 관해서는 Ap-Thomas (1973)와 좀 더 비판적인 Routledge(2003)를 보라. 다양한 페니키아 도시국가들이 유사한 문화적 관행과 언어를 가지고 있었지만 종교적 또는 정치적 통일성, 그리고 족류집단의 화합의식은 없었다. 슬로바키아인에 대해서는 Brock(1976)을 보라. 우크라이나인과 그들이 근대 초에 러시아인들과 뒤얽혀 있던 관계에 대해서는 Saunders(1993)를 보라.

———————

* 스미스는 '자기인식(self-definition)'을 "'저들'에 맞서고 있는 '우리', 즉 이방인 대(對) 우리를 둘러싸고 있는 사람들에 대한 인식의 성장"이라고 개념정의한다. 스미스(2004, 16) 참조.

쟁의 결과로 생겨난 차이(다름)의 심화였다. 전쟁은 흔히 극한 상황 속에서 공동체 대부분을 동원할 뿐만 아니라 그것은 또한 전투신화를 만들어내고 다음 세대들에 의해 모방되는 영웅적 행위와 집단적 희생의 전범(典範)을 제공한다. 흔히 우리는 수 세기에 걸쳐 상업적 경쟁자였던 베네치아인들과 제노바인들의 경우처럼, 그리고 보다 근자에 있었던 프랑스인들과 얼마 전에 프로이센에 의해 통일된 독일인들 사이의 정치적 갈등과 충돌의 경우처럼, 서로에 대한 적대감이 수 세대에 걸쳐 이어지는 두 공동체의 장기적인 갈등과 충돌을 본다. 그 결과는 상징적 국경의 경화(硬化)이고 생생한 집단적 자기 인식의 발달이다.[11]

공동의 조상신화(myths of common ancestry)의 출현은 동전의 이면을 보여준다. 전쟁 중에 저항과 위험을 함께한 이들은 공동의 조상에 대한 광범위한 믿음을 갖게 되고, 그런 이유로 실제로 아무리 그 기반이 사실과 다를지라도, 확대된 '가족들의 가족'으로서의 공동체 인식이 생겨난다. 사빈인들과 로마인들이 뒤섞여 로마가 만들어졌다는 유명한 로마의 신화처럼 또는 중세 및 근대 초 잉글랜드의 앵글로-색슨인들과 노르만인들에 대한 나중의 잉글랜드 신화처럼, 그 신화가 혼합된 족류집단의 기원을 분명하게 가리키고 있는 곳에서조차 적어도 엘리트들에게는 공동의 기원과 혈통에 대한 공유된 믿음이 점차 발달되고 확고해진다. 그리고 이것이 매우 자주 접하게

∴

11) 전쟁과 족류성과 민족주의에 대해서는 Howard(1976)와 A. D. Smith(1981b) 그리고 특히 Hutchinson(2007)의 명쾌한 논문을 보라. 베네치아와 제노바 사이의 관계에 대해서는 Norwich(2003, 16, 18장)를 보라.

되는 집단의 공동운명에 대한 강한 인식을 설명하고 정당화하는 데 도움을 준다. 그리고 규칙적으로 일어나는 내부 구성원들 간의 싸움에도 불구하고, 그러한 확신은 같은 이름을 가진 공동의 조상숭배를 통해 세대를 결속시키는 효과를 주는 자주 표현되는 계보(系譜)적 유대(genealogical ties)*의 모습으로 나타난다. 여기서 종교는 강력한 버팀목의 역할을 한다. 종교적 엘리트들은 흔히 그들의 성경 텍스트, 전례**, 의식들을 통해 이러한 민중적 믿음과 정서를 뒷받침한다. 더 일반적으로, 종교적 믿음과 제례는, 호머(Homer)의 시나 (북유럽의) 에다(Edda)의 전설에서처럼 그것들을 신과 영웅들과 연결시키거나 조상들을 신의 의지의 예시자로 만들고 그럼으로써 공동체적인 공동의 기원신화를 신성화하고 정당화해, 공동의 기원과 조상에 대한 인식을 저장하는 거푸집의 역할을 한다.[12]

역설적으로, 공동의 기원신화가 흔히 하나가 아니라 여럿인 것은,

---

* '계보'의 사전적 의미는 "①조상 때부터 내려오는 혈통과 집안의 역사를 적은 책. ②혈연관계나 학풍, 사조 따위가 계승되어온 연속성"을 말한다. 그런데 계보는 가계, 계통, 족보, 혈연, 혈통보다 더 큰 개념으로 이것들을 모두를 포괄하는 개념이다. 그러므로 이 책에서 '계보적 유대'란 단어가 나올 때, 그것을 혈통적 유대, 계통적 유대, 족보적 유대, 혈연적 유대를 모두 합친 것으로 이해해야 할 것이다.

** 전례(典禮, liturgy)는 교의 또는 관례에 따라 규정된 공적 장소에서 드리는 예배 의식을 말한다. 가톨릭교회의 전례, 동방정교회의 전례, 루터파의 전례, 개혁파 교회의 전례가 각기 다르다. 개혁파 교회의 전례는 흔히 예배식이라고 불린다. 가톨릭교회의 전례의 중심은 미사이지만 이 밖에도 그리스도 자신이 제정한 성사(聖事) 및 교회가 제정한 관례에 의한 성무일도(聖務日禱), 준(準)성사, 성체행렬(聖體行列), 성체강복식(降福式) 등이 포함된다. 가톨릭에서는 제2바티칸공의회(1963-5)에서 〈전례헌장(典禮憲章)〉이 개정되어 전통적인 전례용어와 외형 등에 대한 대폭적 개혁을 단행했다. 그리하여 전례 속에 민족적 독창성을 받아들이게 되었으며, 종래에는 라틴어로만 행해지던 전례 부분에 자국어가 쓰였고, 전례가 사제만의 일이 아니고 신도도 참여하도록 강조되는 등 많은 변화가 일어났다.

위대한 가문이나 씨족들이 서로 다른 씨족들에게 공동체의 기원과 혈통에 대한 자신들의 판본(신화)을 받아들이게 하려고 하기 때문에, 족류공동체 창출을 부추기는 경향이 있다. 그 결과 대개 호머의 시나 에다의 전설에서처럼, 흔히 귀족이나 부자들의 궁전에서 암송되었던 연대기나 서사시의 형태로, 기원신화들이 융합되지는 않더라도 복잡하게 결합된다. 고대 그리스의 경우는 특히 복잡하다. 준족류집단 간의 차별의식은 줄어들지 않았으나, 고대 헬레네스의 각기 다른 지파들은 대가문 자손들의 결혼을 둘러싼 이야기를 엮은 중복되는 일련의 혈통신화에 의해 하나로 결합되었고, 그 이후 시대에는 그리스인이 아닌 사람들에 맞서서 그들의 범그리스적 정체성의 장전(章典)인 호머의 서사시로 되돌아갔다. 그리고 우리가 앞으로 보게 되듯, 그 이후의 역사 시대에서도 경쟁적 기원신화들 사이의 갈등과 충돌은 민족 구성원들이 민족의 기원을 민족 이전의 족류공동체들로 추적해 올라갔던 민족들 내부에서 (각 집단의 기원신화에 따라) 상당히 중요한 균열이 생기는 원인이 되었다.[13]

경쟁과 (갈등과) 충돌은 공동의 기원신화에 한정되지 않았다. 그것들은 **상징 배양**(symbolic cultivation)의 전 분야에 침투했고, 그렇

••

12) 로마의 기원신화는 Fraschetti(2005)와 Garman(1992)에 의해 탐구된다. Kumar (2003, 3장)는 Gildas(현자로 알려진 6세기 영국의 수도사), Bede(잉글랜드의 종교사를 쓴 수도사), Geoffrey of Monmouth(아서왕의 이야기를 문서에 기록한 웨일스의 성직자)에 있는 잉글랜드의 기원신화에 회의적인 시선을 보낸다. 그러나 Howe(1989)도 보라. 아이슬란드와 노르딕 신화에 대해서는 O'Donoghue(2006)를 보라.
13) 그리스의 계보와 기원신화의 성격과 기능에 대한 예리한 분석은 Finkelberg(2006)를 보라. 에다의 전설(the Eddic sagas)은 Magnusson(1977)과 O'Donoghue(2006)에 의해 그것의 역사적 맥락 안에서 기술된다.

게 함으로써 그것은 독특한 자아상을 홍보하고 공동의 족류성 인식을 강화하는 데 도움이 되었다. '상징 배양(培養)'에는 넓은 범위의 족류공동체의 기억, 상징, 가치, 신화 및 전통이 포함된다. 이것들 가운데 다수는 지역에 기원을 두고 있지만 그중 일부는, 꼭 그런 것은 아니지만 특히 국가나 교회*제도에 의해 지지를 받으면, 전문가 엘리트들에 의해 공동의 상징자본 내지 유산의 일부로 받아들여지거나 각색되기도 한다. 영웅과 전투에 대한 기억, 결혼과 매장의 전통, 의상과 엠블럼과 언어의 상징, 이주와 해방신화, 그리고 거룩함(holiness)과 영웅적 행동(heroism)의 가치는 모두 전달자들에 의해 보존되고 그들에 의해 공동체의 후세대로 증폭되어 내려가는 공동의 상징자본 속에서 자기 자리를 찾을 수도 있다. 이 (상징)자본이 성문화되고 법으로, 드라마나 성경 텍스트로 정립되었던 곳에서 그것은, 디아스포라 유대인들에게 『토라』**와 『탈무드』***가 했던 것처럼, 그리고 무슬림 아랍인들에게 『코란』과 하디스****가 했던 것처럼,

---

* 교회(church)는 일반적으로는 그리스도교 신자로 결성된 단체를 말하지만, 넓은 의미로 사용될 때는 같은 종교를 믿는 신자의 집단 또는 집회소를 말한다. 이 책에서 교회는 주로 후자의 의미로 사용되었음에 유념할 필요가 있다.

** 『토라(Torah)』는 모세 5경인 『창세기』 『출애굽기』 『레위기』 『민수기』 『신명기』의 다섯권의 책을 가리키나 좀 더 넓은 의미에서는 성경 말씀 전체를 가리키기도 한다. 그러나 유대인들에게 있어 성경 전체란 오로지 구약성경만을 가리킨다. 따라서 히브리어의 『토라』는 모세 5경 혹은 구약성경 전체를 가리키는 말이라고 할 수 있다.

*** 『탈무드(Talmud)』는 유대교의 율법, 전통적 습관, 축제·민간전승·해설 등을 총망라한 유대인의 정신적·문화적 유산으로 유대교에서는 『토라』라고 하는 '모세 5경' 다음으로 중요시된다.

**** 하디스(Hadith)는 이슬람교의 예언자 무함마드(마호메트)의 언행(言行, 수나)의 전승(傳承)을 말한다. 즉 이슬람교의 유일한 경전은 『코란』이지만, 『코란』을 바르게 이해하기 위해서는 무함마드의 '수나'를 알 필요가 있다. 또 이슬람법(法)도 코란을 기초로 하지만, 『코란』에 언급되지 않은 사항은 '수나'를 기초로 했다. 그러나 초기 하디스의

카논(canon, 교회법, 규범)의 지위를 얻을 수 있고 다음 세대에서 지도자 역할을 할 수 있다. 이런 방식으로, 어떤 공동체의 상징유산의 배양, 각색, 증폭, 재해석은 공동의 족류성에 대한 인식을 구축할 뿐만 아니라 새롭고 예기치 못한 상황에서 그것의 가치를 보존하고 향상하는 데 도움이 된다.[14]

상징 배양은 공동유산의 구성요소들을 새로운 상황에 맞게 선택하고, 해석하고, 적용하는 기술을 지닌 전달자들(communicators)이라는 전문가 계급의 등장을 전제로 한다. 일반적으로 말해, 우리는 그와 같은 계급이, 수리적 지식, 문해, 공문서 기술이 경제적·정치적·종교적 처리 과정에 아주 중요하고 성직자와 서기가 광범위한 활동에 필수불가결해지는 교회나 국가제도들의 맥락 속에서, 등장하는 것을 본다. 그러나 구전문화 속에서도, 중세 초 아일랜드와 웨일스에서처럼, 의사소통 기술은 귀족들의 집을 방문했던 음유시인과 공연(公演)시인 가운데서 발견될 수 있는 상징유산을 전파하는 데

∴

14) '원형적'인 디아스포라 특히 아르메니아인과 유대인에 대해서는 Armstrong(1976과 1982 7장)을 보라. 유대인들 사이에서『토라』가 한 역할에 대해서는 Schwarz(2004)를 보라. 아랍인들 사이에서 코란(Qu'ran)과 하디스(Hadith)가 한 역할에 대해서는 Suleiman(2003)을 보라.

대부분은 신학자나 법학자가 자기의 견해를 하디스에 가탁(假託)한 것이었다. 8세기 중엽 이후는 학자 사이에 하디스 비판이 일어 참 하디스와 가짜 하디스를 구별하기 시작했다. 이것이 이른바 하디스학(學)이다. 비판은 하디스의 내용과 전승자의 계보에 대하여 두 방향에서 행해졌으며, 그 이후의 하디스는 전승자를 명기하도록 하고 있다. 9세기 중엽 이후 하디스는 체계적으로 수집되었고, '육서(六書)' 또는 '6전승집'이라 일컫는 권위 있는 하디스집(集)이 완성되었다. 이것이 바로『사히흐집(集)』(2권)과『수난(Su-nan)의 서(書)』(45권)이다.

필요하다. 나는 민족들의 영속(이 책의 제5장)에서 이러한 문화전문가들의 역할을 살펴볼 것이다.[15]

민족 형성의 과정들

족류-상징적 시각에서, 민족은 그 구성원들이 공유된 상징, 신화, 기억, 가치 및 전통을 배양하고, 역사적 영토나 고토에 거주하고 거기에 부착되어 있고, 독특한 공공문화를 창조 및 전파하고, 공유된 관습과 표준이 되는 법률을 준수하는, 이름을 가지고 있고 자기인식을 지닌 공동체로 간주될 수 있다. 사회학적으로 말해, 이것은 민족들이, 개념정의상, 이름 붙이기, 경계 정하기, 기원신화, 상징 배양과 같은 족류집단 창건의 상징적 과정들을 토대로 적어도 부분적으로는 반복적으로 형성되고 또 재형성된다는 것을 의미한다. 그러나 오직 부분적으로만 그러하다. 족류집단 창건의 과정들은, 그 자체만으로는, 민족을 형성하지 못한다. 민족이 형성되기 위해서는 다른 과정들이 필요하다.

이 과정들 가운데서 가장 중요한 것은 영토화(territorialization)*일

··

15) 중세 웨일스의 음유시인 콘테스트에 대해서는 Morgan(1983)을 보라.

---

* 영토(領土)의 사전적 의미는 '특정한 국가나 통치자에 의해 통제되는 토지'다. 다시 한 번 강조하자면, 스미스는 '영토화'를 "인정된 국경선 내의, 특정한 역사적 토지나 조상의 고토의 소유, 그리고 그것들에 대한 집단적 애착심의 발달"이라고 개념정의한다. 스미스 (2004, 17) 참조.

것이다. 민족은 개념정의상 영토화된 공동체, 즉 그 구성원 대다수가 역사적 영토나 고토에 거주하고 또한 그것에 강한 애착을 느껴야만 하는 공동체다. 부분적으로 이것은 스티븐 그로스비가 지적하듯, 출생의 개념, 즉 출생지에 붙는 의미와 그것으로부터 도출되는 생명유지 사상(sustenance thought)의 개념으로부터 도출된다. 그러나 이것은 또한 상징적 경계의 창조를 통한 자기인식 과정과 연결되며, 그것은 그로스비가 초지역적이되 경계가 지어진 영토들이라고 칭한 것을 형성한다. 이것들(초지역적이되 경계가 지어진 영토들)은 공동체들이 거주하게 된 공간들이고, 공동체들의 경험과 독특한 정체성 인식은 부분적으로 그들의 역사적 고토의 특징에 의해 수 세대에 걸쳐 단조(鍛造)되며, 그 속에서 한 인민과 그들의 고토가 점차 공생하게 되는 족류경관(ethno-scape)**을 창조한다.[16]

..

16) 그로스비의 주장은 그의 모든 책에 영향을 주지만 Grosby(1995)에서 가장 충실하게 개진된다. 아울러 Grosby(2006)를 보라. '족류경관'의 개념에 대해서는 A. D. Smith

---

** ethno-scape는, techno-scape가 technological landscape의 합성어인 것으로 보아, ethnic landscape의 합성어라고 볼 수 있으며 그래서 이 책에서는 '족류경관'으로 번역했다. 스미스는 민족/민족주의에 대한 근대주의가 국가로부터 민족으로 나아간 서구의 경험을 중시하는 지나치게 국가 중심적 해석이고, 따라서 그것은 대중동원의 역할과 영토 및 조상의 고토의 역할을 소홀히 한다고 비판한다. 아르메니안, 유대인, 그리스인들처럼 자신의 땅을 잃은 족류공동체는 있을 수 있어도 자신의 땅(a land 'of their own')을 갖지 못한 민족은 있을 수 없다. 아울러 그 땅은 반드시 조상의 고토가 되어야 하고 그 땅의 경관(landscapes)은 반드시 족류경관이 되어야 한다는 것이다. 요컨대 족류경관은 토지와 거기에 사는 인민(예컨대, 어떤 역사적 문화공동체나 족류공동체)이 오랜 세월에 걸쳐, 즉 장기지속적으로(over the *longue durée*) 하나로 유합된, 그래서 그 안에서 인간과 자연이 조화롭게 사는 곳을 말한다. 즉 고토와 인민이 역사적으로 하나로 융합되었다고 여겨지는 장소가 족류경관이다. 스미스(1999, 149-57), 스미스(2013, 1-20)를 참조하라.

여기서 좀 더 발달하면 저명인사, 전투, 집회 등등에 대한 역사적 기억은 고토의 친숙한 경관*과 밀접히 연결되며, 그것은 결국 공유된 기억들에 내재하게 된다. 만약 그 공동체가 그것 때문에 '귀화(歸化, naturalised)'하고 그 환경의 일부가 된다면, 그것의 경관은 반대로 '역사화(historicised)'하고 그 공동체의 고유한 역사적 발전이 거기에 각인된다. 이 과정들을 통해, 기억과 애착의 영토화는 특정한 인민과 하나로 묶인 고토의 개념, 그리고 반대로 특유한 족류경관과 따로 뗄 수 없는 인민의 개념을 창조한다. 네덜란드인들이 그들의 개간된 평원 및 간척지와 점차 '융합되고' 스위스인들이 그들의 알프스 산들과 계곡과 융합된 것만큼 말이다.[17]

그러나 영토화의 과정은 훨씬 더 멀리 갈 수 있다. 주도(主導) 족류 공동체(dominant ethnies)를 중심으로 건설된 중앙집권 국가들이 성장함에 따라, 하나로 응집되고 통합되고 영토적으로 다른 것과 뚜렷이 구별되는 민족의 이상이 국제적 규범이 되었다. 그리고 18세기 말 '자연 국경선'이라는 민족주의적 관념이 생겨난 데 이어 민족정체성의 지리학이 나타나기 시작했다. 민족정체성의 지리학은 자신의

••

(1999a, 5장과 1999b)를 보라.

17) Schama(1987, 1장)는 19세기 네덜란드사와 심성에서 경관의 영향력을 분석하고 그림으로 보여준다. 반면 Zimmer(1998)는 점점 커지는 알프스의 경관에 대한 관심이 스위스 민족정체성 인식에 영향을 미친 방식을 추적한다.

---

* 경관(景觀)은 단순한 풍경이 아니다. 그것은 이전 시대의 진정하고 단순한 생활양식과 이상의 시적 공간, 즉 피에르 노라의 표현을 빌리자면 민족의 대표적인 '기억의 장소'다. 요컨대 우리가 경관을 원하는 대로 만들어내는 것이 아니라 경관이 우리를 만든다는 것, 그리고 그 경관은 우리의 과거와 미래를 연결 지어주는 매개물이라는 것이다. 졸저(2014, 789-90) 참조.

전통적인 신성한 관념을 서방의 영토개념에 따라 점차 재정의할 수밖에 없었던 19세기 시암(태국)의 경우엔, 통차이 위니차쿨*에 의해 매우 계몽적으로 분석된 민족의 지리적 신체(national geo-body)라는 은유법에 의해 강화되기도 했다. 그 결과가 바로 우리가 공간의 경화(硬化, hardening)라고 부르는 것이다. 즉 주민들은 단지 고토 전체를 점유할 뿐만 아니라, 고토는 침투될 수 없고 (경찰과 군대에 의해) 감시되는 국경선을 지닌 다른 민족의 영토들과 **대비되는** 단일하고 구분되지 않는 하나의 통일체로 취급된다.[18]

그와 같은 통일체는 경화된 공간의 산물일 뿐만 아니라 **공유된 관습**과 **표준화된 법률**의 산물이기도 하다. 법률과 관습 그 자체만으로는 어떤 다른 유형의 공동체와도 대조가 되는 공동체로서의 민족의 표시가 되지 못한다. 그러나 일단 다른 과정들이 하나로 수렴되어 한 공동체가 민족의 이상형을 향해 나아가도록 몰아가면, 공유된 관습과 표준화된 법률의 준수는 다수의 인민들 가운데서 통일성과 연대의식을 만들어내는 강력한 수단이 된다. 관습이 공유되고

∵

18) 19세기 시암(태국)의 경우에 대해서는 Winichakul(1996)을 보라. Giddens(1984)는 경계선을 근대적 국경선과 구분하지만 그 구분은 그가 생각하는 것만큼 분명하지 않다. '공간의 경화(硬化)'에 관해서는 A. D. Smith(1981c)를 보라.

＊ 미국 위스콘신 대학 역사학과 교수인 통차이 위니차쿨(Thongchai Winichakul)은 *Siam Mapped : A history of the geo-body of a nation*(Hawaii Uni. Press, 1994)을 저술했다. 이 책에서 그는 1850~1910년에 국경이 생겨나는 시암(태국)의 복잡한 과정을 추적했고, geo-body(지리적-신체, 신토불이?)라는 개념을 제시했다. 이 용어는 국경이나 영토를 일종의 유기체적인 것으로 상상한다. 즉 사람에게 신체(身體)가 있듯이 민족에게는 지체(地體)가 있다는 것이고, 따라서 한 민족의 공간이 잘려나가는 것은 한 사람의 신체가 잘려나가는 것과 같은 것이 된다.

법률이 전 민족적 영토와 주도 족류공동체에 걸쳐 획일화되되 국경선 너머의 관습 및 법률과 구별되는 한에 있어서, 관습과 법률은 민족공동체의 구성원들을 외부인들과 구별 지어줄 뿐만 아니라 민족공동체의 구성원들에게 통일성과 형제애—그리고 나중에는 자매애—에 대한 인식을 부여해주기도 한다.

그러나 법률과 관습이 그와 같은 효력을 가지려면 한 민족은 반드시 그 자신의 국가를 갖거나 국가가 그 '자신의' 민족을 만들어내야만 하는가? 역사적으로 이 두 시나리오는 너무나도 흔하다. 그러나 여기에도 중요한 예외가 있다. 스코틀랜드인, 카탈루냐인, 퀘벡인, 쿠르드인, 타밀인, 또는 과거의 폴란드인, 그리스인, 유대인, 아르메니아인들처럼 어떤 민족은 그들 자신의 국가를 갖고 있지 않다. 후자의 사례들에서 종교는 민족적 규모로 관습을 세우고 법률을 승인하고 표준화하는 데에서 중요한 역할을 했다. 이것은 지역적 차이에도 불구하고 교권(敎權)이 여러 디아스포라 공동체들에게 공동의 법적 제도와 절차를 제공했을 뿐만 아니라 공유된 성경텍스트와 그들의 공유된 성경텍스트와 그들의 법률들을 해석하는 준거틀을 제공하기도 했던 디아스포라 족류공동체들에서 아주 뚜렷했다. 그러므로 국가가 없는 경우 종교제도는 공유된 관습과 법률의 공동준수(common observance)의 원천이자 수호자가 되고 족류화합(ethnic cohesion)에 대한 강력한 인식을 만들어내며, 그것은 유리한 환경에서는 새로이 출현하는 민족에게 이전될 수도 있다.[19]

••
19) '국가 없는 민족'의 경우에 관해서는 Guibernau(1999)를 보라. Breuilly(1996)는 국가(state, 사실상 정부를 가리킴)와 같은 강력한 제도가 없으면, 족류정체성 인식은 지역화

종교도 **독특한 공공문화**(distinct public culture)의 토대 및 상징체계가 될 수 있다. 내가 말하는 독특한 공공문화란 독립기념축제나 추도식과 같은 일련의 공공제례와 의식, 의회건물, 국가(國歌)(를 포함한 여러 애송가), 주화(鑄貨)와 같은 공공상징물, 그리고 다양한 공공규칙들(public codes)—의상, 제스처(손짓, 몸짓, 의사표시, 감정표시를 모두 포괄하는 용어), 이미지, 음악, 이름과 낱말—을 의미한다. 특히 중요한 것은 한 민족공동체의 정체를 확인시켜주고 가깝고 먼 다른 민족공동체들로부터 구별해주는 독특한 깃발과 현수막에 덧붙여, 마리안느*, 브리타니아, 게르마니아와 같은 여성상에 의해 상징화된 모국(어머니의 나라)과 조국(아버지의 나라)이라는 성별을 반영한 정치적 엠블럼의 창조나 각색이었다. 이러한 구성요소들로 이루어진 독특한 공공문화를 창조하고 전파하는 일은, 다시 한번 이야기하건대 그 자체만으로는 다른 종류의 공동체와는 아주 다른 민족을 표시

••

되고 수명도 짧다고 주장한다. 그러나 이것은 전근대 시대에 곳곳에 침투해 있는 종교의 역할과 전통의 힘을 망각하는 것이다. '탄탄한' 제도가 상대적으로 없는 상태에서도 그와 같은 힘이 존재했던 예에 대해서는 천년왕국적인 아르메니아와 유대인의 디아스포라 공동체에 관한 Armstrong(1982, 7장)의 연구를 보라. 그리고 심지어 차르에 의해 그들의 주민자치위원회가 파괴된 후에도 (그런 힘이 존재했던) 동유럽 유대인의 경우에 관해서는 Bartal(2005)을 보라.

---

* Marianne는 프랑스 공화국의 여성 알레고리적 표상이다. 즉 프랑스혁명 전에 국가의 주요 표상이 왕의 초상이나 동물이었다면 1792년에 수립된 프랑스 공화국은 자유의 초상을 자신의 상징으로 삼고 이것을 여성의 육체로 표현하였다. 즉 프리지아 모자를 쓴 여성은 '자유'이고, 거울을 든 여성은 '진실'이고, 곡식 다발을 든 여성은 '농업'이라는 알레고리를 사용한 것이다. 그에 따라 라루스 소사전에 수록되어 있듯이, '프리지아 모자를 쓴 여성은 프랑스 공화국의 엠블럼'이 된다. 이에 관해서는 모리스 아귈롱, 전수연 옮김, 『마리안느의 투쟁, 프랑스 공화국의 초상과 상징체계, 1789-1880』(한길사, 2001)을 보라.

하는 데는 충분치 않지만, 민족공동체를 향해 나아가는 과정에서 아주 중요한 발전을 보여주는 징표다. 그것의 완전한 효력은 민족 형성의 다른 사회적·상징적 과정들의 발달 및 수렴 과정을 요구한다.[20]

어쨌거나 그렇게 앙상블을 이루고 있는 독특한 공공문화의 민족적 영향력은 엄청나다. 가슴을 뭉클하게 하는 의식, 반복되는 제례, 눈에 띄는 정치적 상징, 춤과 안무가 곁들여진 대중 집회의 음악과 이미지(그림과 표상들)(특히 그것들이 민족의 이데올로기와 연결되어 있을 때)에 의해 창조되는 것보다 구성원들의 집단성에 더 큰 효력을 갖는 것은 없다. 그리고 공동체의 구성원들을 하나로 묶고 그들을 외부인과 구별해주는 (그것들보다) 더 강력한 수단은 없다. 민족주의자들에게 그것들이 갖는 가치는 헤아릴 수 없이 컸다. 그러나 도시국가들, 왕국들, 제국들도 자신들의 공동체를 다른 것들과 구별해줄 공공문화를 창조하려고 애썼다는 사실은 기억할 만한 가치가 있다. 고대 메소포타미아 제국에서 거행된 신년(新年)의식, 그리고 베네치아와 베네치아의 고유한 활동무대인 바다와의 결혼을 상징화했던 공연*과 제례를 생각해보라. 그럼에도 근대 민족주의자들은 아주 급

••

20) 젠더와 민족주의에 관해서는 민족들과 민족주의에 대한 대부분의 접근방법에서는 유감스럽게도 젠더의 차원이 결여되어 있다고 지적한 Sluga(1998)와 Yuval-Davis(1997)를 보라. 이에 관해서는 A. D. Smith(1998, 205-10)를 보라. 프랑스의 마리안느에 대해서는 South Bank Centre(1989)에 실려 있는 공예품들을 보라.

---

* 9세기 초엽 베네치아 상인들이 이집트 알렉산드리아에서 마르코 성인의 유골을 몰래 훔쳐온 이후 베네치아는 성마르코를 도시의 수호성인으로 모시게 되는데, 성마르코는 앞발로 성서를 잡은 날개 달린 사자를 데리고 다니며, 남의 나라가 쳐들어오지 못하도록 베네치아의 앞바다(아드리아 해)를 지키는 여성으로 그려진다. 베네치아의 성마르코 축제에서는 베네치아가 바다를 장악한 일을 공연으로 보여주는 경우가 많다.

진적인 경우에도 그 민족의 이데올로기화한 대중적 공공문화를 창조하기 위해 이전의 종교적 또는 정치적 모델의 요소들을 활용했지만, 그들의 민족적 자율성, 통일성, 정체성의 이상에 따라, 그들 자신만의 공공문화 유형을 창조하기를 선호해왔다.[21]

이러한 사회적·상징적 과정들을 열거하는 것은, 특정 민족들은 오직 특정한 발전 과정을 거칠 때에만 만들어질 수 있다거나 족류공동체에서 민족으로의 이행에는 어떤 불가피성이 있다는 것—6장에서 다루게 될 요점—을 말하기 위해서가 아니다. 역사적으로 민족들은 여러 다양한 방식으로 형성되었으며, 우리가 보게 되듯이, 그것들은 또한 민족주의적 이데올로기와 운동이라는 자극과 안내가 필요했다. 게다가 사회학적으로 우리는 민족 형성의 다양한 경로들뿐만 아니라 각기 다른 출발점들을 구별해야 하며, 그것들은 결국 대비가 되는 종류의 민족을 낳는다. 이제부터는 이 기원과 경로들에 대해 살펴보겠다.

민족 형성의 경로들

기원과 경로를 크게 구분함에 있어, 먼저 하나의 온전한 족류공동체를 둘러싸고 형성된 민족들과 하나 또는 그 이상의 족류공동

21) 메소포타미아 제국의 신년하례식은 Frankfort(1948)의 고전적 연구에 기술되어 있다. 베네치아와 바다와의 결혼 증표로서 아드리아 해에 금반지를 던지는 베네치아 총독의 의식에 대해서는 Norwich(2003, 55, 116)를 보라. 좀 더 일반적으로 종교와 민족주의에 대해서는 Coakley(2004)와 Grosby(1991)를 보라.

체의 부분들 내지 파편들을 토대로(즉 잡다한 여러 족류공동체들을 토대로) 건설된 민족들 사이에는 중요한 차이가 있다. 후자의 경우, 우리는 정착민들의 **이주** 공동체(migrant communities)를 상대하게 되는데 그들은 경제적이나 종교적, 그리고 정치적인 이유로 '모국(motherland)' 및 그들의 동료 족류구성원들로부터 떨어져 나와, 다른 곳, 흔히 해외에서 하나의 공동체 또는 공동체들로서 새로운 삶을 추구해왔다. 그게 아니라면, 그들은 본토의 족류공동체 당국(권력자들)에 의해 강제로 해외에 정착했을 것이고 시간이 흐름에 따라 새로운 토지를 식민지화하려고 했을 것이다. 이 경우, 이주 공동체의 문화는 그 본토의 족류공동체나 민족의 문화와 대체로 같지만, 새로운 주변 환경의 영향 아래 서서히 변화된다. 이것은 결국 정착민 이데올로기를 낳고, 그 이데올로기는 흔히 어떤 종류의 섭리주의 이데올로기와 결합된 종교적·인종적 배타성에 의해 강화된다. 그와 같은 경우들이 바로 남아프리카와 식민지 미국이었다. 그리고 그 정도가 훨씬 덜한 경우가 오스트레일리아와 뉴질랜드인데, 이곳에서는 본토의 국가가 지도적인 역할을 더 많이 맡는다. 반면, 캐나다와 아르헨티나에서, 족류이주와 식민화는 첫 번째의 국가 프로젝트로부터 나왔다. 그리고 그들은 식민지 미국과 아프리카너*들 사이에서 아주 두드러지게 나타났던 성서적·섭리주의 이데올로기가 흔히 결여되어 있다.[22]

---

* Afrikaners, 17세기 이후 케이프에 식민한 네덜란드계 사람들. 영국 점령 후 북쪽으로 이동하여, 나탈 공화국을 건국했다. 영국이 이를 합병하자 북쪽에 트란스발 공화국, 오렌지 자유국을 형성, 현재 남아프리카 공화국 백인의 6할을 차지하며 보통 아프리카너로 불린다.

그럼에도 이 모든 이주 민족들은 경제적이나 종교적, 그리고 정치적인 이유로 그들의 고토를 떠나온 다른 족류공동체들의 파편들을 끌어모으는 자석이 되었다. 그리고 하나의 예외를 제외하고 이 모든 미발달한 민족들은 크든 작든 새로운 물결의 이주민들을 주도 족류공동체의 언어와 문화 안에 동화시키려고 했다. 그 예외는 물론 이집트에 잡혀갔던 옛 이스라엘인들처럼 자신들이 영국인들에게 점차 억압받는다고 여겼던 아프리카너들이었고, 그 결과 그들은 주변의 아프리카 주민의 노동을 착취하고 언약적 유형의 족류민족주의를 발달시키면서, 1833-8년의 그레이트 트랙*을 거쳐 자신들을 별도의 카스트로 분리시키려고 하였다. 그러므로 이주 남아프리카 사회의 초창기 다원주의는 점차 계서제적으로 양극화되었고 그래서 20세기에 그 결과로 나타난 인종-카스트 시스템은 궁극적으로 인종분리주의 정권 아래에서 합법적으로 참호를 파고 들어앉게 되었다. 1990년대 이후에야, 비록 (만델라 같은) 흑인주민의 영도 아래서이긴 하지만, 복수(複數)민족으로 나아가는 운동이 있었다.[23]

∴

22) 이전 영연방에서의 식민지 민족주의의 발흥에 대해서는 Eddy and Schreuder(1988)를 보라. 미국 백인 정착민들의 역사는 Kaufmann(2004a)에 의해 분석되었고 그들의 프로테스탄트적 가치는 Huntington(2004)에 의해 논의되었다. 아프리카너에 관해서는 Giliomee(2003)와 Keegan(1996, 184-200)의 종합적인 역사를 보라. 오스트레일리아에서 영국정부, 정착민, 오스트레일리아 원주민의 관계에 관해서는 Palmer(2000)를 보라. 보다 일반적으로, '복수(複數)' 민족주의에 관해서는 A. D. Smith(1995, 4장)를 보라.
23) 아프리카너와 그레이트 트랙 신화에 대해서는 Giliomee(1989), Akenson(1992), Cauthen(1997)을 보라.

---

* Great Trek, 1830~40년대에 영국의 남아프리카 케이프 식민지 지배에서 탈출한 보어인들이 집단적으로 감행한 북방 내륙으로의 대이동을 말한다.

주도 족류공동체(dominant *ethnie*) 전체를 가운데에 두고 그것을 중심으로 이루어지는 민족들의 형성의 출발점은, 우리가 보았듯이, 족류집단 창건(ethno-genesis)의 요소들이다(요컨대, 족류집단 창건이 민족 형성의 출발점이라는 것). 그러나 후자(족류집단 창건)는 대단히 많은 수의 (족류공동체보다 저급한 수준의 족류집단인) 족류범주들과 족류네트워크를 낳았음은 물론 서로 다른 종류의 족류공동체를 낳았다. 여기서 가장 중요한 것은 '가로의 관계로 이루어진' 족류공동체들과 '세로의 관계로 이루어진' 족류공동체들 사이의 구분이다. 가로의 관계로 이루어진 족류공동체들은 국경을 확대했고 국경이 들쑥날쑥하며, 사회적 깊이가 일천하다. 그것들은 보통 특권귀족들과 고위 성직자들을 가지고 있으며, 거기에 일부 관료들과 부유한 상인들이 포함된다. 그리고 이들은 흔히 별도의 카스트를 형성한 사람들이 가질 만한 신분적 자존심을 갖고 있다. 이와는 대조적으로 세로의 관계로 이루어진 또는 '민중적' 족류공동체들('demotic' *ethnies*)은 구성원들 사이에 훨씬 더 강한 감정적인 결속을 보여주며 영토의 크기가 그만큼 더 작다. 진입(과 퇴출) 장벽이 더 높고 족외혼(국제결혼)은 물론 문화적 동화도 쉽게 용납되지 않는다. 여러 민중적 족류공동체들에서는 종교적 · 선교(宣敎)적 측면이 무엇보다도 가장 중요하다. 아울러 흔히 그들은 하위 성직자와 장인들을 추종세력으로 하는 도시 기반을 갖고 있다. 그렇지 않은 경우, 이슬람과 같이 그들을 결속시키는 종교의 이름으로 전투를 위해 하나로 통일된, 씨족장 하의 부족연맹을 중심으로 민중적 족류공동체들이 형성될 수도 있다.[24]

이 두 종류의 족류공동체를 기반으로 해서, 민족들은 서로 다른 계층과 제도들의 인도를 받으면서, 독특한 경로들을 따라 형성된다.

이 가운데 첫 번째인, 가로의 관계로 이루어지거나 특권귀족적인 강력한 족류공동체들의 구성원들은 주도 족류공동체(dominant *ethnie*)를 중심으로 강력한 국가를 수립한다. 생각나는 예들은 중세 잉글랜드, 프랑스, 스페인, 스웨덴, 러시아다. **관료제적 병합**(bureaucratic incorporation) 과정을 거쳐, 그와 같은 왕국들과 그것들의 국가 엘리트들은 주변 지역들을 합병하고 점차 하위계층의 일부를 엘리트층 내부로 끌어들이는 경향이 있는데, 노르만인과 잉글랜드인의 경우에서처럼, 그들은 수 세대에 걸쳐 그 하위계층들에게 그들 자신의 문화를 보급하고, 자신들의 문화를 언어적·족류적으로 그들과는 다른 신민들의 문화와 결합시킨다.[25]

시간이 흐르면서, 이러한 과정은 강력한 엘리트의 민족정체성— 공유된 애착 및 기억의 점증하는 영토화와 밀접히 결합된 민족정체성—인식을 낳는다. 이 단계에서 엘리트의 애국주의는 중간계급 구성원들에 의해 수용되며, 그리하여 전 영토에 걸친 법률과 법적 제도들의 표준화에 의해, 그리고 제례, 상징체계, 지방토착(어)적 관례의 독특한 공공문화의 성장에 의해, 고무된 발전이 이루어진다. 그 문화는 특권귀족 경쟁자들과 투쟁하던 국가 엘리트들에 의해 종교적 획일성이 도모되었던 정도에 따라, 그리고 16세기 말 17세기의 스페인, 프랑스, 잉글랜드의 경우에 그랬던 것처럼, 국내의 소수집단과 외부인들에 맞서 여론을 동원하는 데 종교적 획일성이 사용되

••

24) 이러한 ('가로의 관계로 이루어진' 족류공동체들과 '세로의 관계로 이루어진' 족류공동체들 간의) 구분은 A. D. Smith(1986, 4장과 2004a, 7장)에 충실히 서술되어 있다.
25) 잉글랜드인과 노르만인에 관해서는 Thomas(2005)를 보라. 서구 국가들에 대해서는 Marx(2003), 그리고 러시아에 대해서는 Kappeler(2001)를 보라.

었던 정도만큼 더 통일된다.[26]

　그러나 애국자들도 민족적 자율성, 통일성, 정체성을 갈망하고 또 국가와 민간 주도권 이 양자에 의해 민족공동체의 안녕이 추구되었기 때문에, '국왕—중심의' 애국주의—왕국과 군주와 그/그녀의 신민에 대한 충성—와 민족주의 사이의 거리는 멀지 않다. 더욱이, 마우리치오 비롤리*가 지적하듯이, 애국주의는 에르네스트 르낭이 민족의 유지에 필요하다고 주장했던 바로 그 요구조건인 집단적 성취와 희생에 대한 기억뿐만 아니라 공유된 역사적 경험을 요구한다. 아울러 그것은 상징·제례·지방토착(어)적 관례의 공공문화는 물론 '핵심' 족류인구의 공동의 문화와 언어(the common culture and language)를 전제로 한다. 이런 이유로 애국자들은 문화와 언어적 획일화를 고취시키고 소수집단의 동화를 요구하는 경향이 있다. 민주주의의 도입 이후로, 이 문화적 배타성은 오히려 강화된다. '국민(people)'은 오로지 주도문화(dominant culture), 즉 주도적인 역사적 족류공동체에 속하거나 동화된 자들에 국한된다. 그리고 프랑스혁명 이후의 프랑스 민족주의가 반복적으로 보여주듯이, 주권은 그들(주도적인 역사적 족류공동체에 속하거나 동화된 자들)에게만 속하고, 국가는 이런 목표를 달성하기 위한 그들의 도구가 된다. 이 단계에

••

26) 민족주의의 가장 이른 '(이방인들을 민족에서 배제해버리는) 배제적' 형태가 16세기 잉글랜드, 프랑스, 스페인에 의해 시작되었다는 논지는 Marx(2003)에 의해 주장된다. 프랑스의 경우에 관해서는 Bell(2001)을, 영국에 관해서는 Bradshaw and Roberts(1998)에 수록된 논문들을 보라.

---

* Maurizio Viroli, 볼로냐 대학 출신의 이탈리아인으로 프린스턴 대학의 정치학과 교수. 마키아벨리와 공화주의 연구자다.

가서야 느슨하고, (영토적으로) 확대되고, 특권귀족적인 족류공동체 (*ethnie*)가 대중 정치적이고 문화적으로 통합된 민족(nation)으로 전환되는 일이 완수되었다.[27]

두 번째 경로인 **지방토착(어)적 동원**(vernacular mobilisation)의 경로에서도 민족 형성의 아주 중요한 사회적·상징적 과정들의 존재를 찾아낼 수 있다. 일반적으로 말해, 우리가 지금 문제 삼고 있는 사람들은 (특권귀족적 족류공동체들보다) 규모가 작고, (대규모의 특권귀족적 족류공동체에) 종속된 족류집단의 주민, 그리고 친밀한 관계를 맺고 있는 비교적 하나로 응집된 공동체들로서 높은 수준의 자기의식 (self-awareness)을 지닌 주민들이다. 발칸과 동유럽과 같은 서너 개 지역에서, 이러한 공동체들은, 오스만 제국의 밀렛*처럼, 여기저기 흩어져 있는 정치조직체들 안에서 다른 것들과는 뚜렷이 구별되는 자신들에게 꼭 맞는 자리(niches)를 차지하면서 (아무리 떼어내려고 해도 떨어지지 않는) '얼어붙은 모자이크'를 이루었다. 이런 경우들에서, 민족공동체 및 자율성 추구에서 주도권을 행사하는 것은 국가 엘리트가 아니라 '돌아온 인텔리겐치아'다.[28]

∴

27) 공화주의적 애국심과 족류-문화민족주의를 대비시키고자 하는 Viroli(1995)를 보라. 덴마크의 맥락에서 애국자단체들에 대한 논의에 대해서는 Engelhardt(2007)를 보라. 프랑스의 언어적 동화는 Lartichaux(1977)와 Leerson(2006, 137-41)에 의해 분석되었다. 르낭의 강연에 대해서는 Bhabha(1990, 2장)를 보라.

---

* 밀렛(millets)은 종교공동체를 말한다. 즉 오스만 제국의 주민들은 족류집단별로 분류되지 않고 종교집단별로 분류되었다. *Millet*이라는 단어는 아랍어인 *millah*(ملة)에서 나왔으며 그 의미는 '민족'과 같다. 이슬람법(法)의 밀렛 시스템은 전근대적인 종교적 다원주의의 예로 평가된다.

전형적으로 급속한 도시화, 세속주의, 서구화에 의해 그들 자신의 공동체로부터 소외된 많은 지식인들과 일부 전문가들은 근대 서구나 서구 식민지의 관료 및 전문직으로 진입하려고 노력했다. 서구의 관료사회에 의해 그들의 야망이 꺾이고 명예를 훼손당했거나 그렇다고 느낀, 그 결과 그들의 공동체로 되돌아갔던 자들에 속한 그들은 세 가지 주요 반응 중 하나를 택하는 경향이 있었다. 그들은 그들이 이제 부패한 서구적 가치라고 간주했던 것에 맞서 공동체의 전통과 가치를 강화하려고 했는데, 이것이 우리가 잘 아는 신-전통주의적 통로(neo-traditionalist path)다. 그렇지 않으면 그들은 열광적으로 공동체에게 강요된 서구화와 그로 인해 공동체가 세속적 근대성으로 진입하는 것을 부추겼는데, 이것이 메시아적 동화주의 통로(messianic assimilationist path)다. 그렇지 않으면 그들은 공동체의 세습된 가치와 전통들을 서구적 방식 및 이상과 결합함으로써, 토착적 공동체와 외래의 근대성 사이에서 균형을 맞추려고 시도했는데, 이것이 대체로 개혁주의적 통로(reformist path)다. 특히 개혁주의와 신전통주의적 경로의 하나의 의미심장한 결과는, 그들의 권위와 그것들을 떠받치고 있는 종교의 권위가 서구의 '과학적 국가'로부터 그리고 자본주의적인 경제적 침투로부터 지속적인 도전을 받게 되자, 공동체의 상징, 전통, 신화, 기억에 대해 훨씬 더 철저한 검토를 하도록 촉구했다는 것이다.[29]

..

28) 동유럽의 다양성에 대해서는 Sugar(1980), 발칸에 대해서는 Roudometof(2001)를 보라. 아울러 A. D. Smith(1986, 6장)를 보라.
29) 민족주의 인텔리겐치아와 관련하여 위축된 또는 '차단된 유동성'이라는 논지에 대해서는 Kedourie(1971, 서론)와 Gouldner(1979)를 보라. 나는 A. D. Smith(1983, 10장과 1986, 8장)에서 지식인들의 전형적인 반응들을 논했다.

특히 개혁주의자들은 전통적 공동체와 세속적 서구의 '과학적 국가' 모두에 가치를 부여함으로써 이러한 권위의 충돌을 해소하려고 노력했는데, 우리는 이런 상황을 '이중적 정당화(dual legitimation)'라고 명명할 수 있다. 그러나 그들의 입장에 내재해 있는 불안정성은 고통스러울 정도로 분명해졌다. 아마도 가장 원대한 하나의 해결책은 공동체를 역사적 운동의 객체가 아니라 주체, 즉 자신의 운명을 자신이 결정하는 모터(motor)로 전환하고 그렇게 함으로써 정치적 영역에서 그것의 부활을 추구하는 것이었다. 이것은 자신의 족류공동체의 과거(또는 과거들)를 재발견하려는, 그리고 사회적·정치적 목적을 위해 족류공동체의 문화를 활용하려는 둘 이상의 합치된 노력이 수반되었고, 그 결과 정숙주의적*이라고 할 수는 없어도 대체로 비정치적이었던 족류공동체(*ethnie*)가 갑자기 능동주의적인 정치적 민족으로 전환되었다. 이러한 목적을 위해 인텔리겐치아는 그 공동체에게 인식론적이고 영토적인 '지도들(maps)'과 그 공동체의 새로운 운명을 위한 개인적이고 집단적인 '도덕들(moralities)'을 마련해주려고 노력했다. 그리고 그 결과 새로운 민족의 독특한 공공문화를 구현할 제도들을, 특히 학교, 축제, 시합, 예술을 수립함으로써 민족주의 이데올로기에 부합하는 공동체의 언어, 문화, 관습을 통일하려고 노력했다. 무엇보다도 그들은 비록 용의주도하게 다듬어지고 재해석된 것이긴 하지만 지방토착(어)적 그리고 민중적인 문화에 대한 강조를 통해 구성원들을 동원하려고 노력했다. 특히 헤르더의

---

* quietism, 인간의 자발적·능동적인 의지를 최대로 억제하고, 초인적인 신의 힘에 전적으로 의지하려는 수동적 사상을 말하는데, 정적주의라고도 번역된다.

수칙(守則)에 따라, 소설가 월터 스코트는 물론 야코프 그림**과 같은 독일의 문헌학자, 체코의 역사가 프란티셰크 팔라츠키***, 폴란드의 시인 아담 미츠키에비치****, 그리스의 역사가 콘스탄티노스 파파리고풀로스*****와 같은 낭만적 지식인들은 그들의 족류공동체의 동료 구성원들을 동원하기 위해 토착문화 보존주의적 역사, 성인들과 영웅들에 대한 공유된 기억들, 지방토착 언어, 토착적 관습과 (적당히 각색된) 전례, 민간예술에 호소했다.[30]

이 모든 문화산업의 목표는 '그 인민'에게 호소할 뿐만 아니라 그 민족이 진짜임을 증명하고, 그것의 참된 '본질'과 그것의 '순수한' 성격을 드러내기 위해서 예술은 물론 역사학과 고고학, 문헌학과 인류학을 사용하는 것이었다. 아른트, 폰 랑케, 그림, 팔라츠키와 같은 역사가와 문헌학자들은 단지 새로운 민족의 고대의, 그리고 바람직하게는 귀족의 족보를 확립하기 위한 탐구에 도움을 주려는 것만이 아니었다. 그들은 또한 훗날의 모방을 위한 감동적인 덕성의 본보기(*exempla virtutis*, 도덕적 교훈)와 그것의 독창적인 언어와 문화의 원

••

30) 유럽에서 지식인의 역할에 대해서는 Hofer(1980), Hroch(1985), Leerson(2006)을 보라. '지방토착어적 동원'의 경로는 A. D. Smith(2004a, 7장)에 서술되어 있다.

** Jacob Grimm(1785-1863), 동생 빌헬름(1786-1859)과 함께 도서관에 근무하면서 유명한 『동화집』(전3권, 1812-22)과 『독일 전설집』(1816-8)을 완성했다.
*** Frantisek Palacky(1798-1867), 『체코민족사』를 써서 '조국의 아버지'로 불린 체코의 역사가.
**** Adam Mickiewicz(1798-1855), 대표적인 폴란드 민족시인으로 크림 전쟁 시 의용군을 조직하여 참가함.
***** Konstantinos Paparrigopoulos(1815-91), 『그리스 민족사(*History of the Greek Nation*)』를 저술한 근대 그리스 역사학의 창시자. 고대로부터 현재까지 그리스의 역사적 연속성의 개념을 정립했다.

생적 순수성의 '증거들'을 제공했다. 이러한 '과학들'과 예술을 통해 그 민족의 '내적 깊이'와 그에 따른 그것의 존재이유(*raison d'être*)가 흔히 회의적인 인민과 세계에 대해 그 모습을 드러낼 수 있었다.[31]

민족들의 사회적·상징적 토대

관료제적 병합을 통해 민족들이 형성되는 경우와 비교할 때, (두 번째 경로인) 지방토착(어)적 동원의 경로를 밟는 경우가 (첫 번째 경로, 즉 관료제적 병합을 통해 민족이 형성되는 경우들보다) 훨씬 더 많았으며, (이런 경우) 능동주의적 지식인들과 전문직 종사자들이 (첫 번째 경로를 밟는 경우보다 민족을 형성하는 과정에서) 상대적으로 더 큰 기여를 했다. 그들의 역할은 다음 4장에서 더 자세하게 살펴볼 것이다. 그러나 그들이 민족이라는 공동체를 상상하거나 민족적 전통들을 이를테면 무로부터(*ex nihilo*) 발명했다고 보는 것은 잘못이다. **그들의** (인텔리겐치아의) 소외와 공동체로 되돌아옴의 사회적 조건들이 지방토착(어)적 동원 과정들이 작동되기 전에 준비되어 있어야 할 뿐만 아니라, 돌아온 인텔리겐치아의 활동이 그들이 원했던 효과를 낼 수 있기 전에, **민족** 형성의 사회적·상징적 과정들이 어느 정도 이상으로 충분히 발달되어 있어야 했다. 이 점에서 아주 분명한 것은, 토착

••

31) 그와 같은 문화민족주의에 대해서는 그중에서도 Leerson(2006), Anderson(1991, 5장), Hutchinson(1987, 1992, 1994)을, 아프리카와 아시아에 대해서는 Kedourie(1971, 서론)을 보라.

교회의 종교의식, 제례, 전례 속에서 흔히 보존되어 온, 각 족류집단 고유의 관습, 언어, 신화, 기억, 상징이 가득한 다양한 족류집단의 문화들이 존속되어왔다는 사실이다. 그리고 족류집단 문화의 존속은 또한, 이러한 문화가 자리 잡고 있는 지역의 적어도 일부에서, 토지와 사람들을 하나로 융합하는 독특한 족류경관(ethno-scapes)이 [지방토착(어)적 동원과정들이 작동되기 전에] 서서히 만들어지는 것을, 그리고 몇몇 족류 네트워크와 공동체들이 특정지역이 '태곳적부터 그들의 것'이었다고 소유권을 주장하는 것을 도와주었다. 여러 지방의 족류집단의 교회들을 통해, 독특한 공공문화의 요소들도, 문제가 되는 종교적 전통의 세력범위가 세계적이었던 곳—발칸반도에서 발달했던 여러 정교회들이나 스리랑카, 버마, 티베트의 다양한 불교전통에서 분명해졌듯이—에서조차, 여러 세대들로 전달되어 내려갔다. 하지만 많은 경우에 우리는 **영토적인** 법적 제도 및 법규의 발달을, 그와 같은 법률과 절차의 토대가 마을과 지역의 관습 및 법규에서뿐만 아니라 교회와 종교단체의 전통과 규칙에서도 포착될 수 있는, 예컨대 중세 서유럽 정치조직들의 법적 제도 및 법규의 발달과 동일한 방식으로 말할 수는 없다.[32]

　그러니까 이런 방식으로, 주요한 사회적·상징적 과정들이, 여러 엘리트들이 민족 형성의 역사적 경로가 무엇이든 상관없이 그것들 위에서 그리고 그것들을 재료로 삼아서 민족을 빚어낼 수 있는, 토

32) 발칸에서 종교와 민족주의의 역할에 관해서는 Petrovich(1980), 보다 일반적으로는 Hastings(1997)와 Juergensmeyer(1993)를 보라. 불교전통에 대해서는 Kapherer(1998)와 Sarkisyanz(1964)를 보라.

대를 형성했다. 심지어 (미국과 같이 여러) 이주민들로 구성된 '복수 (複數)의' 민족들도 자기인식, 상징 배양, 영토화, 법적 표준화, 독특한 공공문화의 확산이라는 여러 과정 덕분에 민족들이 형성되었다. 여러 이주민들로 구성된 복수의 민족들도 주도 족류공동체 일부의 정착을 (민족 형성의) 출발점으로 삼았으며, 주도 족류공동체의 독특한 공공문화가 그 민족의 규범과 가치의 준거틀과 내용을 제공하게 되었다. 그것들도, 독립 국가를 획득한 이전과 이후 모두에서, 공유된 관습과 표준 법률의 준수를 통해, 그리고 점차 획일적인 법적 제도와 절차를 통해, 민족으로 형성되었다. 그리고 족류집단 정착의 초기 단계에서 우리는 단지 이주민들의 애착과 공유된 기억의 한 지역을 넘어서는 영토화 또는 (지역보다는 큰) 지방적 영토화를 이야기할 수 있지만, 시간이 지나면서 점증하는 커뮤니케이션은 유동적 대중 (a mobile public)을 창조했고, 그들에게 대규모의 때로는 장엄한 경관들과 그 경관들과 유동적 대중의 결합은, 산악지대건 (북미, 캐나다의) 대초원지대건, (남아프리카의) 초원지대건, (남미의) 팜파스지대 건 상관없이, 민족적 통일과 공유된 정체성 인식을 형성하는 과정에서 점점 더 중요한 역할을 맡게 되었다. 그들의 반응 가운데 중요한 것은 예컨대 지난 2세기 동안의 미국과 캐나다의 경관예술에서 볼 수 있다.[33]

그러니까 이런 관점에서 보면, 민족들의 형성은 장기지속적인 조사(investigation over the *longue durée*)를 요구하는 일련의 사회적

----

33) 캐나다와 스위스의 이런 예술에 관해서는 Kaufmann and Zimmer(1998)를 보라. 미국의 황무지 풍경에 대한 반응에 관해서는 Wilton and Barringer(2002)를 보라.

과정들로 이루어진다. 이것은 족류-상징주의가 누적적인 성장과 점진주의라는 측면에서 민족형성을 분석하는 데에 전념한다는 의미가 아니다. 요컨대, 민족형성의 속도(速度)와 강도(强度)는 경우마다 상당히 다르며, 이 속도와 강도는 빈번한 (갈등과) 충돌, 파열, 불연속을 겪을 뿐만 아니라 인간이라는 작용주체의 간섭도 받는다. 그리고 목적이 정해져 있지 않다는 것은 더 말할 나위도 없다. 민족의 형성은 불변의 것도, 일직선적인 것도, 되돌릴 수 없는 것도 아니며, '족류공동체로부터 민족으로' 창조되는 과정 안에서 우리가 확실한 연속적 단계들을 찾아낼 수도 없다. 요컨대 근대 시대에 들어와서까지 정말 오랫동안 족류공동체로서의 그들의 지위를 유지해온 수많은 족류공동체들(ethnies)이 존재한다. 마치 특정한 민족의 형성에 둘 이상의 족류공동체나 족류 네트워크가 관여했던 여러 친숙한 사례들이 존재하는 것처럼 말이다. 더욱이, 민족들을 형성케 한 각 사회적·상징적 과정의 발달 속도와 그 과정들의 결합방식은 경우마다 상당히 다르다. 반면, 이러한 사회적 과정들의 발달이 없으면, 능동적인 인간의 개입이 아무리 많아도 민족을 생산할 수 없다. (국가들과는 아주 달리) 민족들은 다른 부문의 주민들의 지원이 없는 한, 그리고 아주 중요한 사회적·상징적 과정들의 발달이 없는 한, 지식인이나 여타의 다른 엘리트들이 원하는 대로 만들어질 수 없다. 그와 같은 시도들의 성적(成績), 특히 사하라이남 아프리카의 성적은 지금까지 고무적이지 않았다.

　더욱이 민족 형성의 사업에서 어느 정도 성공하려면, 어떤 종류의 족류집단의 유대의 존재나 창출이 특히 도움이 되는 것 같다. 그러니까 그런 의미에서 민족됨의 구성요소들은 민족주의에 앞서 존재하고, 민족주의가 광범위하게 수용되고 실행될 수 있는 유리한 조건들을 창출한다고 볼 수 있다. 왜냐하면 민족주의의 호소력은 민족주의자들이 '재발견하고' 새로운 정치적 목적에 맞게 각색한 대중적 전통, 가치, 기억, 신화, 상징의 공명(共鳴)에 필연적으로 좌우되기 때문이다.

4

민족주의의
역할

민족주의는 그 구성원의 일부가 현실적 또는 잠재적 '민족'을 구성한다고 믿는 한 주민을 위해서 자율성, 통일성, 정체성을 달성하고 유지하려는 이데올로기적 운동이라고 정의할 수 있다. 민족주의는 단순히 공유된 정서나 의식이 아니고, 민족주의='민족들의 발흥'이라는 등식이 성립되지도 않는다. 민족주의는 민족의 이데올로기와 상징체계에 의해 고취된 능동적인 운동이다.

이데올로기적 운동은 서너 가지 특징을 가지고 있다. 첫째, 인간과 정치에 관한 명제들과 행동지침들을 합쳐놓은 '핵심교의(core doctrine)'가 있다. 민족주의의 '핵심교의'는 다음과 같이 주장한다.

1. 인류는 민족들로 나뉘어 있고, 각 민족은 자신만의 독특한 성격, 역사, 운명을 지닌다.
2. 민족은 정치권력의 유일한 원천이다.

3. 민족에 대한 충성심은 여타의 충성심보다 우선시된다.

4. 자유롭기 위해 인간들은 반드시 민족에 소속되어야 한다.

5. 민족들에게는 최대한의 자율성과 자기표현이 요구된다.

6. 세계의 평화와 정의는 다수의 자유로운 민족들을 기반으로 해서만 건설될 수 있다.[1]

민족주의는 민족에 대한 교의지 국가에 대한 교의가 아니다. 실제로 자유로운 민족은 흔히 자신의 문화를 보호하고 양성하기 위해 그 자신만의 국가를 필요로 하지만 이것은 스코틀랜드, 퀘벡, 카탈루냐와 같은 국가 없는 민족들이 지금까지 입증하고 있듯이, 절대적 필요조건이 아니다. 많은 민족주의자들에게, 민족들은 민족적 유기체(organism, 동물이나 식물과 같은 존재)이고 '자연 속에 존재한다.' 그러므로 그것들은 국가에 선행한다(즉 민족이 국가보다 앞서 존재한다). 비민족주의자들에게도, 민족들은 역사적인 문화공동체나 위신의 공동체(communities of prestige)로 기술되며, 따라서 특정한 영토 안에서 강압과 추출의 독점권을 행사하는 일단의 자율적 제도로 정의될 수 있는 '국가'와는 완전히 구분된다.[2]

그 결과 워커 코너와 마우리치오 비롤리는, 애국주의(patriotism)*는 도시-국가들과 같은 국가들 및 그것들의 영토에 속하지만 민족주의(nationalism)는 오로지 족류 또는 족류적-민족적 공동체들과 관

• •

1) 이 '핵심교의'에 대해서는 A. D. Smith(1973b, 1부와 1991, 74)를 보라. 또 Breuilly (1993, 2)를 참조하라.
2) 위신의 공동체로서의 민족에 대해서는 Weber(1948, 175-6)를 보라. 국가와 민족의 관계에 대해서는 Tilly(1975, 서론), Breuilly(1993), Mann(1995)을 보라.

련되어야 한다고 주장하면서, '애국주의'와 '민족주의' 사이의 근본적인 구분을 주장했다. 독일이나 아랍의 애국주의에 대해 말해서는 안 되는 것처럼, 미국이나 영국의 민족주의에 대해서도 이야기할 수 없는데, 왜냐하면 전자(독일이나 아랍의 민족주의)는 민족들에 속하고 후자(미국이나 영국의 애국주의)는 국가들에 속하기 때문이다. 그리고 공화국적 애국주의의 전통은 족류-문화민족주의의 전통과 반대되지는 않아도 아주 다르다.[3]**

이렇게 분명한 논리적 구분의 문제점은 많은 사람들에게 두 종류의 충성심이 지금까지 동일했거나 여전히 동일하다는 것이다. 우리가 보았듯이 이것(민족주의와 애국주의는 많은 사람에게 동일하다는 것)은 사실상 이 두 개념이 상당히 중첩되기 때문이다. 비록 그들이 실현하고자 하는 '민족'이 공유된 기억, 정치적 상징, 신화, 공동의 가치이지 주로 중부유럽과 동부유럽의 일부 민족주의자들이 받아들였던 낭만적 교의에서 말하는 조상의 **민족혼(Volkseele)**과 민속언어공동체가 아니었을지라도, 많은 애국자들은—민족주의의 달성목표인—집단적 자율성, 통일성, 정체성에 대해 (중부유럽과 동부유럽의 민

••

3) 물론 그것들의 출발점부터 매우 다르다. Connor(1994, 4장)는 민족주의가 족류집단과 족류집단의 자기인식에 근접해 있음을 강조하지만, Viroli(1995)의 논문은 공화국적 애국주의가 고대 이탈리아의 시민적 전통에서 나온 데 반해 민족주의는 독일의 족류-문화에서 유래했다는 사실의 대비(차이)가 중요하다고 생각한다.

---

* patriotism은 흔히 '애국심'으로 번역되지만 여기서 '애국주의'라고 번역한 것은 그것을 nationalism(민족주의)과 비교하고 양자의 차이를 강조하는 워커 코너와 비롤리의 주장을 정확히 파악하기 위해서다.
** 이런 점에서 우리가 우리 민족과 민족주의를 이해하기 위해서 영국이나 프랑스의 경우를 살펴보고 어떤 결론을 내리는 것은 방법상 옳지 않다고 할 수 있다.

족주의자들과) 동일한 갈망 그리고 거의 동일한 열정과 연대를 피력한다. 이것은 프랑스와 이탈리아와 같은 단일 공화국과 마찬가지로 스위스와 미국과 같은 연방민족에게도 마찬가지로 해당된다. '애국주의'는 영토적 정치공동체의 희생, 가치, 상징에 대한 공유된 기억을 강조한다는 점에서 얼마간 다를 수 있다. 그러나 이것은 단지 우리가 앞서 3장에서 살펴보았던 민족 형성의 경로 차이를 반영하고 있을 뿐이다.[4]

둘째, 그리고 이러한 차이에도 불구하고, 민족주의는 몇 개의 핵심 모티프와 주제를 공유한다. 여기에는 다음과 같은 것들이 포함된다.

1. **자율성**, 모든 외부의 간섭에서 벗어나, 그 공동체만의 법률과 리듬에 따라 사는 민족공동체에 대한 구성원들의 염원.
2. **통일성**, 형제애와 자매애라는 사회적 연대는 물론 영토적 통일과 방해받지 않는 전 영토적 유동성(mobility)에 대한 구성원들의 욕망.
3. **정체성 내지 독특성**, 구성원들에 의한, 민족공동체의 '타고난' 개체성의 회복, 그리고 그것의 가시적 구현과 제의와 예술적 형태로의 시각적 투영.
4. **진정성**, 구성원들의 일부에 의한, 유일무이한 기원, 역사, 문

••
4) 오래된 스위스연방(Eidgenossenschaft)의 토대 위에서 근대 스위스 민족의 형성은 Zimmer(2003)의 세밀하고 균형 잡힌 연구 주제다. 아울러 Im Hof(1991)를 보라. 백인 앵글로-색슨 프로테스탄트(WASP) 아메리카의 성격, 그것의 기원, 개화와 쇠퇴에 대한 광범위한 평가는 Kaufmann(2004a)과 Huntington(2004)의 예리한 논지를 보라. 독일 철학과 역사학의 낭만적 교의의 중요성에 대해서는 Leerson(2006)을 보라.

화 속에서 민족공동체의 '참된 본성'과 그것의 존재에 대한 인식의 재발견.

5. **고토**, 공동체의 구성원들에 의해, 유일무이하게 '그들의 것'이라고 간주되는 조상의 또는 역사적 영토에 대한 소속, 기억, 애착에 대한 인식.

6. **존엄성**, 그들의 공동체는 그것의 참된 '내적 가치'에 걸맞은 위신과 지위를 부여받아야 한다는 구성원들의 믿음.

7. **연속성**, 그들이 고토의 먼 조상과 이전의 문화들과 비교적 단절되지 않은 연결선으로 밀접히 연결되어 있다는 구성원들의 확신.

8. **운명**, 민족공동체가 미리 정해진 그리고 대개는 영광스러운, 자신에게 고유한 진보의 길을 가지고 있다는 구성원들의 확신.

물론 이러한 모티프들의 중요성은 민족주의 운동들마다 상당히 다르고, 시대별로도 상당히 다르다. 그러나 (민족주의의) 핵심교의처럼, 이러한 주제들도 지속적으로 되풀이되며, 세속적인 구원드라마의 음울한 감정적 암시를 불러일으키고 민족주의 운동에 유연하고 풍부하고 시적인 특성을 부여하면서, '민족주의' 운동을 다른 종류의 이데올로기적 운동과 구별하게 해준다.[5]

의심할 바 없이 이것(민족주의를 8개의 핵심 모티프와 주제로 나눈 것)은 상당히 추상적이고 도식적인 정식화다. 실제로 민족주의 운동들

..

5) 이것은 Leerson(2006)에 의해 그리고 내가 A. D. Smith(1991, 4장과 2001, 1장)에서 좀 더 충실히 논한 바 있는 민족주의의 여러 주제와 모티프를 요약한 것이다.

은 또한 특정 공동체의 역사적 상황에 특유한 온갖 종류의 특정 사상과 믿음에서 활력을 얻으며, 그 구성원들의 상상에 불을 지피고, 민족주의자들이 호소 대상으로 삼아야 하는 것은 흔히 이런 것들이다. 아타튀르크의 태양어 이론*, 프랑스의 연례 바스티유 기념행사**, 미국의 추수감사절, 순교자 예수로서의 폴란드라는 인식과 같은 사상과 문화적 관습은 족류공동체나 네트워크나 그보다 더 큰 정치조직의 여러 부분들 사이에서 매우 흔하게 유포된 특유하고 특수한 신화, 기억, 제례, 의식, 상징들을 형성하며, 그것들은 흔히 '다른 인민들'의 민족주의들을 완전히 이해하고 마음으로부터 공감하기 어렵게 만든다.

대부분의 분석가들에게 그리고 특히 근대주의자들에게, 민족들과 민족주의 연구의 핵심이라고 판단되는 것은 그것들의 변화하는 영향력과 성공뿐만 아니라 민족주의들의 정치적 이용과 조직들이다. 우리를 민족주의의 '내부 세계'로 들어갈 수 있게 해주기 때문에, 족류–상징주의자들의 눈에는 아주 중요한 차원인, 그것들의 상징적 근원과 문화적 성격에는 상대적으로 적은 관심이 주어져 왔다. 이 책에서 나는 앞으로 4개의 쟁점—①민족주의 활동의 역할과 성격, ②문화민족주의와 낭만주의, ③민중적 '공명'의 문제, ④'인민

---

* Sun Language theory, 모든 인류의 언어가 터키어의 자손이라고 주장하는 1930년대 터키 민족주의자들의 사이비과학 이론.
** Bastille Day는 1789년 7월 14일에 바스티유가 점령된 사건을 기념하는 프랑스 최대의 민족축제(La Fête nationale)다. 1880년부터 정식 국경일로 지정됐으며 유럽에서 가장 오래되고 가장 규모가 큰 군사퍼레이드가 개선문에서 콩코르드 광장까지 벌어진다. 툴롱, 벨포르 같은 군사도시는 물론 전국의 주요도시 그리고 외국(벨기에, 체코, 헝가리, 인도, 아일랜드, 뉴질랜드, 남아프리카, 미국의 50여 개 도시)에서도 기념축제가 벌어진다. 이날은 프랑스 곳곳에서 야외공연이 행해진다.

의 종교'로서의 민족주의의 역할—에 초점을 맞추겠다.

'정치고고학(political archaeology)'으로서의 민족주의

민족주의자들은 누구인가?(즉 어떤 정체성을 가진 사람들인가?) 민족주의 운동의 활동가들과 추종자들의 사회적 배경을 두고 학자들 사이에서 상당한 논쟁이 벌어졌다. 몇몇 학자들에게, 유럽의 민족주의는 불만을 품은 귀족과 하위 성직자와 관료들 사이에서 시작되었다. 오스만 제국의 탄지마트 개혁*과 후기 차르 제국의 러시아화 정책을 시행했던 통치자들처럼, 몇몇 통치자들도 그들의 주민들에게 애국적 정서를 갖게 하고 일정 정도의 통일성을 부여하기 위해 민족주의 이데올로기를 도용하려고 했다. 다른 학자들에게, 그것은 그들 중 다수가 전문직이나 관료로 진입하거나 그들의 교육과 (현실적 또는 인지된) 공적(功績, merits)에 걸맞은 일자리를 찾을 수 없던 상승하는 상위 중간계급의 '차단된 유동성'이 만들어낸 것이다. 아니 정반대로 특히 아시아와 아프리카에서는 민족주의 활동의 중심지를 군대의 장교들, 대상인과 소매상인들, 일부 노동조합과 인텔리겐치아에서 찾을 수도 있다. 대다수 사회계급과 계층이 다양한 정도로 민족주의 운동과 활동에 참여했던 것 같고, 따라서 우리가 알고 있는 어떤 경우에서도 대개는 (민족주의 운동의) 단일한 '제주(祭主)'계급**

---

* 1839년부터 1876년까지 실시된 오스만 제국의 개혁 정책을 말한다. 개혁주의적 관료들을 중심으로 유럽을 모방한 행정제도, 토지제도, 징병제도, 교육제도, 사법제도가 도입되었으나 대영 제국과 러시아 제국의 간섭으로 실패했다.

이 존재하지 않거나 시대에 따라 다르기 때문에, 적어도 민족주의 운동의 계급구성을 통해 민족주의의 사회적 기원을 탐구하는 것은 우리에게 '민족주의 일반(nationalism-in-general)'에 대해 알려주는 것이 거의 없고 다만 특정한 역사적 상황 안에 있는 구체적인 민족주의 운동의 성격과 역할에 대해서만 말해줄 수 있을 뿐이다.[6]

민족주의 운동 내부에서 '인텔리겐치아'가 담당했던 역할도 마찬가지다. 인텔리겐치아를 구성하는 사람들의 사회적 출신 성분은 아주 다양하다. 이 인텔리겐치아 계층을 특징짓는 것은 차라리 근대 고등교육(advanced education) 그리고 사상과 지식에 대한 그들의 관심이다. 인텔리겐치아는 흔히 지식인들과 전문직 종사자들 이 양자 모두를 포괄하는 용어이며, 대략 사상과 지식을 창작하는 사람들과 사상과 지식을 전파하고 적용하는 사람들이다. 다음 제5장에서 지식인들의 특별한 역할에 대해서 다시 이야기할 것이다. 전문직 종사자들에 대해 말하자면, 민족주의 운동 내부에서의 그들의 역할과 중요성은 지금까지 논쟁거리였다. 몇몇 학자들은 그들이 모든 종류의 정치운동의 홍보에서 대단히 중요하며, 이는 그들의 기술과 적성을 감안할 때 의당 예상되는 일이라고, 그리고 어떤 경우든 그들의 영향은 민족주의의 각각의 사례에 따라 매우 다르다고 주장한다. 다른 학자들은 변

⁚

6) 민족주의 운동의 사회적 구성에 관해서는 많은 문헌이 있다. 특히 Nairn(1977, 2장과 9장), Gouldner(1979), A. D. Smith(1983, 6장), Greenfeld(1992), Breuilly(1993, 1장)를 보라.

———

** 'bearer' class에서 bearer의 번역어인 제주는, 예컨대 상주(喪主)처럼, 제사를 주장하는 사람을 말한다.

호사, 의사, 교사, 저널리스트, 여타 전문직 종사자는 민족주의 운동에서 그들을 대표하는 사람들이 지나치게 많고 민족의 이상을 발명한 지식인들과 그들이 동원하고자 하는 대중 사이에서 없어서는 안 될 연결고리 역할을 한다고 주장하거나, 아니면, 미로슬라브 흐로쉬의 3단계 모델에서처럼, 전문직 종사자들은 민족주의의 발달의 두 번째(B) 단계에서 정치적 선동가들의 태반을 차지했다고 주장한다.[7]

비록 나는 전문직종사자들이 역사적으로 단지 민족주의 운동의 옹호자와 선전가만으로서가 아니라 대부분의 민족주의 운동에서 매우 중요한 역할을 담당했다고 생각하는 편이지만, (전문직종사자들의 역할과 중요성에 관한) 이 두 입장 모두 어느 정도 맞다. 그러나 혹시 우리가 잘못된 질문을 던지고 있는 것은 아닐까? 차라리 우리는 다음과 같이 물어야 하는 것이 아닐까? 즉 민족주의자들이 한 일은 무엇이고 그들은 그들의 달성목표를 어떻게 성취하는가? 많은 근대주의자들에게, 그 대답은 민족주의자들은 '민족 건설자들(nation-builders)'이고, 민족은 대체로 그들의 창조물이라는 것이 될 듯싶다. 그리고 루소가 말하는 민족의 입법자들의 시대로부터 자신들의 역할을 이렇게 거창한 방식으로 상상했던 민족주의자들—실상 그들의 많은 경제적·기술적·정치적 활동은, 비록 양자를 구분하는 것이 흔히 어렵기는 하더라도, '민족' 건설이라기보다는 '국가'건설이라고 기술되는 것이 더 나을 수 있음에도 불구하고 말이다—이 있

..
7) 민족주의에서 인텔리겐치아의 성격과 중요한 역할에 대한 논의에 대해서는 Kautsky (1962)에 있는 초기의 분석과 A. D. Smith(1981a, 5-6장), Pinard and Hamilton(1984), Hroch(1985), Hutchinson(1987, 1992)을 보라. 좀 더 회의적인 견해는 Zubaida(1978) 와 Breuilly(1993, 46-51)에서 볼 수 있다.

었다는 것은 확실하다.

　족류-상징주의자들에게, 민족들의 창출에서 민족주의자들의 역할은, (근대주의자들의 생각과) 마찬가지로 중요하지만, 상대적으로 더 작고 제한되어 있다. 그들의 과제는 특정한 공동체의 과거나 과거들을 재발견, 선택, 재해석하고, 그것의 현 상태에 대해 그것이 품고 있는 생각을 개조하고, 그럼으로써 그 공동체를 갱생하도록 돕는 것이다. 이러한 관점에서, 민족주의는 '정치고고학(political archaeology)'의 한 형태가 되고 민족주의자들은 자신의 공동체를 그것의 적당한 시간적·공간적 맥락 속에 자리 잡게 만들려고 노력하는 정치고고학자들이 된다. 고고학자들이 발굴된 물질문화*를 그것의 역사적 시간과 연결시키려고 노력하듯이, 민족주의자들은 공동체를 재발견된 과거나 과거들과 연결함으로써 그/그녀의 민족을 그 공동체 자신의 시간 틀 안에 배치하는 것을 목표로 한다. 마찬가지로 고고학자가 과거의 유물들을 그것들의 올바른 지역·지방의 환경 속에 배치하려고 하는 것과 꼭 마찬가지로, 민족주의자는 그것의 고유한 문화적·지정학적 (주변의) 환경 속에서 민족의 위치를 정하는 것을 목표로 한다. 민족주의의 종합적인 목표는, 가급적이면 건전한 문서 증거를 가지고, 민족을 탄탄하고 '진정한' 토대 위에 자리 잡게 만드는 것이고, 이 일을 그/그녀는 현재의 공동체를 위한 인식적인 준거틀이나 '지도'를 마련하기 위해 과거를 재발견하고 선택하고

---

* 물질문화(Material culture)는 사람들이 만들거나 만들었던 물건이나 건축 속에 들어 있는 문화의 물(리)적 증거를 말한다. 이 용어는 고고학 연구에만 적용되는 경향이 있지만, 그것은 특히 과거나 현재의 문화의 소산이라고 간주될 수 있는 모든 물(질)적 증거를 의미한다.

재해석함으로써 수행한다. 그러나 그/그녀의 '고고학'은 또한 사회적·정치적 목표도 갖는다. 그것은 공동체를 하나로 묶고, 그것의 자율성과 자기-표현을 회복하고, 이런 방식으로 민족들의 콘서트 안에서 자신의 정당한 자리를 차지하도록 준비하는 것이다.[8]

이것은 민족들의 형성에서 민족주의자들의 분명한 역할을 보여주지만, 그 역할은 '포스트-모더니스트들'이 주장하는 발명자와 제작자가 아님은 물론 근대주의자들이 주장하는 '민족-건설자'보다도 더 제한되어 있다. 정치고고학자로서의 민족주의자의 과제는 근본적인 사회적·상징적 과정들이 **민족** 형태의 공동체의 가능성을 창출하기 위해 발전하고 하나로 합쳐졌던 지점에서 그것의 과거나 과거들에 대한 재해석을 통해 공동체의 현 상태를 개조(改造, reshape)하는 것이다. 그 공동체에 그것의 독특한 윤곽과 에토스를 부여하고, 그것의 도덕적·정치적 운명에 대처하도록 준비시키면서, 그 공동체 특유의 모습을 벼려서 만드는 사람들이 민족주의자들이다.

문화민족주의와 낭만주의

20여 년 전에, 존 허친슨은 민족주의를 문화민족주의와 정치민족

..

8) '정치고고학'으로서의 민족주의에 관해서는 A. D. Smith(1999a, 6장)를 보라. 학문분과로서의 고고학과 민족주의 사이의 역사적이고 이데올로기적 연결 관계는 Diaz-Andreu and Chamion(1996)과 Jones(1997)에서 연구되었다. 아울러 *Nations and Nationalism*(2001)에 수록된 논문들을 보라. 그리고 19세기에 고고학의 발전에 대해서는 Diaz-Andreu(2007)의 종합적 분석을 보라.

주의라는, 두 종류의 민족주의로 나누는 독창적이고도 근본적인 구분을 했고, 근대 아일랜드 및 여타 민족들의 창출에서 그러한 구분이 갖는 중요성을 입증했다. 정치민족주의자들은 민족이 주권을 지닌 독립적 영토국가를 획득하게끔 하는 것이 목표이고, 그래서 그들의 활동과 조직은 이러한 달성목표를 성취하기 위해 만들어졌다. 이러한 주로 정치적인 활동과는 대조적으로, 문화민족주의들은 자족적이고 연대적인 민족을 창출하기 위해, 공동체의 도덕적 갱생을 추구했다. 이 두 종류의 민족주의 모두가 민족의 안녕(welfare)과 자율성(autonomy)에 관심을 가졌고, 그래서 이 서로 다른 종류의 활동은 상반된 것이라기보다는 상보적이고 흔히는 번갈아가면서 등장하는 것으로, 즉 한 시대에는 정치적 유형의 민족주의가 두드러졌다가 정치적 경로가 차단되면 문화민족주의 활동이 뒤따르는 것으로 보아야 한다고 허친슨은 주장했다.[9]

좀 더 근자에 허친슨은 민족들의 신화와 기억을 불러내는 데 있어서 신앙부흥론적 민족주의자들(revivalist nationalists)*의 지극히 중요한 역할에 초점을 맞추었다. 낭만주의가 강한 영향을 미쳤던 곳이 바로 여기(민족들의 신화와 기억)였다. 심미적·도덕적 운동으로서

••

9) Hutchinson(1987, 1992, 1994 1장)을 보라. 그의 개념이 영국문학에 적용된 것에 대해서는 Trumpener(1997)를 보라.

———————

* 신앙부흥론자(revivalist)란 스미스가 인텔리겐치아가 '이중적 정당화'라는 모순적 상황에 놓이게 되면, 대체로 세 가지 입장—'전통주의자', '동화주의자', '개혁주의자'—을 갖게 되며, 이 마지막 '개혁주의자' 가운데 순수한 '개혁주의적' 합리주의로부터 옛 종교적 전통으로 되돌아간 사람들을 가리키기 위해 사용한 용어다. 이들에 관해서는 졸저(2014, 336-52)를 참조하라.

의 낭만주의—아니 낭만주의들이 더 타당하다—에는 경계가 없으며, 18세기 말 19세기 초의 잉글랜드, 프랑스, 독일에서 똑같이 발달했지만, 낭만주의 애호자들의 정치적 영향은 민족주의가 공공연하게 족류적-문화적 형태를 취했던 곳, 특히 동유럽에서 가장 컸다. 서유럽에서 흔했던, 보다 상대적으로 더 영토적-정치적 형태의 시민민족주의와는 달리, 족류민족주의들은 민족적 소속감에서 계보적 유대가 갖는 중요성, 언어·관습·숭배의식과 같은 지방토착문화의 중요성, 토착주의적 족류사와 구전되어 내려온 공유된 기억의 중요성, 그리고 민중동원—민족의 '진정한' 목소리인 '인민'에게 호소하는 것—의 중요성을 강조했다. 이러한 모티프들은 낭만적 감성을 확산시켰고 낭만적 감성에 더 큰 활동범위를 부여했다.[10]

물론 서유럽, 특히 잉글랜드, 프랑스, 스위스의 영토적 시민민족주의에서도 우리는 낭만적 요소들을 발견할 수 있다. 토머스 그레이*, 퍼시 주교**, 윌리엄 블레이크***, 제임스 배리****와 훗날의 월터 스

∴

10) Hutchinson(2005)을 보라. 여러 나라의 낭만주의에 대해서는 Porter and Teich (1988)를 보라. 잉글랜드와 비교가 되는 중세 초 낭만주의의 독일 사례는 Robson-Scott (1965)에 의해 분석되어 있다. 그럼에도 '시민'민족주의와 '족류'민족주의 간의 차이는 이상형으로서의 그것의 용도에도 불구하고, 개별적인 경우에 양자가 아주 많이 중첩되고 대부분의 경우에 족류 차원이 존재하는 정도가 높다는 것을 감안할 때, 과장되어서는 안 된다. 이에 관해서는 Yack(1999)을 보라. Balibar and Wallerstein(1991)을 참조하라.

---

* Thomas Gray(1716-71), 18세기 후반의 대표적 시인. 런던에서 태어나 이튼 및 케임브리지에서 수학하고 대륙 여행 후 케임브리지로 돌아와 그리스 고전 연구에 몰두했다. 그의 만가(輓歌)는 18세기적 형식 속에서 이미 낭만주의적 특징이 엿보이며, 엷은 애수를 띤 시는 낭만파에 크게 영향을 주었다. 계관시인에 추대되었으나 사퇴하고, 모교의 역사학 교수로 일생을 마쳤다.
** Thomas Percy(1729-1811)를 말한다. 잉글랜드의 시를 부활시킨 『고대 잉글랜드 시집

콧 경*****과 같은 작가 및 예술가들에 의한 중세 시대로의 귀환 그리고 색슨족, 켈트족, 중세 스칸디나비아인들의 중심주제로의 귀환은 문화적 다양성에 대한 강한 인식과 진정한 잉글랜드인, 스코틀랜드인, 웨일스인, 아일랜드인의 민족적 독특성에 대한 탐구를 증가시켰을 뿐만 아니라 동시에 옛날부터 존재해온 '브리타니아'상(像)******

(*Reliques of Ancient English Poetry*)』(1765)의 저자다.

*** James Barry(1741-1806), 아일랜드의 화가. 〈인간문화의 진보〉라는 제목의 6연작 화를 그렸다. 윌리엄 블레이크에게 큰 영향을 준 아일랜드 최고의 신고전주의 예술가.

**** William Blake(1751-1827), 생전에는 잘 알려지지 않았으나 지금은 잉글랜드 낭만주의의 선구자로 인정된다. 시인이자 화가. 신비로운 체험을 시로 표현했다. 작품에는 『결백의 노래』, 『셀의 서(書)』, 『밀턴』 등이 있다. 화가로서 단테 등의 시와 구약성서의 『욥기(記)』 등을 위한 삽화를 남김으로써 천재성을 드러내기도 했다.

***** Sir Walter Scott(1771-1832), 스코틀랜드의 역사소설가이자 극작가이자 시인. 스코틀랜드인 가운데 최초로 근대 영어로 글을 썼다. 일찍이 잉글랜드와 스코틀랜드 국경 지방의 민요와 전설을 수집해 『스코틀랜드 국경의 노래(*Minstrelsy of the Scottish Border*)』(3권, 1802-3)를 출판했으며, 또 낭만적 서사시 『호상의 미인(*The Lady of the Lake*)』(1810)을 발표, 계관 시인으로 추대되었으나 사우디에게 양보했다. 이때부터 역사소설에 전념, 『아이반호(*Ivanhoe*)』(1820)를 위시한 많은 작품을 남겼다. 영국 낭만주의 소설을 대표하며, 역사적 사회 소설의 창시자라고 할 수 있다.

****** 브리타니아(Britannia)는 영국을 가리키는 옛 용어이자 영국을 의인화한 것이다. 브리타니아라는 명칭은 라틴어로서 그레이트브리튼 섬을 가리키는 지역 명칭으로 사용되었다. AD 43년 로마 제국은 그레이트브리튼 섬을 공략하여 칼레도니아(오늘날의 스코틀랜드) 남부 지역까지 정복한 후 거기에 브리타니아라는 이름을 붙였고, 그레이트브리튼 섬의 원주민이었던 켈트족을 '브리톤족(Briton)'이라고 불렀다. AD 2세기 로마령(領) 브리타니아는 트라이던트(a trident, 바다의 신 포세이돈이 들고 있는 긴 삼지창)와 방패(shield)를 들고 그리스의 코린트식 투구(a Corinthian helmet)를 쓴 여신으로 의인화되었다. 브리타니아는 5세기에 로마 제국이 그레이트브리튼 섬에서 철수한 뒤에도 오랫동안 남아 영어 및 근대 웨일스어를 비롯하여 대부분의 유럽 언어에서 그레이트브리튼 섬을 가리키는 명칭으로 잔존하게 되었다. 이후 수 세기 동안 브리타니아라는 명칭은 사람들의 기억에서 잊혀졌다가 영국의 르네상스 시대에 영국의 민족정체성(British national identity)을 사람들에게 환기시키는 수사적 표현으로써 부활했다. 특히 1707년에 잉글랜드 왕국과 스코틀랜드 왕국이 한 나라로 통합되면서 브리타니아는 대영 제국의 권력과 통일성의 엠블럼으로 이용되었다. 브리타니아는 영국의 기념주화에도 자주 등장했다.

을 떠올리게 하는 생생한 영국의 민족정서(a vivid British national sentiment)도 증가시켰다. 스위스에서도, 라바터*의 알펜리트(Alpenlied, 애국주의를 읊은 〈알프스의 노래〉라는 제목의 민속요)(1732), 휘슬리**의 뤼틀리 서약(Oath of Rütli, 1778-81)과 요한 보드머***와 그의 서클 문학과 역사연구는 이미 1760년대의 헬베티아**** 협회 회원들의 일부 선언문에서 명백하게 드러난 스위스 민족정체성 인식과 주변 알프스 경관과의 역사적인 밀접한 연결의 길을 열었다. 낭만적 기류는 루소의 여러 저서와 1789년의 〈브루투스〉와 1793년의 〈마라의 암살〉과 같은 다비드의 그림들의 억제된 감정과 동경(憧憬)에서도 발견되는데, 이 양자는 모두 계몽주의적 합리주의의 조화로운 시스템의 기반을 무너뜨리는 데 일조했던 완강하게 주관적 요소들인, 개인의 감

---

* Johann Caspar Lavater(1741-1801), 취리히에서 태어난 목사. 다양한 역사적 사건을 주제로 일련의 민속요를 작곡했다. 1767년에 라바터의 첫 번째 노래 모음집이 출판되었고, 그 후 여러 권이 출판되었다. 1768년 헬베티아 협회(the Helvetic Society, 1762년에 창단되고 1798년 헬베티아 공화국이 창건되면서 해산)에서 휘슬리가 라바터의 작품을 극찬했다. Oliver Zimmer, *A Contested Nation, History, Memory and Nationalism in Switzerland, 1761-1891*(Cambridge Uni. Press, 2003, 51)을 참조.

** Henry Fuseli(독일어: Johann Heinrich Füssli, 1741-1825)는 영국에서 오랜 세월을 보낸 스위스의 화가이자 작가. 인물화가이자 경관화가이며 『스위스 화가들의 생애(*Lives of the Helvetic Painters*)』의 저자이기도 한 Johann Caspar Füssli의 아들이다.

*** Johann Jakob Bodmer(1698-1783), 독일어를 사용한 스위스의 작가이자 비평가. 애디슨과 밀턴의 영향 아래서 감정과 상상력을 문학의 원동력으로 하는 문예이론을 세웠다. 논문 「시에 있어서의 불가사의한 것에 관한 비판적 고찰」을 발표하여 프랑스 고전주의자인 고트셰트(Gottsched)와 논쟁을 벌였다. 〈니벨룽겐의 노래〉를 발굴하여 출판했다.

**** 헬베티아(Helvetia)는 여성으로 의인화된 스위스 민족을 가리킨다. 이 알레고리는 보통 긴 가운, 창, 스위스 국기를 문장으로 삼은 방패, 땋은 머리 위에 동맹의 상징인 화환을 쓰고 있다. 헬베티아라는 명칭은 로마 정복 이전에 스위스에 거주했던 골족의 이름인 Helvetii에서 유래했다.

성과 도덕적 의지의 역할을 강조한다. 루소*에서도 우리는 지로데**, 앵그르***, (훗날의) 제리코****와 들라크루아*****와 같은 프랑스 예술가들에게서 반향을 불러일으켰던 자유로운 자기표현의 그와 같은 (즉 낭만적) 숭배가 시작되었다는 징후를 포착할 수 있다. 새로운 땅 아메리카에서도, 그리스-로마 모델을 좇아 창건된 공화국은 곧바로 문학과 회화로 표현된 낭만적 기류의 침범을 받았다.[11]

∴

11) 루소와 민족주의에 대해서는 Cohler(1970)를 보라. 1775-1830년이라는 이 결정적 시기에 다비드와 앵그르, 그리고 프랑스의 그림은 Detroit(1974), Brookner(1980), Rosenblum (1985), Vaughan and Weston(2003)을 보라. 색슨, 켈트, 트로얀 '인종'의 신화가 잉글랜드 민족정체성의 일부가 된 것은 MacDougall(1982)에 의해 분석된다. 그리고 영국인다움(Britishness)의 민족정서는 Colley(1992)를 보라. [고대 북유럽의 시학서(詩學書) 및 서사시집인] 에다의 북유럽 신화의 공헌은 O'Donoghue(2006)에 분석되어 있다. 휘슬러

──────────

* J. J. Rousseau(1712-78)의 *Julie* 또는 *the New Heloise*는 소설에서 전(前)낭만주의와 낭만주의 발달에 큰 영향을 주었고, 그의 자서전과 『고독한 산책자의 꿈』은 인간의 주관성과 내면 성찰에 초점을 맞추는 근대적 글쓰기의 선구가 되었다. 아울러 루소는 6개의 오페라를 비롯한 많은 음악작품을 작곡했고, 그의 작품 하나는 나중에 베토벤에 의해 편곡되기도 했다.

** Anne Louis Girodet Trioson(1767-1824), 프랑스의 화가로 다비드에게 배웠으며 시문 철학에도 조예가 깊은 로맨틱한 기질을 그림에 반영해 낭만주의 회화의 선구자가 되었다.

*** Jean Auguste Dominique Ingres(1780-1867), 19세기 프랑스의 고전주의를 대표하는 화가. 초상화가로서도 천재적인 소묘력과 고전풍의 세련미를 발휘했다. 〈루이 13세의 성모에의 서약〉으로 이름을 떨치면서 들라크루아가 이끄는 낭만주의 운동에 대항하는 고전파의 중심적 존재가 되었다. 초상화, 역사화, 특히 그리스 조각을 연상케 하는 우아한 나체화에서 묘기를 발휘했다.

**** Jean Louis André Théodore Géricault(1791-1824), 19세기 프랑스의 대표적인 화가로 낭만주의 회화의 창시자이다. 이탈리아 여행 후 그린 대작 〈메두사호의 뗏목〉(1819)으로 젊은 들라크루아를 감격시켜 낭만주의 확립의 도화선이 되었다.

***** Ferdinand Victor Eugène Delacroix(1798-1863), 프랑스의 화가. 힘찬 율동과 격정적 표현, 빛깔의 명도와 심도의 강렬한 효과 등을 사용한 낭만주의 회화를 창시했다.

그렇지만 낭만주의의 정치적 영향력이 가장 분명했던 곳은 독일, 동유럽 및 발칸 지역이었다. 이곳에서, 무엇에도 얽매이지 않는 개인의 의지와 행동, 특수성과 문화적 다양성에 대한 숭배, 진정한 자기표현에 대한 동경이라는 세 가지 근본적인 낭만적 주제가 분명한 말로 아주 강하게 표현되었고, 그것은 아주 명백한 정치적 결과를 낳았다. 이 세 주제는 모두 족류민족주의가 '민족정체성'—즉 독일과 이탈리아처럼 하나의 족류가 정치적으로 나뉘어 있는 지역이거나 대다수 동유럽과 발칸 지역과 같이 여러 족류집단이 뒤섞여 사는 곳에서 되풀이되는 관심사—에 아주 크게 몰두하게 만드는 원료였다. 헤르더가 가르쳤듯이, 각 인민이 그 자신의 유일한 목소리와 스타일, 자신만의 독창적 문화와 개체성을 갖는다는 사상은 이 지역의 서로 다른 족류공동체 및 네트워크의 지식인과 중간계급 출신의 소(小)집단 사이에서 강한 공감을 불러일으켰다. 그들의 명시된 공동체들을 자족적인 정치적 민족들로 통일하고 갱생시키기 위해, 지방토착어들을 찾아내어 보존하고, 〈니벨룽겐의 노래〉*, 〈롤랑의 노래〉**, 〈칼레발라〉***와 같은 역사적 텍스트와 서사시들을 재발견하고, '진

••

와 보드머의 서클에 대해서는 Antal(1956)을 보라. 그리고 이 시기 스위스 민족정체성의 발흥에 대해서는 Zimmer(1998과 2003)를 보라. 미국의 그림의 낭만적 기류는 '아메리카의 숭고함'에 관한 전시회 카탈로그에 들어 있는 Wilton and Barringer(2002)에 의해 논의되고 있다.

---

* 〈니벨룽겐의 노래(Nibelungenlied)〉는 12세기에 중세 고지(高地) 독일어로 쓰인 영웅서사시다. 700년 동안 서사시 낭독자(가수)에 의해 구전으로만 이어져온 이야기가 여러 번 변형되어 1180년에서 1210년경에 현재 우리가 알고 있는 모습을 갖추었다.
** 〈롤랑의 노래(La Chanson de Roland)〉의 작자는 분명하지 않으며, 성립 연대는 1098년부터 1100년 사이인 것으로 추정된다. 중세어 10음절 시구 4,002행으로 되어 있다.

정한' 농민의 음악, 댄스, 관습을 발굴해 널리 알린 신앙부흥론적 문화민족주의자들이 여기에서 흔히 선두에 섰다.[12]

낭만주의 이데올로기가 민족정체성 인식[****]에 몰두한 것은 보다 광범위한 '진정성(authenticity)' 찾기의 일환이었다. 예컨대 16세기 잉글랜드와 17세기 네덜란드와 덴마크에서 사람들은 민족의 과거로부터 위대한 사건들을 기억해내는 일에 상당한 관심을 보였지만, 이것은 진정성을 찾기 위해서라기보다는 민족의 귀족적 기원과 위대성을 재확인하거나 인민에게 그들의 조상들의 고상한 투쟁을 되새기게 할 필요성 때문에 그런 것이었다. 18세기는 여기에다가 민족의

••

12) '문화전쟁'과 신앙부흥론(revivalism)에 관해서는 Hutchinson(2005, 3장)을 보라. 헤르더의 '문화적 포퓰리즘'에 대해서는 Berlin(1976)과 Barnard(1999)를 보라. 니벨룽겐 이야기에 대해서는 Robson-Scott(1965)를 보라. 〈칼레발라〉에 대해서는 Branch(1985)를 보라.

12세기 후반의 옥스퍼드 고사본(古寫本)에 실제 노래로 불리던 이 시의 순수한 모습이 전한다. 그 내용은 778년 8월 15일 에스파냐 원정에서 돌아오던 샤를마뉴 대제의 후위부대가 피레네 산속 롱스포에서 바스크인의 기습으로 전멸한 사실에 바탕을 두고 있다.
*** 〈칼레발라(Kalevala)〉는 핀란드의 민족 서사시다. 이교시대(異敎時代)부터 그리스도교시대에 걸쳐 핀란드 각지에 전승되는 전설, 구비, 가요 등을 집대성, 이를 한 편의 서사시로 만든 것이다. '칼레발라'란 칼레바의 나라라는 의미인데 그곳의 위치는 분명치 않다. 의사인 뢴로트(Elias Lönnrot)가 핀란드의 동쪽에 있는 변경 지방 칼리야라의 산야를 답사하면서 구전되고 있는 서사시를 정리해서 1835년에 발표했는데, 이를 『고(古) 칼레발라』라고 한다. 그리고 다시 조사를 거듭해 1849년에 『칼레발라』의 결정판을 세상에 내놓았다. 이는 50장 2만 2795행으로 된 웅대한 장편시로, 민중예술의 극치라고 할 수 있다.
**** 앞에서 이미 지적했지만 다시 한번 이야기하자면, 민족정체성 인식(a sense of national identity)은 '어떤 사람들이 민족정체성을 의식하고 있고 그것이 중요하다고 믿는 것'을 의미한다. 그러므로 본문의 내용은 '낭만주의 이데올로기가 민족정체성을 크게 의식하고 그것이 매우 중요하다고 믿은 것은 광범위한 진정성 찾기의 일환이었다.'가 된다.

'참된 본질'—민족이 처음 시작할 때부터 민족의 부분들에 스며들어 있었던, 그리고 비록 시야에서 사라지더라도 계속해서 부분들에 스며들어 있는 독창적이고 독특한 기운—을 발견하는 수단으로서의 역사적 근원과 고고학적 신빙성에 대한 새로운 열정을 추가했다. 진정성은 단지 독창적이고 원생적인 것을 의미했을 뿐만 아니라 '우리'에게 그리고 우리에게만 고유한 것, 즉 존재에 대한 우리의 인식, '잉글랜드 예술의' 전형적인 '잉글랜드다움', 갈리아의 정신, 독일기질 (Deutschtum), 마뉴엘 가미오*가 '재발견한' 토착 멕시코 인디언들 등등, 복제될 수 없고 따라서 그것의 발견과 묘사가 일군의 작가, 작곡자, 예술가들을 매혹시킨 문화적 가치들도 의미했다. 이 진정성은 그 무엇보다도 시골사람들과 그들의 예술, 관습, 습속에 구현된 '인민'—즉 민족주의자들에게는 민족의 '본질'을 구현하고 그들로 하여금 엘리트들과 더 큰 인구의 다양한 부분들을 하나로 묶을 수 있게 해주는 인민—의 기억, 상징, 신화, 전통들을 전면에 내세우면서 숭배하는 것이었다.(즉 인민의 기억, 상징, 신화, 전통을 매우 중요시하고 특별하게 여기는 태도였다.) 그래서 이러한 문화적 요소들 속에 있는 민족의 '진정한' 차원들에 대한 탐구를 분석하는 일은 민족주의의 '내부 세계'로 들어가는 중요한 열쇠가 된다.[13]

13) 성실성과 진정성이라는 서로 연관된 개념에 대한 예리한 문학적 분석에 대해서는, 비록 그가 집단적 진정성의 개념보다는 개인적 진정성의 개념에 더 관심을 가지고 있기는 하지만, Trilling(1972)을 보라. 18세기 잉글랜드에서 성실성에 대한 숭배는 Newman

---

* Manuel Gamio(1883-1960)는 멕시코의 인류학자, 고고학자, 사회학자이자 멕시코 인디오주의 운동(the indigenismo movement)의 지도자다. 흔히 멕시코 근대 인류학 연구의 아버지로 간주된다.

루소와 그에 앞선 잉글랜드의 작가와 시인들에게, 이러한 진정성에 대한 탐구는 결국, 그것보다 더 모든 것에 영향을 미치는 '자연으로 돌아가기(return to nature)'의 일부였다. '우리'가 '우리 자신들을 발견'할 수 있는 것은 자연(Nature) 안에서, 그리고 특별히 고토 위(on the soil of the homeland, 고향땅 위)에서이다. 고토는 우리가 태어난 장소, 우리 가족의 고향, 우리를 교육시키고 우리에게 일자리를 준 땅, 우리 조상들의 마지막 안식처다. 이것이 인민의 '성격'을 형성했고, 그들만의 독특한 특성을 인민에게 부여했던 것이다. 민족성이 땅과 기후의 산물이라는 관념은 18세기에 널리 신봉되었고, 이러한 결정론에다 루소, 버크, 그리고 시인들은 친근하고 아늑한, 또는 거칠고 웅대한 경관을 이상화(理想化, 美化)하고 그러한 경관에 자신들의 주관적인 애착심을 덧붙였다. 초기 계몽주의의 지나치게 합리주의적인 도시문화에 대해 반발하면서 이들 낭만적 자연주의의 예언자들은 시골과 시골 주민들의 단순하고 건강한 삶을 극찬하고 토지(the land)와 '실존하는' 인민(the 'real' people)을 동일시함으로써, 문화민족주의자들을 위한 토대를 마련해주었다.[14]

자연숭배는 영웅숭배와 연결되었다. 남녀 영웅은 민족의 타고난 덕성과 '참된 본질'을 구현했고, 짓밟힌 인민들이 존엄성을 회복하고, 압제에 저항하고 자치를 위해 싸우도록 그들을 동원하는 데 도움을

•
••
(1987)의 연구 주제다. 가미오(Gamio)와 멕시코 인디언에 관해서는 Gutierrez(1999, 6장)와 Ades(1989, 7장)를 보라. 유럽의 낭만주의에 대해서는 Porter and Teich(1988)를 보라.
14) 18세기의 자연숭배는 Charlton(1984)에 의해 연구되어 있다. 루소와 경관에 대한 낭만적 개념에 대해서는 Schama(1995)를 보라. 러시아 19세기 그림에는 흥미로운 유사성이 있는데, 이에 관해서는 Ely(2002)를 보라.

줄 수 있는 것이 바로 그/그녀의 교훈(*exemplum virtutis*)*이었다. 민족정신과 행동하는 민족적 의지의 구현으로서, 남녀 영웅과 천재의 규범은 민족들의 단조(鍛造)와 그것들의 자존감을 위한 가장 소중한 도구이자 소유물이 되었다. 18세기 말과 19세기에는, 문화민족주의자들이 중세 초의 서사시와 연대기를 재발견하고 출판함에 따라, 화가들이 먼 과거에서 나온 대개는 잘 알려지지 않은 에피소드를 읽고 그것을 그림으로 묘사하려고 함에 따라, 그리고 고고학자들이 '문화들'의 승계와 각 공동체의 초창기의 역사 모두를 보여주는 무덤, 궁전, 마을, 심지어 폼페이와 헤르쿨라네움**과 같은 도시 전체의 유적을 발굴함에 따라, 멀리 떨어져 있는 영웅들과 반쯤 망각된 전투들의 신화와 기억이 전 유럽에 퍼져나갔다. 이와 같은 관심은 유럽에 국한되지 않았다. 그러한 숭배는, 직접적인 유럽의 식민통치에 의해서든 간접적으로 유럽과 똑같이 자연화하고 역사화하고 진짜임을 입증하려는 충동을 통해서든, 인도의 라마야마***와 이란의 샤나메****와 그것과 비슷한 고대 카르낙*****, 페르세폴리스******, 테오티우

---

* *exemplum virtutis*는 '덕성(virtus)을 가르치는 교훈적 일화'의 의미를 지닌다. virtus는 fortuna(운명)와 대비되는 개념이며 주로 '인간의 내면의 힘'을 가리킨다.

** 헤르쿨라네움(Herculaneum), 나폴리에서 약 8km 떨어진 해안에 있는 고대 도시 유적. 번영을 구가하였으나, AD 63년의 지진으로 큰 피해를 입은 후, 79년 베수비오 화산 폭발로 폼페이와 함께 매몰된 도시이며, 그리스인의 식민에 의해서 생긴 도시로 추정된다. 발굴은 18세기에 시작되었으나, 본격적인 발굴은 1927년 이후에 이루어졌다.

*** 라마야나(Ramayana), 고대 인도의 서사시로 BC 2-3세기 인도의 시인 발미키(Valmiki)가 쓴 작품. 총 7편 2만 4000절로 이루어진 서사시로, 주인공은 라마(힌두교의 주신인 비슈누의 화신), 부인 시타, 동생 바라타로, 모두가 도덕적 모범이 되는 인물들이다.

**** 샤나메(Shahname), 가즈나조의 술탄 마흐무드의 보호 아래 작품 활동을 한 피르다우시(Firdausi, 940-1020)가 저술한 페르시아 최고의 민족 서사시. '王의 書'라고 번역된다.

아칸******, 그레이트 짐바브웨*의 고고학적 발견과 같은 고대의 연대기와 서사시에 대한 유사한 역사적 탐구를 낳으면서, 아시아, 아프리카, 라틴아메리카로 전파된다. 다시 한번, 영웅과 천재 숭배는 민족주의적 사상과 관계의 내부 세계로 들어가는 창문을 여는 데 도움을 준다.[15]

그러므로 낭만주의는 특히 족류집단이 뒤섞여 있는 지역의 문화 민족주의자들에게 공동체 전체의 정치적 동원을 위한 강력한 무기였다. 지방토착어를 극찬하고, 개인의 의지를 상승시키고, 영웅모방에 박차를 가함으로써, 낭만주의의 여러 기류는 자기인식, 영토화,

••

15) 폼페이, 헤르쿨라네움과 고고학에서 그리스-로마 세계의 발굴에 관해서는 Dyson (2006, 1-2장)을 보라. 고대 이집트에서의 이와 유사한 탐험에 대해서는 Reid(2002)를 보라. 페르세폴리스의 발굴에 관해서는 Wilber(1969)와 Nylander(1979)를 보라. 테오티우아칸에 관해서는 Katz(1972, 43-55)를 보라. 그레이트 짐바브웨의 발견에 대해서는 chamberlin(1979)을 보라. 예술에서의 영웅숭배와 *exemplum virtutis*는 Rosenblum(1967, 2장)에 의해 분석되고 예증된다. 〈칼레발라〉에 관해서는 Branch (1985)를 보라.

***** 카르낙(Karnak), 이집트 상부 나일 강 동쪽 강가에 있는 신전 유적지.
****** 페르세폴리스(Persepolis), 페르시아 제국의 다리우스 대제가 100년에 걸쳐 건설한 도시. 이란 남서부 팔스 지방에 있는 아케메네스 왕조의 수도로 그리스어로 '페르시아의 도시'라는 의미다. 마케도니아의 알렉산더 대왕이 몰락시켰다.
******* 테오티우아칸(Teotihuacan), 멕시코에서 가장 보존이 잘된 아메리카 대륙 원주민의 도시. AD 150년경에 건설된 테오티우아칸은 아직도 풀리지 않는 수수께끼로 가득하다. '신들의 모임 장소'라는 이름을 가진 이 유적은 멕시코 수도인 멕시코시티에서 북동쪽으로 약 50킬로미터 떨어진 곳에 있으며, 1908년에 복원된 65미터 248계단으로 된 태양의 피라미드가 있다.
* 그레이트 짐바브웨(Great Zimbabwe), 11-5세기에 건설된 중앙아프리카 짐바브웨의 한 계곡에 있는 아프리카 최대의 유적지로 300기에 달하는 석조 건축물이 있다. 짐바브웨는 '돌로 된 집'이라는 뜻이다.

상징 배양 등의 발달하는 추세들을 합치고, 자연숭배, 진정성 숭배, 영웅 숭배를 하는 여러 인민들이 그러한 추세들에서 직접성과 가시성을 느끼도록 해주었다.

'민중'민족주의

그런데 어떻게 흔히 아주 작은 서클의 문화 또는 정치민족주의자들이, 그 공동체를 하나의 민족으로 갱생*시키는 그들의 프로젝트 실현에 반드시 필요한, 많은 수의 같은 민족 구성원들을 움직이고 동원할 수 있다는 희망을 품을 수 있는가? 대체적으로, 지식인들은 국가와 정부기관 또는 일부 '인민'의 지원을 받지 않으면 문화사업가로서 무력하기 마련이다. 국가와 정부기관의 지원을 받는 경우, 민족주의자들에게 혜택이 따른다는 것은 확실하지만 위험도 분명히 있다. 국가 엘리트들은 민족주의자들의 활동과 조직뿐만 아니라 다양한 정도로 그들의 사상의 내용도 접수하는 경향이 있다. 이것은 식민지를 무대로 한 경우에서 그랬듯이, 흔히 긴장과 충돌로 이어졌다. 그럼에도 초기 아프리카와 아시아 민족주의자들(이들은 대개 전문직 종사자들이었다)의 포맷과 여러 이상(理想)은 제국주의 열강에 의해 만들어진 지정학적 무대, 제도, 문화에 의해 규정되었다. 모든 신자들의 평등이라는 기독교 교의처럼, 제국주의 열강의 헤게모니에

---

* 갱생(更生)에는 "①거의 죽을 지경에서 다시 살아남. ②마음이나 생활 태도를 바로잡아 본디의 옳은 생활로 되돌아가거나 발전된 생활로 나아감"이라는 뜻이 있다.

도전하기 위해 사용된 사상도 흔히 그들의 식민모국에서 빌려왔다. 이런 경우, 신앙부흥론적 문화민족주의자들의 역할은 부차적이 되는 경향이 있었다. 체크 안타 디오프*, 심지어 레오폴드 셍고르**는 아프리카 민족주의들에 새로운 문화적 굴절과 깊이를 줄 수 있었지만 적어도 단기적으로 그들은 그들의 정치적 달성목표를 변화시키지 못했다. 서구 자체에서도 동일한 일이 일어났다. 프랑스나 영국의 다양한 정치적 지식인 집단은 민족의 운명에 대한 대안적 모델들을 제시할 수 있었으나 이것들은 무시되었거나 한계가 있었고, 국가 엘리트와 관료들의 통제와 기성 정당들의 지도를 받아야 했다.[16]

민족주의자들이 더 넓은 지역주민들의 다양한 부분집단들로부터 지지를 받으려고 노력해야 했던 족류공동체들에서 신앙부흥론자들이 선택할 수 있는 자유는 훨씬 더 많았다. 민중적 족류공동체(demotic *ethnie*)의 지방토착(어)적 동원에 관한 우리의 이전 논의에서 보았듯이, 민족주의자들은 그들이 그들의 '민족후보자'—그 자체

••

16) 지식인과 서아프리카 민족주의에 관해서는 Geiss(9174, 15장)를 보라. Kedourie(1971, 서론)는 식민지 무대에서 지식인들의 독립성을 과장했다. 보다 일반적으로 국가에 의해 제약을 받는 지식인들에 대해서는 Gouldner(1979)와 A. D. Smith(1981a, 6장)를 보라.

---

* Cheikh Anta Diop(1923-86), 인류의 기원과 고대 아프리카 흑인 문화를 깊이 연구한 세네갈의 작가. 파리에서 철학을 공부했고, 이때 '흑인성(negritude)'의 개념을 구체화했다. 적극적인 정치투사로서 여러 정치단체를 조직하기도 했다.
** Leopold Senghor(1906-2001), 세네갈의 초대 대통령. 시인이자 교사, 정치가로 아프리카의 문화적 긍지를 주장했으며 제2차 세계대전 이후 아프리카 연방체 설립을 위해 노력했다. 독립한 세네갈 공화국의 초대 대통령으로 오랜 기간 집권했으며, 세네갈의 교육과 문화, 경제발전에 힘썼다.

가 '족류집단의 인구변동'과 정치사의 신화에 토대를 두고 있었던—용(用)으로 지정했던 '고토' 지역에서 통용되는 갖가지 구전되어 내려온 기억(folk memories)*, 신화, 상징, 관습, 전통을 통해 '인민'에게 호소해야 했다. 그러나 이러한 기억, 신화, 전통들의 다수는 지역적이었다. 훌륭한 민족의 역사와 신화를 만들어내기 위해서, 그것들은 다듬어지고 또 그것들 가운데서 정치적으로 좀 더 유망한 것들은 인접 지역들에서 두루 통할 정도로 일반화될 필요가 있었다. 자의적인 선택, 심지어 민족주의자들이 위조한 사례들도 있었지만, 문화민족주의자들은 역사적 타당성과 민중의 '공명'이라는 두 기본범주를 충족시킬 수 있는 지방토착(어)적 문화와 역사를 재창조하는 데 전념했다. 전자(즉 역사적 타당성)에 있어서, 역사학적 지식이 부족하다는 것과 경우에 따라 해당시대의 기록이 희소하다는 것은 민족주의자들이 그 공동체의 족류사의 연속적인 시대들을 그럴듯하게 그리고 사실에 가깝게 재구성하리라고 희망할 수 있었을 뿐이라는 것을, 즉 명시된 고토에서 그들이 계속 살아왔다는 그들의 필요조건을 충족시킬 수는 있지만 언제나 사람들이 옳다고 받아들인 지식의 한계 내에서였다는 것을 의미했다. 문서 증거들을 찾아내고 새로운 사회 '과학들'의 개념을 이용함으로써, 문화민족주의자들은 그들의 정치 프로젝트에 확고한 역사적 토대를 부여하고 적대적인 세계는 물론 그들의 동족에게도 그들의 주장이 진실이라고 확신시키고 싶어 했다.[17]

민중의 '공명'은 더 큰 문제들을 제기했다. 첫째, 누가 '인민'인가

---

* folk memory는 구전되어온 과거의 사건에 대한 이야기, 민속, 신화를 말한다.

라는 문제가 있었다. 인민은 '진짜' 농민인가, 노동자인가, 아니면 장인과 소상인인가? 그리고 어떤 인민이고 어디의 인민인가? 핀란드나 바스크 지방과 같은 경우에 대답은 아주 분명했다. 그러나 중동의 일부와 대부분의 동유럽에서, 명시된 민족은 훨씬 더 많은 족류집단들로 구성되어 있었고 그 고토는 훨씬 더 들쑥날쑥했다. 그리고 명시된 민족은 흔히 여러 문화적 지역들로 나뉘어 있었고, 각 지역은 그 자신의 사투리(언어가 아니더라도)와 별도의 관습, 예술, 구전되어 내려온 기억을 가지고 있었다. 폴란드, 세르비아, 이란, 버마처럼 그것을 중심으로 민족후보자의 토대를 만들 수 있는 비교적 하나로 응집된 핵심 족류공동체가 존재했던 곳에서도, 그것은 대개 계획된 고토의 전 영토에까지 확장되어 있지 못했다. 이것은 민족이 처음부터(de novo) 인위적으로 제작되어야 한다는 것을 의미하지 않았지만, 우리가 보았듯이, 그것은 민중의 족류공동체적 전통, 상징, 기억을 세심하게 선택하고, 그것들 중 일부를 승격시키고 나머지는 배제하는 것을 요구하였다. 그것은 여러 지식인에 의해 구상된 역사서사(historical narrative)를 현장의 족류현실에 맞게 재해석 및 각색하거나 한 지역이나 족류공동체로부터 나온 역사서술과 사투리를 전체의 대표로 선택하는 것을 의미했다. 그러므로 민족주의적 선택은 마치 후자가 결국 그것이 창조되었던 그 순간에 '그들' 민족의 덕

••

17) 엘리트기 과거로부터 신댁하는 껏의 한셰에 대한 논의는 A. D. Smith(2000a, 2장과 2003a, 7장)를 보라. 민족주의자들이 그들의 정치적 목적을 위해 적절히 재단된 과거를 발명했고 계속해서 발명하고 있다는 견해에 대해서는 Hobsbawm and Ranger(1983, 서론과 7장), Hobsbawm(1990), Özkirimli(2003과 2008)를 보라. 그에 대한 비판에 대해서는 A. D. Smith(2003b와 2004a, 3장)와 Hutchinson(2008)을 보라.

성과 이상을 배워야 했던 것과 똑같이, 명시된 인구의 여러 부분의 요구, 가치, 기억, 상징, 전통에 답해야만 했다.[18]

또한 어떻게 '인민'에게 도달하는가의 문제가 있었다. 이 문제에서 문화민족주의자들과 인구의 다양한 부분, 특히 성장하는 도시인구 사이의 중재자로서 활동하는 인텔리겐치아가 중요한 역할을 맡는다. 예컨대, 비록 인텔리겐치아 구성원들이 펠로폰네소스 반도의 게릴라 투사들과 양치기들에게 도달하는 것이 훨씬 어렵다는 것을 알았음에도 불구하고, 비엔나, 오데사, 콘스탄티노플과 같은 곳에서 그리스 인텔리겐치아와 상인공동체 사이의 연결 관계는 잘 알려져 있다. 아랍 세계에서도, 교사들은 아랍 민족주의의 이상을 광범위한 도시의 청중에게 전달하는 데 일조했고, 인도의 하위 관료와 교사들은 인도의 민족관념을 청중에게 전달하는 일을 했다. 서기, 교사, 저널리스트, 의사, 법률가로서 전문직 종사자들이 신앙부흥론적 지식인들이 제시한 민족관념을 지지하고 정치화한 것은 민족관념이 보다 광범위한 청중에게 친숙해지고 접근 가능하게 만드는 데 일조했다. 이 점에서 그들의 유일한 경쟁자(이자 때로는 협력자)는 하위 성직자였는데, 이들은 민족에 대한 전문직 종사자들의 일반적인 세속적 독법에 도전할 수 있었고 또 흔히 실제로 도전했다. 성직자와 농민, 그리고 나중에는 하위 중간계급들 사이의 긴밀한 연결 관계는 성직자들로 하여금 민족공동체의 대안적인 종교적 이상을 기획하게 할 수

18) 동유럽 인민의 다양성에 관해서는 Sugar(1980), Snyder(2000), Hupchik(2002, 9장)를 보라. 이란에 대해서는 Higgins(1986)를, 버마와 카렌에 관해서는 Gravers(1996)를 보라.

있었는데, 그러한 종교적 이상은 아이러니하게도 민족주의적 식자층이 그들의 독특한 민족의 온상이자 '본질'로 간주했던 시골사람들이라는 바로 그 계급의 요구와 세계관에 더 잘 들어맞았다.[19]

가장 중요한 문제는 엘리트의 이상과 프로젝트가 얼마만큼이나 명시된 인구 대다수의 정서 및 관념에 부합한다고 말할 수 있는가? 하는 것이다. '민중'민족주의, 즉 엘리트들의 민족 프로젝트와는 구분되는 '인민'의 일상적 민족주의가 존재한다고 말할 수 있는가? 이것이 바로 서구의 '진부한(banal)' 또는 깊이 각인된 민족주의에 대한 마이클 빌리히의 개척자적인 분석 이후에 일어난 커다란 논쟁의 주제였다. 전시된 여러 '흔들리지 않는 깃발(unwaved glags)'을 언급하면서, 빌리히는 민족적 전제들(national assumptions)*이 정치, 스포츠, 여행, 뉴스, 일기예보와 같은 다양한 분야에서 우리의 여러 일상적인 활동과 사고의 기저를 이루고 있다고 주장했다. '우리'와 '저들', '국내'와 '해외'의 이분법은 우리의 언어습관에 깊이 뿌리를 내리고 있고, 그래서 서구사회의 공인된 다문화주의는 민족주의적 믿음

••

19) 그리스 인텔리겐치아는 Koumarianou(1973)와 Kitromilides(2005)에서 논의되고 있다. 그리고 그리스 성직자의 역할에 대해서는 Frazee(1969)와 Hatzopoulos(2005)를 보라. Juergenmeyer(1993)는 주로 아시아에서 급진적인 종교적 민족주의와 성직자에 대해 종합적으로 묘사한다. 그리고 인도 민족주의에 대해서는 Brass(1991), van der Veer(1994), Jaffrelot(1996)를 보라. 아랍 민족주의, 언어, 이슬람에 관해서는 Suleiman(2003)을 보라.

───────────

* assumption을 전제라고 번역했지만 무조건 당연시하는 것을 말한다. 따라서 '민족적 전제'는 민족을 의당 그렇다고 무조건 당연시하는 것을 뜻한다. 다시 말해 정치, 스포츠, 여행, 일기예보와 같은 다양한 분야에서 우리는 민족을 당연한 전제 내지 존재로 받아들이고 있다는 뜻이다.

과 관행의 확고한 준거틀 안에 닻을 내리고 있다고 그는 주장했다.[20]

같은 방식으로, 낡은 민족주의의 '거대서사'를 포기한 많은 학자들이 점점 더 주민 대다수, 즉 '보통사람들' 사이에 있는 민족주의적 개념과 문화적 관행에 관심을 집중시켜왔다. 그들은 특히 민족에 대한 민중적 담론, 그것의 상징적 재연(再演), 민족주의의 민중적 소비, 즉 민족적 취향과 선호도 차이의 표현에 관심을 보였다. 그 결과 낡은 학문의 '엘리트 중심의 서사'와는 다른 그리고 종종 그것과 대치되는 '미시민족주의' 연구('micro-nationalist' studies)라는 하위(연구)분야가 만들어졌다.[21]

기존 문헌들이 민중의 민족관념과 선호도를 상대적으로 무시하고 있음을 감안할 때, 이것은 여러 가지 점에서 신선한 접근방법이자 생산적인 분석분야다. 비엘리트들 사이에서의 민족관념과 정서의 작동과 민족관념이 그들에게 갖는, 비록 간헐적이지만 근본적인 중요성을 밝혀냄으로써, '일상적인 민족됨(everyday nationhood)'[*]에 대한 연구는 이 분야에 대한 우리의 이해를 의심할 바 없이 확장시

20) Billig(1995)를 보라. 근자의 영국의 논쟁에 대해서는 Kumar(2003, 8장)를 보라.
21) '일상적 민족주의'라는 별도의 연구 분야의 가장 잘 맞는 사례와 설명서는 Fox and Miller-Idriss(2008)에 의해 개진된다. 영국의 민중(popular)민족주의에 대한 명쾌한 연구는 Edensor(2002)이다. 아울러 민족주의의 '소비'에 관해서는 Yoshino(1999)에 있는 흥미로운 논문들을 보라.

---

[*] 앞에서 민족됨(nationhood)은 어떤 집단이 하나의 민족으로서의 자격을 갖게 된다는 의미지만, 거기에는 개인과 민족의 일체화가 이루어진 상태라는 의미도 포함된다고 밝혔다. 그러므로 '일상적인 민족됨'에 대한 연구란 개인과 민족이 일체화되는 일상적인 과정들에 대한 연구라는 의미가 된다. 다시 말해 개인들이 어떻게 일상생활을 통해 자신과 민족을 일체화하는 민족적 자각을 갖게 되는지에 관한 연구라고 할 수 있다.

켜주었다. 그러나 그것은 또한 여러 제약으로 고통받고 있다. 우선 한 가지 들 수 있는 이유는, 그것이 흔히 각각 다른 생각을 갖고 있고, 각기 다양한 정서와 선호도를 내포할 수 있는 '그 인민'의 다양한 계층, 지역, 족류성들을 구별하지 않는다. 또 다른 이유는, 이러한 유형의 리서치에 사용되는 민족에 대한 연구 방법론 때문에, 그 분석이 민족(그리고 대부분 서양)국가들의 주민에 국한되는 경향이 있다는 것이다. 그런데 족류-상징적 관점에서 보면, 일상적인 민족됨에 대한 연구에서 가장 중요한 문제는 그것이 역사적 차원을 결(缺)하고 있다는 것이다. 일상적인 민족됨에 대한 연구에는, 이전의 토대 위에 건설된 공동체의 대대로 이어지는 세대들에 대한, 민족적 제도들의 연속적인 역할에 대한, 그것의 기억, 전통, 제례, 신화, 상징유산 속에 표현된 민족에 대해서 저변에 자리 잡고 있는 믿음과 사상의 중심성에 대한 인식이 거의 없다. 게다가 민족주의는 엘리트적 현상이자 동시에 '대중(mass)' 현상이다. 그것은 '인민'과 인민의 기억, 신화, 상징, 전통을 관심사의 중앙에 놓는 엘리트의 이데올로기 운동이자 동시에 민족주의 엘리트의 이상과 달성목표를 통한 표현과 행동을 추구하는 민중운동이다. 그래서 하나의 개념으로서의 '일상적인 민족됨'은 오로지 '역사적 민족됨', 즉 민중적이고 엘리트적인 '족류사'—민족공동체의 구성원들이 서로에게 들려주는, 수 세대를 거쳐 전해져 내려온 한 공동체의 공유된 기억, 가치, 신화, 전통을 증류한 이야기—에 토대를 두고 있는 흔히 암묵적이지만 광범위한 민족정체성 의식이라는 관념의 틀 안에서만 의미와 방향을 갖는다.[22]

'인민의 종교'

대부분의 학자들에게 민족주의는 세속적인 이데올로기이자 운동이고, 그것의 정치적 발현은 보통 시민적이고 공화주의적일 것이다. 민족주의에 대한 이러한 이해는 루소와 칸트에서 헤르더를 거쳐 피히테와 독일 낭만주의자들에 이르는 민족주의의 철학적 가계에 대한 근대주의적 독법과 정확히 일치한다. 루소에게 그것은 일반의지이고, 칸트에게 그것은 자율적 의지이고, 헤르더에게 그것은 민족자결의 토대를 이루는 문화의 다양성이다. 이런 것들은 철저히 세속적인 개념들이다. 즉 일반의지는 주권자(군주나 국왕)이고, 자율적인 인간의 의지는 오로지 그 자신의 내적 도덕법칙을 따르며, 다양한 문화는 인간의 소질과 성취의 다양성을 반영한다. 그래서 정말이지 이런 독법에 따르면 민족주의는 오직 신(神)이 세계와 사회의 주변부로 쫓겨났을 때에만 등장할 수 있다.[23]

그것의 주요 교리에서도, 민족주의에는 신적인 것(the divine)이 들어갈 자리가 없다. 인류는 유일무이한 민족들로 나뉘어 있고, 정치권력은 민족에게 있고, 자유롭기 위해서 인간은 한 민족에 속해야 하며, 민족들은 최대한의 자율성과 자기표현을 가져야 한다고 가르치는 교의는 이 세계에 대한 세속적 이데올로기와 신앙체계, 즉 그

:.

22) 이러한 쟁점들에 대한 더 충분한 논의에 대해서는 A. D. Smith(2008b)를 보라.
23) Kedourie(1960)에게 지적인 계보는 설령 문화적 다양성에 대한 헤르더의 관심은 인류에 대한 신의 계획을 상정했지만, 칸트, 피히테와 낭만주의자들을 거쳤다. Cobban(1964)과 Bell(2001)은 신에 대한 믿음이 점차 사유화되었던 루소와 18세기 프랑스의 지적 전통의 공헌을 강조한다.

안에서는 신이 아닌 인류가 모든 사물의 척도가 되는 이데올로기와 신앙체계를 뒷받침한다. 민족주의의 주된 달성목표—자율성, 통일성, 정체성이나 개체성—는 신의 개입이 아니라 인간의 자체해방에 대해 말한다. 그리고 그것의 영토, 경관, 국경선에 대한 몰두는 비현실적 관심사보다는 현세적인 관심사에 대해 말한다.[24)]

그러므로 민족관념과 민족주의 운동의 첫 번째 대(大)분출이 혁명기의 프랑스에서 일어났다는 것은 조금도 이상하지 않다. 자연 국경선 내에서의 민족의 통일성, 인민주권과 자결, 한 민족과 그 민족의 언어와 그 민족의 공공문화의 유일무이한 정체성이 처음으로 교의로 선포되었던 곳이 바로 여기(프랑스)였다. 여기서 민족은 새로운 깃발(삼색기)을 채택했고, 새로운 달력(혁명력)의 시작을 선언했고, 새로운 공화국찬가(라마르세예즈)를 노래했다.* 브나스크와 아비뇽이라는 이민족 거주지에서 인민의 신심(信心)을 결정하는 국민투표가 처음으로 실시되었던 곳도 바로 여기였다.** 비(非)기독교화 운동

••

24) 영토와 민족정체성에 관해서는 Hooson(1994)에 실려 있는 논문들을 보라. 민족주의 교의에 대한 이론들에 대해서는 Dieckhoff and Jaffrelot(2005, 1부)를 보라.

───────────

* 삼색기와 라마르세예즈에 대해서는 피에르 노라, 김인중·유희수 외 옮김, 『기억의 장소 1, 공화국』(나남, 2010, 108-86)을 보라.
** 1348년 6월 9일에 교황 클레망 6세가 8만 플로린을 주고 브나스크백작령(Comtat Venaissin)과 아비뇽(Avignon)을 프로방스 백작부인 조안나(Joanna)에게서 구입했고, 그래서 이 땅은 오랫동안 교황령에 속했다. 그러나 1/68-74년 프랑스의 루이 15세가 브나스크백작령을 점령하고 아비뇽 주민의 동의를 얻어 이곳에 프랑스 제도를 도입했고, 그래서 이곳에는 프랑스를 지지하는 프랑스파가 생겨났다. 1791년 8월 18일 브나스크백작령의 각 코뮌 대표들은 브나스크의 프랑스 병합을 투표로 결정했으며, 이것은 인민이 자기들의 운명을 결정한 최초의 사건(droit des peuple à disposer d'eux-mêmes)

에서 프랑스의 자코뱅지도자들은 그들의 근본적으로 세속적인 민족
주의를 가장 선명하게 부각시킬 수 있었다. 다른 측면에서처럼, 바
로 이 측면에서 프랑스는 프랑스의 민족주의혁명을 무력에 의해서
수출할 수 있었을 뿐만 아니라, 보다 더 중요하게는, 새로 형성된 전
세계 민족들의 대부분이 다음 2세기 동안 프랑스의 예를 뒤따랐다.[25]

하지만 이것은 이야기의 단지 일부일 뿐이다. 지난 수십 년 동안,
우리는 '종교적 민족주의'라고 보통 언급되는 것으로의 방향전환을
목격했다. 북아메리카뿐만 아니라 무슬림세계와 인도와 동남아시아
에서도, 전통적인 종교 지도자들은 민족을 껴안았고 세속적인 민족
주의자들의 손에서 그것을 빼앗아오려고 노력했다. 이란뿐만 아니
라 인도에서도, 신전통주의적 지식인과 성직자들이 낡은 종교적 가
치, 신앙, 상징, 전통을 원래상태로 회복하기 위해 그들의 민족들이
서구에 동화되는 것을 막아내기 위한 싸움을 벌였다. 이것은 엘리
케두리가 기술했던 민족주의와 전통적인 종교 사이의 전략적인 연
대를 넘어서는 중요한 일이다. 그것은 새로운 형태의 민족주의가 존
재함을 보여주며, 우리에게 민족주의가 순전히 세속적인 이데올로
기 운동이라는 널리 퍼진 기본전제에 대해 질문하게 만든다.[26]

그러나 그것(오늘날의 소위 '종교적 민족주의')은 정말로 **새로운** 형태

••

25) 프랑스혁명의 민족주의에 관해서는 Schama(1989)는 물론 O'Brien(1988b)과 Strachan
(1988)을 보라. 비기독교화 캠페인과 절대존재를 숭배하는 종교로 나아간 그 후의 운동
에 대해서는 Aston(2000)을 보라.

으로 알려졌다. 그리고 이를 토대로 1791년 9월 14일 프랑스 제헌국민의회는 프랑스 왕
국에 아비뇽과 브나스크백작령을 병합하는 법령을 반포한다.

의 민족주의인가? 우리가 민족주의의 기원으로 돌아가 생각해보면, 우리는 루소와 칸트라는 급진 철학적 가계뿐만 아니라 섀프츠베리, 볼링브로크, 몽테스키외의 유산과 잉글랜드, 스코틀랜드, 네덜란드의 청교적인 '언약적' 민족운동(Puritan 'covenantal' national movements)[*]이라는 보다 더 이른 예들을 발견한다. 이 이중적 유산의 핵심은 '선민(chosen people)'과 '민족정신(national genius)'[**]이라는 개념이다. '선택'을 통한 구원에 대한 추구라는 그것의 부산물로서, 종교개혁 프로테스탄티즘은 모세 5경을 모델로 삼아 선택된 민족들을 승격시켰다. 특히 네덜란드의 캘빈주의자들은 자신들을 파라오(스페인)의 억압에서 탈출하여 자유와 부가 약속된 땅으로 들어온 현대판 이스라엘의 자손으로 보았다. 16세기 말 17세기의 스코틀랜드는 인민의 민

•
••

26) 인도의 이 '종교적 민족주의'에 대해서는 van der Veer(1994)와 Jaffrelot(1996)를 보라. 그리고 이란에 관해서는 Keddie(1981)를 보라. Juergenmeyer(1993)는 종교적 측면을 강조하지만, Tønneson and Antlöv(1996)에 실린 논문들은 종교를 단지 몇 가지 차원의 하나로 본다. 세계적인 종교적 신앙부흥론의 충격에 대해서는 Kepel(1995)을 보라.

---

[*] '언약적' 민족(주의) 운동에 대해서는 스미스(2008, 107-34)를 참조하라. 스미스는 16세기 말과 17세기 이후의 스코틀랜드, 잉글랜드, 네덜란드, 북스위스, 트란실바니아, 붕괴 전의 얼스터와 인종차별적인 남아프리카를 언약적 민족들이라고 설명한다. 요컨대 스미스는 민족은 단 하나의 종류만 있는 것이 아니라 여러 다른 종류의 민족들이 각기 다른 시대에 등장했다고 본다.

[**] 독특한 민족성이라는 개념은 18세기 초에 이미 뿌리를 내렸고, 그것은 섀프츠베리 경의 "민족정신(genius of the nation)", 불랑빌리에의 골족에 대한 프랑크족의 방어, 볼링브로크의 애향심과 자유의 결합, 비코의 연속적인 민족들의 문화적 역사주의, 몽테스키외의 민족의 일반정신(esprit général de la nation)과 같은 개념들로 표현되었다. 여기서 national genius를 '민족정신'으로 의역했으나, 원래 수호신의 뜻을 지닌 genius에는 그것에 의해 수호되는 사람이나 토지가 갖는 특질, 재능, 천재성의 뜻이 들어 있다. 그러므로 national genius는 '민족의 수호신, 특질, 재능, 천재성'의 뜻으로도 해석될 수 있다.

족적 언약을 위한 연속적인 운동을 목격했고, 그것은 또한 구약성서의 토대 위에 건설되었으며, 선민의 순화된 교회라는 이상(the ideal of a purified Church of the elect)을 받아들였다. 잉글랜드에서도 크롬웰 치하의 청교도 공화국(the Puritan Commonwealth)의 유산은 잉글랜드인, 나중에는 영국인이 선택되었다는 선교사상이었고, 그것은 나중에 영제국의 역할에까지 영향을 미쳤다. 이것이 섀프츠베리 경과 다른 사람들에 의해 제기된 '민족정신'이라는 개념, 그리고 민족적 성격과 독특성에 대한 광범위한 믿음, 즉 이스라엘의 자손들에 의해 한때 향유된 신적인 것과의 특별한 관계에 대한 현대판 비유적 표현의 문화적 맥락이었다. 그래서 비록 우리가 프랑스혁명기의 프랑스를 민족주의의 첫 번째 사례로 계속 간주하더라도, 우리는 민족주의 이데올로기의 지적 가계(家系)에 대한 우리의 관념 및 그것과 더불어 민족주의 이데올로기는 순수하게 세속적인 성격의 이데올로기라는 우리의 관념을 수정해야만 할 것이다.[27]

그러나 민족주의가 순수하게 세속적인 성격을 갖는다는 논지를 의문시해야 할 더욱더 근본적인 이유가 있으며, 그것은 자신의 정치적 상징, 코드, 제례, 관행을 지닌 일종의 공공문화로서의 민족주의

••

27) 18세기 영국 프로테스탄티즘은 Colley(1992)에서 집중적으로 조명된다. 17세기 잉글랜드의 청교도 민족주의에 대한 좀 더 비판적인 평가에 대해서는, 비록 그가 시민전쟁(Civil War, 소위 영국혁명)에서 그것의 중요성에 대한 한스 콘의 견해를 지지하는 경향이 있기는 하지만, Kumar(2003, 5장)를 보라. 캘빈주의 민족주의의 네덜란드 판본을 뒷받침하는 주장이 Gorski(2000)에 의해 행해졌다. 그리고 구약성서의 아날로지(유추)와 언어가 18세기 프로테스탄트 잉글랜드, 네덜란드, 스웨덴의 공식설교로 영속된다는 것은 Ihalainen(2005)에 의해 주장된다. 얼스터, 남아프리카에서 언약(Covenant)과 출애굽기(Exodus)의 프로테스탄트적 이용에 관해서는 Akenson(1992)을 보라. 아울러 '언약적' 민족주의의 초기 단계에 대한 주장은 A. D. Smith(2007a)를 보라.

의 역할과 관계가 있다. 엄격하게 정치적 교의로 간주된 민족주의는 세속적일 수 있다. 그러나 일단의 반복된 문화적 관행으로 볼 수 있는 민족주의는, 새로운 모습을 한 종교의 한 형태로, 즉 확실히 이 세계에 대한 인간중심적인 종교이고 따라서 세속적이지만 그럼에도 민족을 그것의 배타적인 신으로, 주권 인민을 선민으로 삼고, 성(聖)스러운 민족적 대상 및 상징과 속(俗)된 외국의 이질적 대상 및 상징을 구분하고, 민족의 역사와 운명에 대한 강한 신념 그리고 무엇보다도 그 자신의 민족적 의례와 의식을 지닌 종교로, 보인다. (프랑스혁명기인) 1792년에 선동가들의 청원서가 썼던 것처럼, '조국의 이미지는 그에게 예배드리는 것이 허용되는 유일한 신이다.'[28]

우리는, 이제 막 자신들의 독립 국가를 상실했기 때문에 그들의 민족정신을 잊어버리지 않으려면 민족학교, 축제, 운동경기를 촉진시켜야 한다고 1772년에 폴란드인에게 한 루소의 충고에서 이미 민족적 의례와 의식의 역할에 대한 이러한 주장을 볼 수 있다. 우리는 또한 그것을, 조국(patrie)을 찾아내 널리 알리고 조국을 위한 덕과 영웅적 행위를 목적으로 시민들을 동원하기 위해 파리와 여타 프랑스 도시에서 거대한 축제(fêtes)를 즐겨 조직했던 프랑스혁명기의 루소 추종자들의 성향에서도 발견할 수 있다. 그것은 또한 19세기 유럽 민족주의 운동들에서 번성했던 다양한 합창단, 학생단체, 체조단체에서도 볼 수 있으며, 그것들은 1817년 바르트부르크 성(Wartburg Castle)에서 열린 기념행사*와 같은 정기적인 민중기념행사를 개최하

● ●
28) 세속종교로서의 민족주의에 관해서는 O'Brien(1988a)과 A. D. Smith(2003a, 2장)를 보라. 프랑스의 경우에 대해서는 Bell(2001, 1장)을 보라.

는 데 일조했다. 각 사례에서, 제례는 신자들(believers)—즉 집단적인 자기숭배 행위에 참여했고 기꺼이 민족을 위해 살고 죽겠다고 선언했던 민족 구성원들—의 공동체를 창출하는 데 일조했다.[29]

물론 이러한 '세속종교'는 비록 그것이 전통적인 종교들과 공존하거나 심지어 제휴할 수도 있지만, 전통적인 종교들과는 다르고 동시에 그것들의 반대편에 서 있다. 그것은 '내부 세계 중심적인' 종교, '인민의 종교'이고, 그 숭배의 대상은 죽은 자와 산 자와 아직 태어나지 않은 자를 연결하는 민족의 '신성시되는 교감(sacred communion)'**이다. 세속적이고 정치적인 형태의 종교로서 민족주

••

29) 루소의 충고에 대해서는 Watkins(1953, 159-274)를 보라. 프랑스 대혁명기의 일부 축제의 제례와 의식은 Herbert(1972)에 의해 기술되고, 바르트부르크 성의 의식은 Mosse(1972)에 의해 대중(masses)의 시민종교의 초기형태로 분석된다.

---

* 중세 시대에 건설되었다가 파괴된 바르트부르크 성은 19세기에 체계적으로 복원된 독일 봉건 시대의 유물로 독일 통합과 단결의 상징이었다. 1817년 10월 18일 최초로 개최된 바르트부르크 축제에 독일 부르셴샤프텐(Burschenschaften, 예나에서 조직된 독일 대학생학우회) 회원 약 500명이 참가하여 4년 전 나폴레옹을 격파한 독일의 승리와 종교개혁 300주년을 기념하고, '명예-자유-조국'이라는 구호 아래 독일 통일을 염원했다. 이 사건과 1848년 혁명 시의 이와 유사한 모임들은 독일 통일운동의 시발점으로 간주된다.
** communion은 성찬식을 의미한다. 성찬식이란 그리스도가 최후의 만찬 때 제자들에게 자신을 추억하기 위해 이와 같은 만찬을 앞으로도 계속해서 행하도록 명했던 것에서 유래한다. 그것은 성별(聖別)한 빵과 포도주를 받는 것으로 이루어지는데, 빵은 그리스도의 몸을, 포도주는 그가 흘린 피를 의미하는 까닭에 그것을 먹고 마시는 것은 그리스도와 피와 살을 같이하는 것, 성체배령을 의미한다. 헤겔은 성찬식의 의미를 "불변자가 자기 스스로 자기의 형태를 희생으로서 제출하고 의식의 향유에 맡기는 것"이라고 이해했다. 『종교철학』에서 그는 이러한 비밀스러운 행적을 '그리스도의 생애와 수난과 부활의 영원한 반복'의 의식이라고 하고, 그 의미를 '주관과 절대적 객관의 통일을 개인이 직접적으로 향유하는 것'으로 해석했다.

의는 인민과 시민을 숭배의 주요 대상으로 승격시키고 그들을 그들의 조상의 땅 그리고 그들의 성자와 영웅들의 성지 및 경관과 결부시킨다. 이런 점에서 민족주의는 새롭고 근대적인 것처럼 보인다. 동시에 그것은 전통적 종교들의 많은 모티프, 신앙, 제례를 단지 그 형식에만 의지하는 것이 아니라 족류선택신화(myths of ethnic election), 고토의 신성함(the sanctity of the homeland), 지도자의 메시아적 역할(the messianic role of the leader)과 같은 그 내용의 일부에도 의지한다.[30]

아마 이 세속종교의 가장 분명한 사례는 '그들의 나라를 위해' 전쟁에서 죽은 병사들을 위한 여러 제례와 민족적 추도의식일 것이다. 여기서 종교적 모티프와 세속적-민족적 모티프를 구분하는 것은 어려워진다. 개인적 수준에서, 이 의식은 사적인 슬픔의 의례이자 잔혹한 대학살과 막대한 인명손실의 공식적인 인정일 것이다. 그러나 집단적 수준에서, 그것은 또한 공동체의 운명, 적과 마주한 민족의 트라우마와 생존, 민족의 갱생을 보장하기 위해 되풀이되는 젊은이들의 피의 희생의 엄숙하고 장엄한 회상이다. 희생의 개념은 그것과 함께 갱신과 구원의 희망을 가져오며, 그러한 약속의 상징체계는 종교적인 함축을 띠고 있거나 종교적인 모티프와 예배식을 직접적으로 차용한다. 서구에서 인간의 희생과 부활의 완벽한 본보기였던 것은 십자가의 상징이다. 1, 2차 세계대전에서, 민족의 승리한 운명

..

30) 선민에 관해서는 Hutchinson and Lehmann(1994), Hastings(1999), A. D. Smith (1999c)에 실려 있는 논문들을 보라. 민족주의라는 '세속적' 종교에 대한 더 충실한 논의에 대해서는 A. D. Smith(2003a, 2장)를 보라.

을 구현했던 것은, 각 병사가 각자 자신의 십자가를 들고 있는 버러클리어 마을에 있는 스탠리 스펜서의 거대한 프레스코화인 〈부활〉(1928-32)*에서처럼, 병사 자신들의 부활이었다. 모든 사람의 무덤이자 그 누구의 무덤도 아닌 런던 화이트홀에 있는 전사자 기념비가 죽은 자와 공동체 전체의 부활을 아우르고 있는 것과 똑같이, 그 계단에서 매년 추모식을 재연하는 것은 상실과 죽음과 궁극적인 승리의 약속에 대한 거친 서사를 되짚는다.[31]

물론, 시민종교라는 개념은 새로운 것이 아니다. 우리는 그것을 이미 루소와 토크빌에서 본다. 흔히 잘 인식되지 않고 있는 것은, 믿음체계이면서 일련의 제례행위로서의 민족주의는 시민종교의 한 형태, 아마도 가장 광범위하고 영속적인 형태라는 것과 영웅적 개인과 대중들 양자 모두에 친밀하게 연결된 시민종교라는 것이다. 한편으로, 그것은 민족적 영웅이나 여걸—헤르만, 잔 다르크, 앨프리드 대왕, 빌헬름 텔, 알렉산드르 네브스키—과 그/그녀의 고상한

• •

31) 버러클리어에 있는 스펜서의 〈부활〉에 대해서는 K. Bell(1980, 96-113)을 보라. 화이트홀 세노타프(빈 무덤)와 다른 제1차 세계대전 세노타프의 상징체계는 Winter(1995, 4장)가 분석했다. 전쟁 경험에 대한 숭배의식 그리고 좀 더 일반적으로 죽은 자를 위한 공동묘지의 역할에 대해서는 Mosse(1990)를 보라. '피의 희생'의 개념과 미국 국기의 상징체계는 Marvin and Ingle(1999)에 의해, 미국 민족주의와 공유된 기억에 관한 것은 Grant(2005)에 의해 연구되었다.

────────

* 제1차 세계대전 말에 죽은 샘햄을 기념하기 위해 영국 햄프셔 주 버러클리어(Burghclere) 마을에 세워진 자그마한 교회당('하늘의 궁전')에다 스탠리 스펜서가 제1차 세계대전에서 죽은 군인들을 그린 벽화를 말한다. 이것은 민족주의적 이미지들이 이전의 종교적, 족류공동체적 상징체계에 역사적으로 얼마나 확고하고 새겨져 있는지를 보여주며, 민족적 해방과 족류공동체적 배제의 힘이 얼마나 뿌리 깊은지를 보여준다.

행적을 찬미하고 모방할 공동체의 모델로서 떠받든다. 다른 한편으로, 그것은 대중 속의 인민, 특히 평범한 병사들을 공동체 및 공동체의 운명의 화신으로 승격시킨다. 이것은 민족주의가 영웅적인 개인의 종교이자 동시에 인내심 강한 대중의 종교로 파악되어야 함을 의미한다. 그것은 또한 민족주의가 단순히 다른 정치 이데올로기와 비교되어서는 안 된다는 것을 의미한다. 그것은 언제나 그 이상의 무엇이다. 다른 정치 이데올로기보다 더 깊고, 더 구석구석 배어 있고, 더 어둡고, 모든 것을 더 아우르고, 삶과 죽음이라는 궁극의 문제에 더 적절히 대응한다. 아니 앤더슨이 관찰했듯이, 그것의 '세속적(inner-worldly)' 관심사에도 불구하고, 민족주의는 무엇보다도 다른 종교들과 비교되어야 하는데, 왜냐하면 그것의 후손과 민족의 운명의 개념 속에서 그것은 불멸과 내세라는 전통적인 종교의 관심사들을 그대로 좇아가기 때문이다. 아마도 유일무이하게 민족주의는, 민족의 개인과 대중의 일상적인 세계 속에서 그리고 그 세계를 통해서 집단적 죽음과 민족적 부활의 구원드라마를 보면서, 종교적인 것과 세속적인 것을 결합한다.[32]

∴

32) 개인의 영웅적 행동과 인내심 강한 대중의 종교로서의 민족주의에 대해서는 A. D. Smith(2003a, 9장)를 보라. 종교와 유사한 민족과 민족주의에 관한 그의 성찰에 대해서는 Anderson(1991, 1장과 1999)을 보라. 제1차 세계대전 시 불운한 갈리폴리 상륙에 관한, 보통병사들의 영웅주의에 대한 유사한 개념들은 안작(ANZAC)데이*에, 특히 캔버라의 전쟁기념비에서 거행되는 오스트레일리아의 기념의식에 영향을 주는데,

─────────────

* 원래는 제1차 세계대전 시 갈리폴리에서 오스만 제국과 싸웠던 오스트레일리아와 뉴질랜드 군단(ANZAC)을 기념하기 위해 제정된 국경일이었으나, 모든 전쟁, 분쟁, 평화유지 작전에 복무하거나 죽은 사람들을 기념하는 날로 확대되었다.

다양성과 통일성

민족주의를 민족적 통일성, 자율성, 정체성을 위한 이데올로기 운동일 뿐만 아니라 세속적 형태의 인민의 종교이기도 하다고 기술하느라, 그것의 역사적 형태의 다양성이나 그 운동이 취하는 형태들 사이의 정치적 차이를 축소시킬 생각은 전혀 없다. 조직, 제례, 리더십, (민족주의에 대한) 사회적 집착에는 (적지 않은) 차이가 있다. 특히 좀 더 유기적(organic) 품종의 민족주의와 좀 더 자유의지주의적(voluntarist) 품종의 민족주의 사이에는, 이데올로기적 지향성에 (적지 않은) 차이가 있다. 그리고 우리가 보았듯이, 민족주의자들이 수립하고 홍보하려고 했던 민족이 생성되는 경로로부터 나온 차이—특히 식민주의를 포함한 관료제적 병합과정 때문에 생겨난 민족주의들과 다민족제국에 대항하는 지방토착(어)적 동원의 여러 방식을 통해 등장했던 민족주의들 사이의 차이—도 있다. 그리고 이러한 차이들은 갖가지 민족주의들의 이데올로기적 색깔과 정치적인 정책에 깊은 영향을 미쳤다.[33]

우리는 명시된 공동체의 지정학적 위치, 그것의 역사, 적대와 동맹에 대한 공유된 기억과 같은 더 폭넓은 요인들의 영향도 간과해서는 안 된다. 민족주의 운동이 시작되었던 유럽사와 세계사의 시대가

∵

이에 관해서는 Kapferer(1988)를 보라. 종교의 시민적 형태로서의 민족주의에 대해서는 Mosse(1994)를 보라.

33) 이데올로기적 지향성의 차이는 Hayes(1931), Kohn(1944[1967])과 Plamenatz (1976)에 의해 이미 연구되었다. 문화민족주의와 정치민족주의에 대해서는 특히 Hutchinson(1987)과 Dieckhoff(2005)를 보라. 다른 좀 더 지구적인 유형론은 L. Snyder (1968), Gellner(1983), A. D. Smith(1983, 8-9장)를 보라.

중요했듯이, 민족주의의 목적을 달성하기 위한 기술적 수단도 시대에 따라 달랐고, 민족주의가 자신의 주장을 표현하기 위해 사용한 언어와 개념들도 변화했다. 그러나 아마도 가장 큰 차이는 한 사회의 공공문화의 정치적 전통들—그것의 제례, 의식, 코드, 정치적 상징—과 연결되며, 이것들이 계서제적이고 제국적인, 언약적이고 민중적인, 시민적이고 공화주의적인 에토스를 얼마만큼이나 반영하였는가?이다. 내가 다른 책에서 보여주려고 했듯이, 이 3대 전통은 연속적인 시대에 다양한 역사적 형태의 민족주의를 낳았으며, 그것들의 상호관계는 계속해서 오늘날까지 다양한 민족들과 그것들의 민족주의의 성격에 큰 영향을 미쳤다.[34]

그렇지만 이 모든 차이에도 불구하고, 어니스트 겔너의 관용구를 사용하여, '민족주의 일반'에 대해 말하는 것은 일리가 있다. 사실 따지고 보면, 우리는 민족주의를, 순수한 유형의 가장 중요한 특징들을 다양한 정도와 형태로 예시하고 '핵심교의'의 명제들을 그 지지자들이 다양한 정도와 형태로 신봉하는 다양한 역사적 운동을 포함하고 있는, 독특한 이데올로기적·현실적 현상으로 취급하는 일을 피할 수 없다. 민족주의의 이상형의 가장 중요한 특징들은 단지 자율성, 통일성, 정체성 또는 민족의 독특성이라는 3대 달성목표뿐만 아니라 문화적 다양성, 진정성, 집단적 존엄성, 역사적 고토, 민족적 희생과 민족의 역사와 운명이라는 중심주제들도 포함한다. 비록 강조점은 운동마다 그리고 연속되는 시기마다 다르지만, 우리는 다른

∙∙
34) 정치문화의 세 전통에 대해서는 A. D. Smith(2008a, 4-6장)를 보라. 국제적 시스템의 영향은 Mayall(1990)에 의해 분석된다.

종류의 이데올로기 운동과는 아주 다른 '민족주의' 이데올로기 운동에서 주요 달성목표와 핵심명제들은 물론 여러 기본 주제들과 제례들을 발견하리라고 예상할 수 있다. 그리고 다른 요인들이 동일하다면, 그 운동들이 더 강렬하고 더 광범위하게 전개되면 될수록, 문제가 되는 이데올로기 운동은 그만큼 더 강력하다.

족류-상징주의자들에게, 민족주의의 통일성과 다양성은 마찬가지로 중요하다. 전자(통일성)는 통합된 분야 내에서의 상징적·사회적 차원에 대한 일반화를 그리고 다른 종류의 종교와의 비교를 가능케 하는 '세속종교'의 형태로서 민족주의를 특징짓는 것을 허용한다. 후자(다양성)는, 민족주의 운동들 분야를 가로지르는 비교와 대조를 제안하면서 특정한 민족주의들의 특유한 상징, 가치, 전통, 신화, 제례에 대한 철저한 검토를 부추긴다. 그리고 민족적 경험과 실천의 다양성에 대한 강조 또한 의미와 기억의 역사적 맥락 안에 그 운동을 위치시키게끔 도와준다. 어떤 경우든, 족류-상징적 분석은, 비록 그것이 근대주의적 준거틀에 도전할 때에도, 근대주의적 준거틀을 보충하고 확장한다. 정치고고학, 진정성, 역사적 민족됨, 신앙부흥론과 세속종교와 같은 개념들을 사용함으로써, 족류-상징적 접근방법은 민족들과 민족주의의 주관적이고 정표적인 차원들(the subjective and expressive dimensions)에 우리가 관심을 쏟게 만들고, 행위자들 즉 민족적 엘리트들과 문제가 되는 더 광범위한 인구를 구성하는 다양한 집단들 모두의 동기에 관심을 쏟게 한다. 엘리트 프로젝트와 민중의 민족됨 어느 하나만을 이해하는 열쇠를 찾지 않고, 그것들의 상호작용과 상호관계를 이해하는 열쇠를 찾음으로써, 족류-상징주의자들은 민족주의적 동원 과정과 민족들의 형성

에 그것들(엘리트 프로젝트와 민중의 민족됨)이 기여한 바에서 그것들
이 갖는 적절한 비중을 그것들 각자에게 부여하려고 노력한다.

5

민족들의
영속과 변화

민족주의는 흔히 19세기적 현상으로 여겨진다. 민족들 또한 다수의 사람과 집단에게 과거의 추억거리로 간주된다. 지역적인 것과 지구적인 것의 변증법과 함께, 우리가 진입하고 있는 '포스트-민족' 시대에는 오직 유럽연합(EU)과 같은 대규모 파워블록과 연맹체만이 환경오염, 마약거래, 이민, 테러리즘, 지구적 전염병[에이즈, 메르스, 사스와 같은 바이러스]과 같은 문제에 대처할 수 있으며, 그런 문제들에 대해 민족국가들은 거의 통제할 능력이 없고 그런 문제들에는 국경선이 없는 것으로 간주된다. 더욱이 국가의 국경선 내에서 인구가 점점 더 족류적·문화적으로 뒤섞이면서, 전통적인 민족정체성의 서사(敍事, narrative)는 점차로 잡종화되고 파편화되었다. 민족국가와 그 국가의 엘리트들은 정부의 가치관과 전통적인 신화와 상징을 역설할 수 있지만, 그 국가의 주민을 이루고 있는 다양한 공동체들은 자신의 방식에 따라 행동하고 그들 자신의 문화들과 종교들을 버리지 않는다. 무엇보다도, 자유주의적 개인주의는 민족국가의 정치적 연대의 기반을 무너뜨렸고, 민족국가를 개인의 이익과 선호를 추구하는 복지혜택의 각축장으로 바꾸어놓았다.

여러 면에서, 이러한 발전에 새로운 점은 없다. 지구적 압력과 추세는, 그 이전에는 안 그랬을지 몰라도, 지난 몇 세기 동안 일반적이었다. 매스 커뮤니케이션은 이런 추세들을 가속화하고 확산시켰지만, (『세계의 역사』를 쓴) 윌리엄 맥닐이 증명했듯이, 그것들은 단지 '민족-국가 시대' 이전에 널리 퍼져있던 과정들과 변화들을 재개(再開)한 것에 지나지 않았다. 더욱 중요한 점은 아마 위의 그림이 민족국가에 대한 상당히 신화적인 묘사에 의존하고 있는데, 민족국가는 이민과 전쟁 때문에 사람들이 당연시하거나 일부 민족주의자들이 갈망했던 것만큼 결코 하나로 응집되지도 또 통일되거나 동질적이지도 않았다. 민족국가의 절정기라고 알려진 1900년경의 (민족국가 내의) 정치적 결속을 살펴보아도, 대부분의 민족국가들은 극심한 계급적·종교적·지역적 충돌에 의해 뒤틀려 있었다. 사실, 적절한 질문은 실은 (민족의) 생존에 대한 질문─즉 어떻게 민족국가들은 (다소간에) 온전하게 살아남을 수 있었나, 그리고 이전보다 더 많은 민족국가의 주민들에게 민족국가들은 어떻게 민족국가의 호소력을 유지할 수 있었나? 그리고 민족국가의 지속적인 생존과 발전을 위해 민족국가들은 어떤 물질적·상징적 자원들을 끌어다 쓸 수 있었나?─이다.[1]

∴

1) 사실 소수의 민족국가들만이 온전하게 살아남았다. 일반적으로 오랫동안 인정을 받아온 잉글랜드, 스코틀랜드, 네덜란드, 프랑스, 스페인, 덴마크, 스웨덴, 러시아, 1918년에 복구된 폴란드에 관해서는 Seton-Watson(1977)을 보라. 그러나 논의가 되고 있는 시기에, 그것들은 민족국가의 세계적 리더이자 선두주자였다. 지구적 추세에

물질자원(material resources)은 잘 알려져 있고 민족주의 관련 서적에서 자주 문제가 된다. 근대주의자들은 민족국가의 산업적 하부구조, 재정자원, 정치제도, 군사조직의 중요성을 강조한다. 여기서 강조점은 **국가**-건설이라는 요소에 주어지고, 민족공동체는 부수적 지위에 놓인 종속적인 존재에 지나지 않게 된다. 근대주의자들과는 달리, 족류-상징주의자들에게 중심무대를 차지해야 하는 것은 **민족**이라는 공동체이고, 그 결과, 그들에게는 (물질자원보다는) 상징자원이 훨씬 더 큰 관심의 대상이 된다. 이것은 민족들이 물질자원, 특히 교육기관들과 문화기관들을 필요로 하지 않는다고 말하려는 것이 아니다. 그러나 민족의 물질자원은 그것들의 상징적 차원 및 목표와 분리되기 어렵고, 그래서 나는 이러한 기관들의 몇 가지 측면을 살펴보는 것으로 시작하겠지만, 논의는 모르는 사이에 민족들의 좀 더 심원한 상징자원과 문화자원에 대한 성찰로 옮아갈 것이다.

언어와 공공기관[*]

민족주의에 대한 근대주의 이론 가운데 가장 영향력이 큰 두 이론은 (민족주의의) 문화자원에 초점을 맞추었다. 교육 시스템은 어니스트 겔너 이론의 핵심이다. 그것이 이전에 행해졌던 종류의 교육과

••
관해서는 McNeil(1986)과 Hutchinson(2005, 1장)을 보라. 계급과 민족의 밀접한 관계에 대해서는 Mann(1993, 7장)을 보라. 소위 '지구문화'에 대한 비판에 대해서는 A. D. Smith(1995, 1장)를 보라.

구별되고, 민족들과 민족주의를 발생시키는 데 매우 효과적인 이유는 근대교육의 표준화된 성격과 대중적인 성격, 그리고 근대교육이 체계적이고 학교의 감독을 받는다는 사실에서 나온다. 대중의 문해에 대한 근대사회의 요구로 인해 언어가 한 사회의 실질적인 경계선을 결정하는 것과 마찬가지로, 대중교육의 필요성은 민족들에게 큰 규모가 될 수밖에 없게 만든다. 언어는 (겔너의 이론뿐만 아니라) 또한 베네딕트 앤더슨의 이론의 핵심이기도 하다. 앤더슨에게 민족들은 근본적으로 경계가 있는 인쇄 공동체들이고, '인쇄 자본주의'를 통한 문헌의 보급은 인쇄된 책과 나중에는 신문에 의해 보급된 언어의 표준화를 반드시 필요한 일로 만들었다. 이 과정은 개인과 집단에 의한 성경읽기를 주장하는 프로테스탄티즘의 도래에 의해, 그리고 단일한 표준어를 통한 효율적인 영토적 권력에 대한 군주와 관료들의 행정적 요구에 의해, 16세기 유럽에서 크게 부추겨졌다. 이 두 가지 발전은 모두 내적 화합에 대한 인식을 지닌 영토화된(즉, 국경선 내의 상당히 큰 토지를 하나로 통일된 조상의 땅으로 여기고 거기에 애착을 느끼는) 언어공동체들을 단조(鍛造)하는 데 도움을 주었다.[2]

이 두 이론(겔너의 이론과 앤더슨의 이론)은 언어공동체로서의 민족

..

2) 그의 일반이론에 대해서는 Gellner(1983)를 보라. 일반 및 전문 교육의 역할에 대한 그의 이론은 Gellner(1973)에 개진되어 있다. '인쇄 자본주의'의 역할에 대해서는 Anderson(1993, 1~3장)을 보라.

---

* public institutions를 '공공기관'으로 옮겼다. 일반적으로 공공기관은 개인의 이익이 아닌 공적 이익을 목적으로 하는 기관으로 국가와 지자체의 관공서, 공기업, 그리고 준정부기관까지 포함하지만 이 책에서의 public institutions는 주로 교육기관이나 학교기관, 그리고 공공박물관, 도서관, 미술관 등을 가리킨다.

이라는 헤르더의 개념을 출발점으로 삼는다. 헤르더가 고전적 19세기 민족주의의 본거지인 문헌학(philology)과 사전학(lexicography)이 동유럽 민족주의의 발흥에서 갖는 중요성을 감안할 때, 이것은 별로 놀라운 일이 아니다. 그러나 두 이론가에게 언어와 문화의 역할은 대체로 (겔너에게는) 대중교육, (앤더슨에게는) 인쇄 공동체에서 각각 문화와 언어가 사용되는 것에 의해 결정된다. 비록 그가 그것들이 생겨나게 만든 상상의 공동체(민족)의 사회학적 내용을 확고히 하기 위해 문학텍스트들을 살펴보기는 하지만, 앤더슨조차도 그 문학텍스트의 내용을 도시적 근대성의 도래와 탄탄하게 결부시키지, 자율성이나 주권 독립을 위해 같은 민족에 속하는 사람들을 통일하고 동원하려고 하는 민족주의자들이 민족에 대해 어떠한 비전이나 자결(自決)의 이데올로기를 갖고 있었는지 묻지 않는다. (이와 같이) 언어와 문화는 공동체들을 고정시키고 공동체의 경계를 표시하는 일에 기여하지 그들의 민족됨의 내용의 모양과 색깔을 결정하지 않는다.

그런데 언어와 지방 사투리의 유동성(流動性, fluidity), 그리고 특정한 주민의 언어선택에 영향을 주는 여러 요인을 감안할 때, 언어적 구분에 그 정도로 큰 비중을 갖다 붙일 수 있는지는 의심스럽다. 우리는 이와 같은 한계(즉, 겔너와 앤더슨이 언어에 지나치게 큰 비중을 부여함으로써 생겨난 그들의 민족주의 이론의 한계)를 영어를 모국어로 하는 나라들과 아랍 세계*에서 보는데, 그곳에서 공동의 언어는 큰 지역과 대륙에 걸쳐 사는 서로 다른 역사를 지닌 주민들을 정치적으로 통합하기에 불충분했다. 존 암스트롱이 지적하듯이, 유럽에서는 슬라브어, 게르만어, 라틴어 사용집단들 사이의 '단층선(뚜렷한 구분선)'

에도 불구하고, 한 민족의 언어선택은 종교적·정치적 요인들에 의해 좌우된다. 이것은 언어와 그 이디엄이 중요성이 거의 없다고 말하려는 것이 아니라 차라리 언어는 이방인과의 차이에 대한 인식과 함께 한 주민 구성원들 사이의 친분과 교감을 만들어내는 문화적 총체(cultural ensemble)의 (전체가 아닌) 일부로 취급되어야 한다고 말하려는 것이다.[3]

비슷한(즉, 언어는 헤르더가 민족을 언어공동체로 정의할 만큼 중요하지만, 언어가 곧 민족은 아니며, 언어를 문화적 총체의 일부로 보아야 한다는) 숙고(熟考)가 민족들의 발흥에 아주 흔히 수반되는(즉, 어떤 민족이 제대로 된 민족으로 커나가는 데 꼭 필요한) 다양한 종류의 교육기관과 학교기관—도서관, 박물관, 대학—에도 적용된다. 근대주의자들은 대개 문화시설들의 사회화 효과와 그런 시설들이 민족들에게 부여하는 연속성을 강조한다. 그러나 마찬가지로 중요한 것은

3) 언어와 사투리의 유동성에 관해서는 Haugen(1966)과 Fishman(1972)을 보라. 유럽의 언어적 '단층선'의 역할에 대해서는 Armstrong(1972)을 보라. Leersen(2006, 특히 Appendix)은 언어 특히 언어학(philology, 단어의 발달사)의 역할을 연구한 반면, Laitin(2007, 2장)은 종합적 선택(coordinated choice)으로서의 민족정체성 이론을, 그리고 종합적 선택의 가장 분명한 지표인 언어의 채택을 'tipping game'(여러 사항들을 두루 고려하여 언어를 최종 선택하고 따라서 언어가 tipping point가 된다는 의미)'으로, 제시한다. 깊은 역사적·정치적 분열에도 불구하고 범(凡)아랍 정체성 의식을 제공하는 데 아랍어가 한 역할에 대해서는 Suleiman(2003)을 보라. 이 모든 설명은 상당한 정도로 문화적 다양성과 민족정체성의 열쇠로서의 언어에 대한 헤르더의 기본전제로부터 도출해낸 것이다.

＊ 아랍 세계(the Arab world)는 아랍어를 주로 쓰는 지역을 뜻한다. 아프리카 북서쪽 해안부터 아라비아 반도까지 이어지며 총 24개국으로 이루어져 있다. 전체 인구는 약 3억 2500만 명이고 경제규모는 1조 달러를 능가하고 매해 5퍼센트씩 성장한다. 아랍 세계는 무슬림 세계의 5분의 2를 차지한다.

민족의 서사, 이미지, 도덕을 창출하는 데에서 문화시설들이 하는 역할, 거기에다가 민족 구성원들을 통일하고 이방인과 구별하게 해주는 문화적 네트워크의 일부로서 문화시설들이 하는 역할이다. 이것은 민족의 공공박물관들이, 대개는 개인 수집품에서 시작되지만 그 후에는 국가의 후견과 미학적 또는 역사적 기준에 따라 공공박물관으로 발전해온 방식에 의해 분명하게 설명된다. 어느 경우든, 그 판단 기준은 대체로 민족적이다. 전시되는 물건과 유물은, 구체적으로 독특한 문명들에 의해서건 아니면 그림, 조각, 건축의 민족 학파들(national schools)*에 의해서건 간에, 민족과 그것의 위대한 선조들의 이야기를 전달하기 위한 방식으로 배치된다. 그것들이 소장되어 있는 건물조차도, 고전 양식이건 고딕 양식이건 간에, 최근까지 민족적인 변조(變造)와 표제(表題)를 갖고 있었다.[4]

근대주의자들은 물론 문화시설들의 민족적 목적과 용도는 근대 민족주의 이데올로기가 구체적인 표현방식으로 변형된 또 다른 예였다고 주장할 것이다. 예컨대 잉글랜드, 프랑스, 스페인의 공공미술관들은 계몽주의 시대에 백과사전적 목적과 용도를 위해 설립되

:•

4) 박물관의 역사적 발전에 대해서는 Boswell and Evans(1999, 3부)를 보라. 특히 흥미로운 예는 멕시코의 인류학 민족박물관인데, 이에 관해서는 Florescano(1993)를 보라. 19세기 초 프랑스, 스페인, 잉글랜드의 민족정체성 인식과 국립미술관(state galleries)의 관계에 대해서는 Tomlinson(2003)을 보라.

———

* William Blake, John Constable, Thomas Gainsborough, William Hogarth, L. S. Lowry, Paul Nash, Samuel Palmer, Stanley Spencer, J. M. W. Turner, Arthur Lowe 를 잉글랜드학파의 유명 예술가들(Noted artists of the English school)이라고 하고, 르네상스 초기에서 바로크 시대에 이르는 네덜란드 화가들을 the Dutch School이라고 하는 것으로 보아, national schools는 여러 나라의 학파들을 말하는 것 같다.

었고, 단지 나폴레옹 전쟁 이후에 가서야 '민족' 미술관들('national' galleries)이 되었고, '민족학파들(national schools)'을 집중 조명하기 위한 그것들의 그림 선택도 마찬가지로 근대적이었다는 것이다. 그러나 이것은 이야기의 일부일 뿐이다. 여러 공공박물관, 도서관, 미술관의 **내용물들**이 그 민족의 '기원'이나 흔히 주장되는 그 민족의 발전 '이전 시대'가 있었음을 보여준다는 점에서 그것들은 사실 따지고 보면 민족적 관점의 정수를 보여주는 완벽한 본보기다. 그리고 이러한 민족적 관점들은 결과적으로 민중의 의식 속에다 근대 민족의 아주 중요한 상징물들을 형성해놓았다. '진정한(authentic)' 상징물*에 대한 탐구가 (유럽에서) 18세기 말과 19세기의 중차대한 관심사였다는 것은 분명하다. 그러나 민족을 구현하는 것으로 평가되었던 유물들은 그것들의 양식이나 출처나 제작연대에 의해 제한되었고, 일반적으로 전근대적이었으며, 문화적으로 대체 불가능했다. 더욱 중요한 점은, 그리스의 (1876년 슐리만에 의해 발굴된) 아가멤논의 황금 마스크, (아일랜드 초대 교회의 보물로 1868년에 발굴된 8세기의 금속

---

* 이 책 제4장 첫 부분에서 스미스는 '진정성'을 "성원들의 일부에 의한, 유일무이한 기원, 역사, 문화 속에서 민족공동체의 '참된 본성'과 그것의 존재에 대한 인식의 재발견"이라고 정의했다. 그런 다음 스미스는 "진정성은 그 무엇보다도 시골사람들과 그들의 예술, 관습, 습속에 구현된 '인민'—즉 민족주의자들에게는 민족의 '본질'을 구현하고 그들로 하여금 엘리트들과 더 큰 인구의 다양한 부분들을 하나로 묶을 수 있게 해주는 인민—의 기억, 상징, 신화, 전통들을 전면에 내세우면서 숭배하는 것이었다"고 말한다. 요컨대 18세기 중엽에 생겨난 진정성에 대한 숭배란 한마디로 민족정체성을 확립하기 위해 인민의 기억, 상징, 신화, 전통을 매우 중요시하고 특별하게 여기는 태도라고 할 수 있다. 그러므로 "'진정한(authentic)' 상징물에 대한 탐구가 18세기 말과 19세기의 중차대한 관심사였다는 것은 분명하다."는 문장은 '18세기 말과 19세기에 박물관, 도서관, 미술관과 같은 문화시설이 정체성을 확립하기 위해 진정성을 추구하는 과정에서 아주 중요한 역할을 했다'는 의미로 이해된다.

공예품인) 아일랜드의 (박물관에 전시된) 아다 성배(Ardagh Chalice), (1797년 한 농민이 발견한 청동호른인) 덴마크의 러르*와 '황금뿔'**, 스코틀랜드의 (1320년의) 독립선언서와 같은 핵심적 유물들은, 그들 자신의 관심사가 그 민족의 '본질'을 구현하게 된 유물의 선택에 영향을 미친 것 못지않게 그들의 민족의 성격과 역사에 대한 사람들의 이미지를 만들어내는 데 도움을 주었다는 사실이다.[5]

지식인의 역할

민족의 범주를 제시하고 그것의 형태와 에토스를 상세히 기술하는 일에서 매우 영향력이 컸던 지식인과 예술가들의 역할에서 (민족의) 과거와 현재에 대한 (앞에서 말한 것과) 동일한 관계를 볼 수 있다. 나

∶∶

5) 아가멤논의 마스크에 관해서는 Gere(2007)의 매력적인 연구를 보라. 그리고 아다 성배와 아일랜드의 예술적 부활에 대해서는 Sheehy(1980)를 보라. 덴마크의 러르와 '황금뿔'은 Sorendon(1996)에서 예시되고 논해진다. 그리고 아브로스의 선언문은 Duncan(1970)에 복사되어 있고, 논해진다. 아울러 Cowan(2003)을 보라. '진정한' 루마니아 건축에 대한 추구는 Carmen-Elena Popescu(2003)에 의해 논의되고, 국제전시회에서 헝가리의 자기표상은 Terri Switzer(2003)에 의해 논해진다. 아울러 19세기 스위스의 자아상(自我像)에 관해서는 Hirsh(2003)를 보라.

---

* Lurs, 고대 스칸디나비아의 기다란 호른 모양의 관악기. 나무와 청동기로 만들어졌고, 1.5-2m의 크기로 오래된 것은 청동기 시대의 것으로 추정된다. 주로 노르웨이, 덴마크, 남스웨덴, 북독일에서 발견된다.
** Golden Horns, 갈레후스(Gallehus)에서 발굴된 순금으로 만들어진 크기가 다른 2개의 황금뿔 모양의 장식품으로, 5세기 초의 것으로 추정된다. 덴마크의 대표적 유물로 복제품이 덴마크 민족박물관 등 여러 곳에 전시되어 있다.

는 민족주의 운동에서 인텔리겐치아의 역할에 대한 논쟁을 이미 살펴 보았는데, 거의 동일한 견해와 주장이 민족의 개념과 이미지를 창조 한 훨씬 더 작은 집단에 대한 논의에서도 발견된다. 그런데 내가 보기에, 아주 많은 민족주의 운동이 철학자, 시인, 문헌학자, 역사가들의 작은 서클에서 시작되었고 아주 많은 그들의 사상이 작가, 예술가, 음악가들에 의해 가시적 형태(tangible form)를 갖게 된 것과 같이, 민족주의 이데올로기들을 발전시키는 데 지식인과 예술가들이 (민족의 장래를 위해) 중요한 역할을 한 경우가 훨씬 더 많다. 이들은 기존의 족류 상징물, 기억, 신화, 가치, 전통을 재발견하고, 가려 뽑고, 재해석했고, 이러한 요소들로부터 민족의 서사를 만들어냈던 남녀들이었다.[6]

이러한 지식인들을 엄밀히 근대적 계층을 형성하고, 민족과 나란히(*pari passu*) 발전하고, 따라서 고대와 중세의 전통사회에서 성직자와 서기(書記) 카스트가 하던 일을 근대에 하는 사람들로 간주하는 것이 관례다. 그러나 이것은 고대 세계의 시인, 철학자, 소피스트, 웅변가들뿐만 아니라 르네상스 휴머니스트들의 독자적인 공헌을 무시하는 것일 뿐만 아니라, 그들의 특징적 '민족' 활동과 '민족적' 과거에 관한 수많은 근대 지식인들의 태도와 세계관을 형성해왔던 그

∙∙

6) Leersen(2006)에게, 문헌학자들과 사전편찬자들은 특히 독일과 동유럽에서 민족정체성 인식의 형성에 중대한 역할을 했다. 그는 특히 야코프 그림의 저서를 인용한다 (112~24, 146~52, 179~85를 보라). 그러나 마찬가지로 탄탄한 논거는 랑케와 미슐레로부터 (체코의 역사기인) 팔라츠키와 (그리스 근대 역사학의 창시자인) 파파리고풀로스에 이르는 민족(주의) 역사가들의 연구에서도 찾을 수 있다. 시인들도 어떤 경우에, 특히 아일랜드의 예이츠와 이스라엘의 비알리크처럼 그들의 동시대인들의 민족적 염원을 표현하는 데 일조한다. 이에 관해서는 Hutchinson and Aberbach(1999)를 보라. 그리고 보다 일반적으로는 Hutchinson(1994와 2005)을 보라.

들의 창조적이고 비판적인 역할의 오래된 전통을 무시하는 것이기도 한다. 물론, 많은 경우, 민족 프로젝트에 참여했던 것은 단지 소수의 지식인과 예술가들뿐이었다. 그러나 상대적으로 비정치적이었던 사람들 중에서도, 민족과 '민족들의 세계'라는 개념은, 단지 그들의 언어와 문화를 수용하는 청중의 입장에서 보면, 그들의 철학적·미학적 세계관을 형성하는 데 큰 몫을 담당했다. 우리는 워즈워스와 실러 같은 이들의 18세기 말 19세기의 시, 그리고 이미 모차르트의 〈마적〉(1791)에서는 아닐지라도, 베토벤, 슈베르트, 카를 마리아 폰 베버의 일부 작품, 즉 낭만적인 독일의 영향이 느껴지는, 특히 성악에서 이런 현상을 볼 수 있다. 비록 보다 단호한 '민족적' 주제와 모티프에 대한 추구가 클래식 음악에서 유행하게 되었던 것은 한 세대 다음에 가서이기는 하지만 말이다. 그러나 그것들이 사용된 정치적 용도가 결정적으로 근대적이었던 반면, 민족관념의 문화적 내용의 일부는 더 오래된 엘리트나 민간의 전통으로부터 도출되었다. 민족주의 지식인들에게, 그것은 이러한 전통, 상징, 신화, 기억으로부터 민족에게 '진정성을 부여'할 수 있었던 것들을, 즉 나중에 첨가된 부착물들이 제거된 그것의 '참된 본질'을 드러낼 수 있었던 것들을, 선발해내는 문제가 되었다. 르두(Ledoux)와 로기에(Laugier) 같은 18세기 말의 건축가들이 소옥(小屋)과 상인방(上引榜)의 원시적 단순성으로 되돌아가려고 했던 것처럼, 민족주의 시인, 화가, 음악가들은 민족의 자연스럽고 '진정한' 기원을 구현한다고 느껴지는 새로운 표현의 단순성을 동경했다. 그런 이유 때문에, 궁정과 도시생활의 인위성 및 경박성과 대조되는 민족의 마르지 않는 원천의 울림을 그대로 들려줄 수 있는 민중적 형태와 모티프에 대한 탐구가 행해졌다.[7]

음악과 시각예술

　사람들은 보통 휴머니스트 지식인들—사전학자, 문헌학자, 철학자, 시인, 역사가들—의 역할에 관심의 초점을 맞춰왔다. 민족관념의 광범위한 확산과 그것의 실현과 재해석에 있어서 (휴머니스트 지식인들) 못지않게 중요한 것은 추상적 개념을 가시적 형태로 바꿈으로써 민족이라는 관념에 쉽게 알아볼 수 있는 '실체(substance)'나 '신체(body)'를 부여하는 일에서 다양한 종류의 예술가들이 담당한 역할이었다. 19세기 초부터, 중부와 동부 유럽에서 급성장한 민족주의는 작곡가와 음악가들의 상상력을 뒤흔들기 시작했고, 이들은 민족적 소속감(national belonging, 민족적 일체성)의 다양한 주제와 측면을 표현하기 위한 새로운 음악적 형태를 추구했다. 피아노 음악에서 쇼팽은 팽창하던 새로운 형태의 발라드, 왈츠, 녹턴뿐만 아니라 (궁정의식에서 사용되던) 폴로네즈와 (민속춤에서 유래된) 마주르카와 같은 폴란드 엘리트 및 민속댄스의 리듬과 장르의 일부를 자기 자신의 용어로 번역했다. 오페라에서 카를 마리아 폰 베버와 훗날의 바그너와 베르디는 고대의 영웅적 행위와 자연의 어두운 힘을 표현하기 위해, 흔히 마술적·초현실적·낭만적인 중세의 에피소드와 전설을 찾아냈다. 이러한 장면들은 작곡가의 민족과 자연과 그 민족의 전통에 국한되지 않았다. 동일한 에너지와 신비는 다른 인민들에 대한 고대의

••

7) 건축형식의 신고전적 단순화에 대해서는 Rosenblum(1967, 3장)을 보라. 독일과 오스트리아의 초기 낭만주의 음악에 대해서는 Whittall(1987, 2장)을 보라. '신-고전주의'와 초기 '낭만주의' 예술의 해석은 A. D. Smith(1976b)에서 논해진다.

전설을 통해서 전달될 수 있었다. 그래서 베르디는 제노아의 지도자인 〈시몬 보카네그라〉의 승리와 비극, 베니스의 무어인 〈오셀로〉의 질투심과 함께, 〈아이다〉에서 고대 이집트인들의 잃어버린 사랑과 애국심, 〈나부코〉에서 바빌로니아의 유대인 포로들의 잃어버린 사랑과 애국심을 묘사했고, 바그너 역시 〈니벨룽겐의 반지〉의 아이슬란드와 게르만의 영웅 전설을, 그리고 〈트리스탄과 이졸데〉에 나오는 켈트 브리통 전설을 소상히 알고 있었다.[8]

로버트 로센블럼*이 18세기 말의 예술가들에게 적용했던 용어를 사용하자면, 이와 유사한 '역사적 유동성(historical mobility)'이 아주 낭만적인 음악 형태인 교향곡이나 교향시의 작곡가들에게서 발견된다. 베를리오즈의 〈환상 교향곡〉, 멘델스존의 〈한여름 밤의 꿈〉과 베토벤의 〈전원 교향곡〉이 선구자이기는 하지만, 그것은 시 텍스트의 정신을 비교적 자유로운 음악적 개념들로 번역하려고 했던 본질

••

8) 쇼팽의 민족 낭만주의는 Whittall(1987, 6장)에서 간단하게 논해진다. 베르디와 바그너의 민족 오페라 간의 대조에 대해서는 Arblater(1992, 4-5장), Rosselli(2001), Whittall(1987, 7-8장)과 Einstein(1947, 16장)을 보라. 북유럽 신화, 그것들의 근대적 수용, 바그너에 의한 재작업에 대한 매력적인 설명에 대해서는 O'Donoghue(2006, 6-7장, 특히 132-45)를 보라.

_____

* Robert Rosenblum(1927-2006). 18세기 중엽부터 20세기에 이르는 유럽과 미국의 예술에 관한 역사연구로 유명한 미국의 큐레이터이자 미국 뉴욕 대학 근대유럽예술 석좌교수(professor of Modern European art)이다. 18-9세기 프랑스 미술사로 두각을 나타낸 그는 자신의 저서 *Transformations in Late 18th-Century Art*(1967)에서 모더니즘은 19세기 말 20세기 초에 시작된 것이 아니라 18세기 프랑스로 소급되는 복잡한 현상이라고 주장했다. 프랑스 화가 Adolphe-William Bouguereau와 같은 망각된 예술가들을 발굴하여 재해석한 것으로도 유명하다. 2003년 프랑스 정부로부터 프랑스미술사 연구에 기여한 공로로 레지옹도뇌르(Legion d'honneur) 기사훈장을 받았다.

적으로 새로운 형태였다. 그 음악 형태의 위대한 선구자는 프란츠 리스트였지만, 그 유행은 여러 나라, 즉 드보르자크의 〈정오의 마녀〉와 스메타나의 애국심을 불러일으키는 〈나의 조국〉과 함께 보헤미아로, 차이콥스키의 〈로미오와 줄리엣〉, 림스키코르사코프의 동양적인 〈셰에라자드〉와 함께 러시아로, 시벨리우스의 어둡고 신비로운 〈투오넬라의 백조〉 및 그의 음산한 〈타피올라〉*와 함께 핀란드로, 엘가의 연극적인 〈팔스타프〉**와 함께 잉글랜드로 퍼져나갔다. 낭만주의 운동 자체처럼, 교향시는 민족감정의 표현, 특히 유일무이한 민족적 경관과 민족적-역사적 영웅드라마의 묘사에 아주 적합했던 것 같다. 시벨리우스의 교향시는 이 양자 모두의 생생한 예다. 한편으로, 〈레민카이넨의 전설〉이라는 4개의 모음곡은 핀란드의 서사시인 〈칼레발라〉에서 이야기하고 있는 핀란드 영웅의 삶과 특이한 경험들의 연속적 에피소드의 시적 분위기를 제공한다. 반면, 〈타피올라〉와 같은 교향시는 시벨리우스가 자신의 악보의 맨 앞에 인용해놓은 〈칼레발라〉의 시구절이 보여주고 있는 핀란드 숲 경관의 신비와 공포를 상기시킨다.

---

* Tapiola, 핀란드 신화, 특히 핀란드 민족 서사시인 〈칼레발라〉에 등장하는 숲의 신 Tapio에서 유래한 용어. 시벨리우스가 8번째 교향곡으로 의뢰받은 곡의 제목이 〈타피올라〉였으며, 이 작품에서 시벨리우스는 사람의 때가 묻지 않은 대자연의 가혹함과 장엄함을 그려냈다.

** Falstaff, 셰익스피어의 희곡 3편(Henry IV Part 1, Henry IV Part 2, The Merry Wives of Windsor)에 등장하는 가공의 인물로, 뚱뚱하고 비겁한 허풍쟁이로 그려지지만, 당시 관객에게 대단히 인기가 있던 민중을 대변하는 인물이다. 엘가는 1913년에 〈팔스타프〉라는 교향시를 작곡했다.

넓게 펼쳐진 채 서 있구나, 북쪽 땅의 어둑한 숲이여
태곳적의 신비함과 수심에 잠긴 거친 꿈들이여
거기에는 숲의 전능한 신이 머무르고 있다.
그리고 그늘 속의 나무요정들은 마법의 비밀들을 엮어간다.

　이 두 작품을 함께 놓고 볼 때, 시벨리우스의 교향시는 핀란드 민족이라는 비교적 새로운 개념에, 먼 과거에 영웅적인 고대가 있었다는 인식과 '핀란드 민족의' 고토가 사람의 손이 닿지 않고 깊이 생각하는 자연(the wild and brooding nature)에 뿌리박고 있다는 인식을 심어주는 기능을 했다.[9]

　이 동일한 민족감정은 베버의 〈마탄의 사수〉로부터 스메타나의 〈팔려간 신부〉와 보로딘의 〈이고르 공〉에 이르는 다양한 오페라에서 고조된 감정표현과 극적인 감정의 발산을 발견했다. 이 점에서 아마 가장 강력하고 일관된 인물은 모데스트 무소륵스키였는데, 그의 역사드라마 〈보리스 고두노프〉(1868-72)[*]와 〈호반시치나〉(1872-80)[**]는 각각 16세기 말과 17세기 러시아의 군주들과 특권귀

••

9) 음악–문학 형식으로서의 교향시는 Whittall[1987, 리스트는 7장, 여러 민족(주의) 작곡가들은 10장]에서 논해진다. 또 차이콥스키와 림스키코르사코프에 관해서는 Maes(2003, 7-8장)을 보라. 시벨리우스의 교향시에 대해서는 James(1983, 3장, 타피올라 악보의 맨 앞에 있는 시는 111쪽을 보라)를 보라. 잉글랜드 르네상스와 엘가에 대해서는 D. Martin(2007)을 보라.

* 무소륵스키가 완성한 유일한 오페라 〈보리스 고두노프〉는 알렉산더 푸시킨의 동명의 작품과 러시아 민족의 역사를 12권으로 써낸 니콜라이 카람진의 『러시아 제국사』에 기초하여, 러시아의 차르였던 보리스 고두노프(1577-1605)의 일대기를 그린 작품이다.

족들의 행적과 충돌을 묘사했지만, 그것의 주된 성취는 영웅적인 민족적 역사 드라마의 중심 '인물'로서의 러시아 인민의 희망, 두려움, 고통을 보여준 것이었다. 〈호반시치나〉에서, 스트렐치 친위대[***]의 비참한 운명 그리고 다양한 책략을 꾸미는 귀족들의 망명 및 죽음과 대비되는 대주교 도시테우스가 이끄는 러시아정교회 분리파교도들(Old Believers)의 정신적 염원과 희생에 대한 무소륵스키의 묘사에서, 무소륵스키는, 대(大)귀족 가문들과 어린 차르 피터 사이의 격렬한 투쟁의 불가피한 희생물이 되었던 고통을 겪고 있는 러시아 민족의 본질적인 선함이라고 그가 보았던 것을 집중 조명하면서, 피터 대제 치세의 초창기와 그 이전 시기에 일어났던 실제로는 서로 아무 상관 없는 일련의 사건들에다 민족적 연속성에 대한 인식과 시적 의미를 부여한다.[10]

••

10) 무소륵스키의 〈호반시치나〉와 〈보리스 고두노프〉는 Maes(2003, 6장)에 의해 자세히 분석된다. 아울러 Emerson(1998, 4장)을 보라. 러시아의 역사 드라마는 프로코피에프의 작품(그의 〈전쟁과 평화〉)과 영화, 세르게이 아이젠슈타인 감독의, 특히 프로코피에프의 악보가 달려 있는 〈알렉산드르 네프스키〉(1938)와 〈폭군 이반, 1, 2부〉(1942, 1946)로 다음 세기에 계속된다. 이에 관해서는 Eisenstein(1989)과 Leyda(1974)를 보라. 아울러 Taylor(1998)와 A. D. Smith(200b)를 보라.

———————————

** 전 5막의 음악극. 대본은 무소륵스키와 블리디미르 바실리예비치 스타소프(Vladimir Vasilievich Stasov)가 공동으로 썼다. 무소륵스키가 1880년경 거의 대부분을 작곡했으나 미처 완성하지 못한 것을 림스키코르사코프가 완성하여 1886년에 초연했다. 이를 라벨(Ravel)이 1913년에 수정해 같은 제복으로 발표했으며, 1960년에는 쇼스타코비치가 또 다른 수정본을 썼다. '호반시치나의 봉기'로도 불린다.
*** 스트렐치(Стрельцы, Streltsy)는 '사격수'란 의미로 16세기부터 18세기까지 존재했던 러시아의 친위대다. 이들은 기본적으로 머스켓과 같은 화약무기로 무장했다. 일반적으로 '사격 부대'로 알려져 있기도 하다.

우리는 거의 한 세기 전의 화가와 조각가들의 작품에서 이와 유사한 영웅적 행위, 희생, 민족적 뿌리내림의 주제들을 추적할 수 있다. 이미 17세기 네덜란드와 덴마크에서, 고대나 중세의 민족적 에피소드에 관한 그림을 그려달라는 주문이 덴마크의 크리스티안 4세*나 암스테르담의 섭정들과 같은 과두 지배자들에 의해 이루어졌다. 암스테르담 시청을 위해 그린 렘브란트의 〈클라우디우스 키빌리스의 음모〉(1661)**는 불운하지만, 잘 알려진 예다. 그러나 좀 더 엄격한 유형의 '역사화'가 특히 프랑스와 영국에서 번성했던 것은 18세기 중엽에서 말엽까지였다. 런던과 파리의 왕립아카데미, 왕립미술협회, 살롱의 벽들 가운데 가장 눈에 잘 띄는 자리는 덕성, 용기, 희생의 행위를 표현한 역사화 및 종교화에게 주어졌다. 18세기가 진행되면서, 이것들은 점점 교훈적인 분위기를 갖게 되었던바, 찬양을 자극하고 모방을 조장하기 위해 디자인된 영웅적인 덕성의 본보기(*exempla virtutis*, 도덕적 교훈)가 되었다. (그림이나 조각 작품의) 주제들은 흔히 리비우스와 플루타르크***와 같은 그리스와 로마의 작가

---

* 크리스티안 4세(Christian IV, 1577-1648, 재위 1588-1648), 덴마크 왕 겸 노르웨이 왕으로서 신분제 의회를 정비하여 귀족 세력을 눌렀으며 상공업을 진흥시키고 광산을 개발했다. 또한 동인도 회사를 설립하는 등 중상주의 정책을 썼다. 많은 개혁과 프로젝트를 수행함으로써 덴마크의 안정과 부를 획기적으로 증진시켰으며, 전형적인 르네상스 군주로서 유럽 전역의 여러 예술가들을 고용했다.
** 렘브란트의 이 작품은 타키투스의 『역사』에 묘사된 애꾸눈 대장인 Claudius Civilis(타키투스는 Gaius Julius Civilis라고 기록했음)가 주도한 바타비아인의 반란(AD 69-70)을 주제로 한 역사화다. 암스테르담 시(市)가 시청사 2층에 걸기 위해 주문한 이 그림은 원래는 약 5m×5m 크기의 대작이었으나 렘브란트에게 반환되었고, 렘브란트는 이를 대폭 축소해 그림을 완성했다.
*** 『플루타르크 영웅전』으로 유명한 로마의 전기 작가. 이 작품의 원제명은 『대비 열전(對比列傳)』으로, 테세우스와 로물루스, 알렉산드로스와 카이사르, 데모스테네스와 키케

들의 영어 또는 프랑스어 번역서들에서 얻었다. 독을 마시는 소크라테스, 뇌물을 거절한 덴타투스**** , 절제를 과시한 스키피오***** , 공화국을 배신한 자기 아들을 희생시키는 토르콰투스****** . 그러나 이러한 엄숙한 고전적 주제와 함께 중세의 민족적 도덕(meadieval national moralities)을 주제로 삼은 그림들도 있었다. 예컨대, 백년전쟁에서 죽은 프랑스영웅에게 바치는 존경심을 강렬하게 표현한 니콜라스 브레네*의 〈뒤 게스클렌**의 죽음〉(1778), 루이 뒤라모***의 〈바이야르의 절제〉(1777), 조지 3세의 주문을 받아 벤저민 웨스트****가 그린 연작 〈에드워드 3세의 치세〉(1787-9)가 그런 것들이다.[11]

조지 3세의 궁정화가가 되었던 미국의 퀘이커교도 벤저민 웨스트

로같이 그리스와 로마의 정치가로서 서로 유사한 점이 있는 인물들을 대비해가면서 서술했다. 23조(組), 즉 46명의 인물들의 대비적인 전기이며 각 조의 끝에는 원칙적으로 그 두 인물의 비교평론이 서술되었으며, 이 밖에 4명의 전기가 별도로 실려 있다.

**** Manius Curius Dentatus, BC 270년에 사망한, 집정관을 세 차례나 역임한 로마 공화국의 영웅. 로마가 주변의 부족들을 정복해나갈 무렵, 부유하기로 소문난 삼니움 족(Samnites)이 대사를 파견하여 값비싼 선물을 하려고 하자, 화롯가에 앉아 순무를 굽고 있던 그는 자기가 그 선물을 받고 부자로 사는 것보다, 부자들을 지배하는 삶을 택하겠노라며 그들을 쫓아버렸다고 전해진다. 진위가 불분명한 이 이야기는 카토가 지어낸 이야기라는 설도 있으나, 어쨌든 훗날 Jacopo Amigoni, Govert Flinck 등 여러 화가들의 화제(畵題)가 되었다.

***** 스키피오((Publius Cornelius Scipio Africanus, BC 235-183), 약칭 대스키피오(大 Scipio). 제2차 포에니 전쟁에서 한니발을 꺾은 로마의 영웅. 언젠가 정복한 아프리카 지역의 우두머리가 이미 약혼자가 있는 자신의 딸을 스키피오에게 바치겠다고 하자, "남자로서 이리 좋은 선물도 없지만, 지도자로서 이렇게 곤란한 선물도 없습니다"라며 그녀를 원래 약혼자에게 돌려보냈다는 일화가 유명하다.

****** 토르콰투스(Titus M. Torquatus Manlius), BC 235, 224년 두 차례에 걸쳐 consul, BC 231년에 censor, BC 208년에 dictator를 역임한 로마의 장군. 거대한 켈트인과 격투하여 그 쇄경륜(鎖頸輪)을 분취, 토르쿠아투스(Torquatus)의 이름을 얻었다(BC 361)고 한다. 아들이 자기의 명령을 따르지 않고 적과 싸웠기 때문에 아들을 처형했다고 전해진다.

는 앞에서 말한 (즉, 로버트 로젠블럼이 18세기 말 예술가들에게 적용했던 개념인) '역사적 유동성'과 '고고학적 신빙성'에 대한 관심의 완벽한 예인데, 로버트 로젠블럼에게 그것들은 18세기 말―여기에다 우리는 19세기와 20세기 초를 추가할 수도 있다―의 예술들의 가장

∶∶
11) 렘브란트가 거절한 그림, 즉 AD 69년 로마에 대항하여 일어난 바타비아 반란의 지도자 이야기를 다룬 〈클라우디우스 키빌리스의 음모〉에 관해서는 Rosenberg(1968, 287-82)를 보라. 타키투스가 그의 『역사』(4권과 5권, 이에 관해서는 R. Martin 1989, 95-8를 보라)에 기록한 그리고 그로티우스의 *Liber de Antiquitate Republicae Batavicorum*가 공화주의적 양식으로 미화시킨 바타비아 반란에 대한 충실한 역사는 1612-13년에 Otto van Veen에 의해 12장의 패널 안에 그려졌다. Schama(1987, 76-7)를 보라. 18세기 말 19세기 프랑스의 '역사화'는 Detroit(1974)를 보라. 18세기 말 유럽의 역사화의 성격과 유형은 Rosenblum(1967, 2장)에 의해 분석된다. 그리고 이 시기 파리 살롱과 런던의 로열 아카데미에 전시된 유형과 양(量)에 대해서는 A. D. Smith(1979b)를 보라. 벤저민 웨스트와 윈저 성(城)을 위해 그린 그의 에드워드 3세 시리즈에 대해서는 Erffa and Staley(1986, 192-203, 카탈로그 57-76)를 보라.

---

* Nicolas-Guy Brenet(1728-92), 프랑스 역사화가. 프랑스 종교화의 주류를 이루고 있는 화가로 왕실의 궁전과 건물관리를 전담하는 고위관리들의 주문을 받아 중세를 주제로 하는 그림을 많이 그렸다. 그의 작품은 19세기 트루바투르 스타일의 선구가 되었다.
** Bertrand du Guesclin(1320-80), '브르타뉴의 독수리', 'Brocéliande의 검은 개'라는 별명을 지닌 브르타뉴의 기사이자 백년전쟁 시기의 프랑스군사령관. 맞서 싸우지 않고 싸움을 지연시키고 소모전을 통해 상대편을 지치게 하는 군사전술인 파비우스 전략(Fabian strategy)으로 유명하다.
*** Louis-Jacques Durameau(1733-96), 프랑스 화가.
**** Benjamin West(1728-1820), 미국 독립전쟁 전후 시기의 역사화로 유명한 영국계-미국인(Anglo-American) 화가. 1770년에 그려 1771년에 로열 아카데미에 전시한 〈The Death of General Wolfe〉로 유명하다. 영국 왕실이 Sir라는 호칭을 쓸 수 있는 나이트(knighthood) 작위를 제안했으나 자신은 영국 귀족이 되어야 한다며 거부했다. 대규모의 역사화로 유명했으며 관객이 역사화와 스스로를 동일시하게 만들었고, 그는 이것을 "epic representation"이라고 표현했다. 1806년에 〈The Death of Nelson〉을 그렸다.

중요한 특징이었다. 웨스트는 특정 시대의 의복, 가구, 건물 등의 액세서리에 큰 관심을 기울이고 관객에게 그가 전하려고 했던 도덕에 대해 의심하지 못하도록 하면서, 미국의 역사뿐만 아니라 페르시아, 유대, 그리스, 로마, 게르만, 중세 및 근대 잉글랜드의 역사에 등장하는 이야기를 그렸다. 근대의 피에타상이라고 할 〈울프 장군의 죽음〉(1770)에 대한 그의 유명한 묘사뿐만 아니라, 고대의 돋을새김을 토대로 한 엄격한 신-고전주의적 선(線)들을 지닌 〈게르마니쿠스의 유골을 들고 브룬디시움에 도착한 아그리피나〉(1768), 그리고 좀 더 느슨하지만 좀 더 '고딕적'인 〈에드워드 3세 이전의 칼레〉(1788)와 같은 작품들은 자기희생의 지고한 덕성에서 교훈을 찾았고, 그것은 다음 두 세기에 민족드라마의 그처럼 필수적인 부분이 될 것이었다.[12]

프랑스에서 앵그르의 역사적·신화학적 작품들은 '역사적 유동성'에 못지않을 뿐만 아니라 훨씬 더 상상적이고 사람들의 공명을 불러일으켰다. 앵그르 이전의 지로데처럼 앵그르는 오시안에 대한 당시의 유행에 매료되었으며, 〈오시안의 꿈〉(1813)*에서 고대 시인의 환

..

12) 웨스트의 초기 역사화에 관해서는 Abrams(1986)를 보라. 아울러 Erffa and Staley (1986)를 보라. 웨스트의 나중의 더 느슨한 양식은 바로크 양식으로 되돌아갔지만 윈저궁 왕실수집품에 들어 있는 갑옷과 의상에 대한 세밀한 연구를 통해 중세적 향취를 그 안에 포함시켰다.

---

* 나폴레옹의 침실 천장화로 주문받은 앵그르의 〈오시안의 꿈(Le Songe d'Ossian)〉은 고대 스코틀랜드 전설 속의 영웅 오시안의 노래를 주제로 한 것으로, 완성된 유화 작품은 현재 몽토방의 앵그르 미술관에 소장되어 있다. 정의로운 용사 핀갈의 아들인 오시안은 결혼을 하면 본래의 아름다운 모습으로 되돌아갈 수 있다고 하는 돼지처럼 못생긴 추녀와 결혼했다. 그녀는 정말로 아름다운 여인이 되었고, 믿음과 용기에 대한 대가로 그는 젊음의 나라인 티르 나 노그를 300년 동안 다스린다. 어느 날 고향에 가보고 싶

각적인 꿈(vision)은 얼음 같은 침묵 속에 갇힌 크리스털로 만든 무장한 유령과 같은 인물들을 만들어낸다. 그리스신화와 로마의 역사에 관한 묘사로 유명한 앵그르의 중세 프랑스 및 스페인의 역사로의 진출[〈1358년에 파리로 들어가는 도팽〉(1821), 〈브뤼셀, 생구들에서의 알바공〉(1815-9)]은 보석같이 정확한 향수 어린 재구성에 대한 그의 애호를 보여주며, 그것은 프루아사르의 『연대기』와 같은 당대의 진본 문서로부터 조사된 민족사의 '고딕적' 세계의 이미지를 창조한다. 이러한 탐구는 프랑스에서 종교적 민족주의의 부활의 일부로 앵그르가 1854년에 그린 〈샤를 7세의 대관식(1429)의 잔 다르크〉에서 잔 다르크를 육감적인 것과 정신적인 것의 고유한 조합으로 묘사한 것에서 절정에 달했는데, 그 그림에서 성인이되 전사인 처녀는 보석으로 장식된 제단 위에 서서 자신의 민족적 사명의 이행을 인정하며 무아지경으로 하늘을 향해 응시한다.[13]

민족적 주제들과 때로는 '민족적' 양식들(보통 중세풍의 고딕 양식이나 전근대 양식)은, 악셀리 갈렌-카렐라*, 라비 바르마**, 바실리 수

••

13) 앵그르의 중세를 찬양하는 그림들에 대해서는 Rosenblum(1985, 9-16, 96-7, 110-3, 116-9, 160-3)을 보라. 성녀 요안나(잔 다르크)라는 인물에 대한 다양한 정치적 해석에 대해서는 Warner(1983)과 Winock(1997)을 보라.

던 그는 절대로 땅을 밟아서는 안 된다는 아내의 경고를 듣고 길을 떠난다. 하지만 그가 말에서 미끄러져 떨어지자, 타고 간 마법의 말은 죽어버리고 자신도 순식간에 눈먼 노인이 되어버렸다. 그가 다스리던 마법의 왕국은 이제는 꿈에서나 볼 수 있는, 다시는 돌아갈 수 없는 곳이 되었다. 18세기 말 제임스 맥퍼슨이 발견해 출판한 이 고대 서사시는 그의 사후 그가 여러 영웅 설화를 모아 날조한 허구임이 밝혀졌다. 하지만 북구의 호메로스라고 불린 오시안의 이야기는 이 시기에 많은 이들의 상상력을 자극했고, 나폴레옹도 이 이야기에 매료되었다.

리코프***, 디에고 리베라****와 같은 화가들이 민족사의 전통 속에서 민족 형성기의 사건들, 인물들, 경관들에 대한 묘사를 통해 민족 관념에 형태와 성격을 부여하려고 노력했던, 핀란드와 인도, 러시아와 멕시코와 같이 멀리 떨어진 나라들에서 유행했다. 그들의 과제는 두 가지였다. 하나는 민족의 관념을 모든 민족 구성원들에게 가시적이고 접근(이해) 가능한 익숙한 존재로 만드는 것이고, 다른 하나는 족류공동체의 기억, 상징, 신화, 전통의 회복과 이미지 창조에 일조하는 것이었다. 서사시, 연대기, 영웅전설, 서사적 역사들은 출발점이었고, 근대소설과 드라마는 특정한 에피소드를 제공했으나, 전설과 역사를 민중극(民衆劇)과 잊지 못할 이미지로 바꾸어 놓음으로써, 민족에 관한 이야기를 특정한 장면이나 일련의 그림으로 표현하고 완성했던 것은 예술가, 시인, 작곡가들의 해석과 영상적 표현(iconic representation)이었다. 비록 광범위한 인쇄물의 유통이 그들의 민족 이미지들이 훨씬 더 많은 관객에게 도달하도록 허용했겠지만, 역사적 족류공동체의 기억, 신화, 상징, 전통의 그와 같은 시각적 재현이

---

* Akseli Gallen-Kallela(1865-1931), 스웨덴어를 사용했던 핀란드 화가. 핀란드의 민족 서사시인 〈칼레발라〉의 삽화를 그려 유명해졌다. 그의 작품은 핀란드 민족정체성에 아주 중요한 역할을 한 것으로 평가된다.

** Ravi Varma(1848-1906), 인도의 문학과 인도의 민족 서사시 Mahabharata와 Ramayana에 포함된 신화의 장면들을 그린 그림으로 유명한 인도의 화가. 특히 사리(Sari, 인도 여성들의 옷)를 입은 여성들의 우아한 초상화를 그려 당시 집집마다 이런 그림들이 걸렸다.

*** Vasily Surikov(1848-1916), 대규모의 역사화를 그린 러시아에서 가장 유명한 화가의 한 사람. 1881년에 그린 〈근위병 처형의 아침〉이 특히 유명하다.

**** Diego Rivera(1886-1957), 대규모 프레스코화를 벽에 그려 유명해진 멕시코의 화가. 트로츠키와 교제하고 다리를 잘라내고도 그림을 그린 멕시코의 유명한 여류화가 프리다 칼로(Frida Kahlo)의 남편이기도 하다.

얼마만큼이나 아카데미와 살롱에 가는 엘리트와 중간계급들을 넘어서서 공공의식에까지 침투했는가는 불분명하다. 멕시코의 벽화가들의 경우에서도, 디에고 리베라가 민족 신화의 에피소드, 특히 멕시코사의 에피소드들을 프레스코화로 그린 그림들을 전시하기 위해 잘 알려진 도심지의 공공건물을 사용한 것은 오브레곤 정부*의 교육부장관인 호세 바스콘셀로스**에 의해 제기되었던 개념, 즉 멕시코사의 여러 시대를 거쳐 '인종들'의 민족적 융합이 이루어졌다는 개념을 확산하고 민중화하는 데 일조했다. 그래서 대개 상층계급들이 문화적·정치적 리더십을 가지고 있다는 사실을 감안할 때, 민족의 '진정한' 이미지와 이상을 '실현'하고 확산시키는 데 있어서 예술가들이 행한 역할은 필수 불가결했다고 말할 수 있다. 학교와 군대가 민족 관념의 전달자이자 운반수단이었다면, 그것에 상상적인 내용을 불어넣고 그것을 가시적 그리고 흔히 기억할 만한 형태로 만들었던 것은 시인, 예술가, 음악가들이었다.[14]

••

14) 악셀리 갈렌-카렐라가 재창조해낸 〈칼레발라〉의 장면에 관해서는 T. Martin and Siven(1984), Boulton Smith(1985)와 Art Council(1986, 104-13)을 보라. 라비 바르마에 관해서는 Mitter(1994, 5장)를 보라. 그리고 디에고 리베라의 벽화에 대해서는 Ades(1989, 7장)를 보라.

---

* Álvaro Obregón Salido(1880-1928), 1920-4년에 멕시코의 대통령을 지낸 멕시코의 장군. 그는 1910년에 시작된 멕시코혁명 이래로 처음으로 멕시코 대통령직을 안정적으로 수행한 인물로서 교육개혁, 토지개혁을 실시했다. 그의 교육개혁 시기에 멕시코의 벽화가 번성했다.

** José Vasconcelos Calderón(1882-1959), 멕시코의 작가, 철학자, 정치인. 근대 멕시코의 발전 과정에서 가장 영향력이 크고 논쟁적인 인물의 하나다. 유럽인과 아메리카 토착민의 인종적 혼혈인인 메스티조를 '우주적 인종(cosmic race)'이라고 규정한 그의 철학은 멕시코의 모든 사회·문화·정치·경제 정책에 영향을 미쳤다.

민족의 상징자원

그러나 민족이라는 개념의 내용이었던, 그리고 모든 종류의 예술가들이 민족개념을 주조(鑄造)할 때 문화자원의 재료가 되었던 기억, 전통, 신화, 상징이란 정확히 무엇이었을까? 그리고 어느 정도까지 이러한 자원이 현대 세계에서 민족정체성 의식을 계속해서 뒷받침해주는가?

일반적으로 예술가들이 민족됨*의 근본적 차원들에 대한 해답을 도출해내기 위해 사용했던 자원은 조상, 공동체, 영토, 역사, 그리고 운명이었다. 단 하나만을 제외하고, 이 차원들의 각각은 결국 제3장에서 개관했던 민족 형성의 사회적·상징적 과정들과 연결된다. 조상신화와 기원신화는 자기인식의 과정을 상징적 용어로 번역한다. 공동체의 선민신화는 신화와 기억의 재배의 가장 중요한 요소를 포함한다. 신성시되는 경관에 대한 헌신은 아마도 영토화의 가장 집약적이고 감동적인 측면일 것이다. 그리고 족류사 특히 족류집단의 황금시대에 관한 신화와 기억은 독특한 공공문화에 대한 이상화된 이미지를 보여준다. 예외는 개인 또는 집단적 희생을 통한 민족의 운명이라는 차원이다. 이것은 법률준수보다는 공공문화의 의례와 의식에 더 연결되어 있다. 이것들을 차례로 하나씩 살펴보겠다.

---

* 앞에서도 지적했듯이 민족됨은 '개인과 민족이 일체화됨으로써 생겨나는 민족적 자각' 정도의 의미로 이해하면 될 것이다.

조상신화

우리가 3장에서 보았듯이, 집단적 자기인식의 핵심요소 중 하나인 기원신화는 하나 또는 둘 이상이 존재한다. 여기서 우리는 두 가지 종류의 구분을 할 필요가 있다. 첫째, 한편으로는 우리가 헤시오도스*나 (구약의) 창세기에서 보는 것과 같은 인류의 창조와 황금시대에 대한 일반적인 신화와, 다른 한편에 있는 특정한 공동체들에 관한 특유한 신화들 사이의 구분이다. 후자 안에서 우리는 다시 족류집단의 조상신화(myths of ethnic ancestry)와 특정한 공동체들의 시민 창건신화들(the civic foundation myths)을 구분할 필요가 있다. 이 가운데서 족류-계보 신화들(ethnic-genealogical myths)이 가장 흔하고 되풀이되는 것들이다. 그것들은 가문과 씨족, 부족, 족류공동체들의 조상과 가계를 기록한다. 여기에 해당되는 예들은 헬렌**의 후손이라는 고대 그리스신화, 태양 여신의 후손이라는 일

---

* 헤시오도스(Hesiod)는 BC 8세기 말경의 사람으로 추측되며, 호메로스를 정점으로 하는 '이오니아파(派)'의 서사시와 현저한 대조를 이루는 '보이오티아파' 서사시를 대표하는 시인이다. 오락성이 짙고 화려한 이오니아파의 시와는 달리, 그의 작품은 종교적·교훈적·실용적인 면이 두드러지고 중후한 성격을 지녔다. 그의 작품으로 간주되는 것은 많이 있지만 현존하는 것은 『신통기(神統記, Theogonia)』 『노동과 나날(Erga kai Hēmerai)』 2편뿐이다. 『신통기』 1,022행은 천지 창조, 신들의 탄생을 매우 소박한 세계관에 입각하여 계통적으로 서술한 작품으로 그의 독창적인 사색이 그 근간을 이룬다. 『노동과 나날』은 판도라 및 프로메테우스의 이야기 등을 포함하고 설화성(說話性)도 있으며, 또한 사계(四季)의 추이를 전원의 풍물에 맡긴 목가적 서술도 뛰어나다.
** 헬렌(Hellen)은 그리스신화에 나오는 데우칼리온(Deucalion, 때로는 Zeus)과 피라(Pyrrha)의 아들로서 Hellenes의 신화적 조상이다. 즉 황금시대와 은의 시대, 청동 시대를 거쳐 철의 시대에 이르자 인간의 사악함이 극에 달한다. 이에 제우스는 큰 홍수를 일으켜 인류를 멸망시켰는데, 이때 프로메테우스의 아들 데우칼리온과 그의 아내 피라

본인의 신화***, 오구즈 칸 혈통의 족류집단이라는 터키인의 신화****,
아브라함의 후손이라는 유대인의 신화, 하이크(Haik)의 후손이라는
아르메니아인의 혈통신화***** 등이다. 시민 창건신화도 영향력이 있

만이 살아남았다. 헬렌은 데우칼리온과 피라 사이에서 태어난 맏아들이고 헬렌의 동생
이 암픽티온(Amphictyon)이다. 헬렌은 산의 님프 오르세이스와 결혼하여 아이올로스
(Aeolus), 크수토스(Xuthus), 도로스(Dorus) 3형제를 낳았다. 아이올로스는 아이올리
스인(the Aeolians)의 시조가 되었고, 크수토스의 아들 이온과 아카이오스는 각각 이오
니아인(the Ionians)과 아카이아인(the Achaeans)의 시조가 되었으며, 도로스는 도리
스인(the Dorians)의 시조가 되었다. 이들은 고대 그리스를 이룩한 주요 부족으로서 헬
렌의 후손이라는 뜻에서 자신들을 헬레네스라고 일컬었고, 이는 뒤에 그리스인을 통틀
어 이르는 말이 되었다. 그러므로 헬레네스는 그리스 혈통의 인간이나 그리스문화에 속
한 인간을 모두 가리킨다.
*** 일본신화에 따르면, 태초에 남신 이자나기(伊弉諾尊)와 여신 이자나미(伊弉冉尊)가
있어서, 두 신은 부부로 결합하여 14개 섬을 낳아 일본의 국토를 창조하고, 다시 신을
35명 창조하여 국토를 통치하게 한다. 그런데 이자나미는 마지막 불의 신을 낳다가 그
만 불에 타 죽고 황천국으로 가버린다. 슬픔을 못 이긴 이자나기는 그 뒤를 쫓아가지
만, 결국 아내를 다시 데려오지 못하고 혼자 돌아온다. 그리고 황천국에서 부정 탄 것
을 정화하려고 지금의 규슈 미야자키 현으로 추정되는 곳 강어귀에서 목욕재계를 한다.
그때 왼쪽 눈을 씻자 아마테라스 신이 태어나고, 오른쪽 눈을 씻자 쓰쿠요미 신이 태어
났으며, 코를 씻자 스사노오 신이 태어났다. 이 세 신이 3대 천상(天上) 신이다. 달의 신
인 쓰쿠요미 신과 황천국의 신인 스사노오 신에 비해서 태양의 신인 아마테라스 신은
천상의 세계인 다카마가하라(高天原)의 주재자이며, 모든 신들 중 최고신이다. 정식 명
칭은 '아마테라스 오미카미(天照大神)'지만 오미카미(大神)는 '큰 신'이라는 뜻이므로 일
반적으로 생략해서 '아마테라스'라 칭한다. 이 아마테라스가 천황가의 시조 신으로, 현
재까지 이세(伊勢) 신궁에 모셔져 있는 중요한 신이다. 최고신인 아마테라스가 태양신이
라는 점은 서양의 신화와 공통된다. 그런데 아마테라스 신은, 논란의 여지는 있지만 대
개 여신이라고 본다.
**** 디기족의 민족 시사시인 오구즈나메(Oğuz-name)에 의하면, 터키족의 시조는 오
구즈족의 전설적 시조 오구즈 칸(Oguz Khan)이다. 오구즈나메는 오구즈 칸의 탄생과
생애에 관한 이야기다. 그 후 오구즈족은 이슬람화되었고, 그래서 오구즈나메의 이야기
도 이슬람의 영향을 받았으며, 오구즈족의 이동을 따라 중앙아시아와 서아시아의 튀르
크족 사이에 퍼졌다.

는 것으로 증명되었다. 서구에서 시민 창건신화의 원형은 암늑대와 로물루스와 레무스라는 쌍둥이의 전설을 지닌 고대 로마의 신화다. 그것은 896년 헝가리 왕국의 창건 1000주년(즉 1896년)에서처럼, 600 주년 기념식(1891년) 때 발굴되어 사람들에게 널리 알려졌던 1291년 의 연방문서(Bundesbrief)로 소급되는 스위스연방의 창건신화***** 에 의해서뿐만 아니라 이탈리아 도시국가들의 다양한 신화들에 의해 서 중세 시대에도 추종되었다. 근대 시대에도 우리는 각각 1976년, 1988년, 1989년에 개최되었던 미국, 오스트레일리아, 프랑스 공화국 의 창건 200주년 기념행사들에서 시민 창건신화를 만난다.[15]

족류 기원신화와 시민 기원신화 사이의 중간지점을 점하는 신화 가 개종(改宗, conversion)으로 민족을 창건한 날짜를 기리는 신화들 이다. 전형적인 예는 988년 블라디미르 치하에서 러시아가 기독교

∴

15) 미국과 오스트레일리아 건국 200주년 기념행사는 Spillman(1997)에 의해 분석된 다. 그리고 1789년 프랑스혁명 200주년은 Best(1988)에 실려 있는 논문들에서 기념 되었다. 아울러 Gildea(1994)와 Nora(1997-8, 3권, 1부)를 보라. 로마의 암늑대 신화 는 Fraschetti(2005)에 의해 분석된다. 1891년의 스위스연방 기념행사는 Kreis(1991) 에 의해 논해진다. 일본인의 태양 여신 혈통신화는 Oguma(2002)를 보라. 터키인의 혈 통신화와 아타튀르크의 태양 언어 이론은 Lewis(1968, 10장)에 의해 논해진다. 아울러 Cinar(2005, 4장)를 보라. 아르메니아인의 기원신화는 Redgate(2000, 13-24)를 보라.

───────

***** Hayk(Armenian: Հայկ) 또는 Hayg 또는 Haik Nahapet는 아르메니아 민족의 전설적인 족장 내지 창시자다. 그의 이야기는 아르메니아 역사가인 Moses of Chorene (410-90)가 썼다는 『아르메니아의 역사』에 나온다.
****** 우리(Uri), 슈비츠(Schwiz), 운터발덴(Unterwalden)의 3개 삼림 지역 캉통이 합스부르크 압제자로부터 그들의 계곡을 자유롭게 하기 위해 루체른 호수가 내려다보 이는 뤼틀리(Rutli)에서 서약을 했던 1291년이 아이트게노센샤프트(Eidgenossenschaft) 즉 스위스연방의 탄생이었다는 신화를 말한다.

로 개종한 것과 496년 클로비스 치하에서의 골(Gaul)의 개종을 포함하는데, 이것은 나중에 바스티유 기념일의 시민 창건신화와는 대조가 되는 프랑스의 족류 기원신화가 되었다. 스코틀랜드인의 경우에서, 우리는 족류신화와 시민신화 양자를 구분할 수 있는바, 하나는 1320년의 아르브로스에서 행해진 스코틀랜드 독립선언이라는 신화적 역사에서 이야기된 것과 같이, 이집트 파라오의 딸인 스코타(Scota)로부터 스코틀랜드인과 스코틀랜드가 나왔다는 신화이고, 다른 하나는 9세기에 왕국이 통일된 것으로 거슬러 올라가고 독립선언 자체가 그것의 상징이 되었던 신화다.[16]

그것들의 역사적 정확성과는 상관없이, 그와 같은 신화들의 주된 기능은 연속적인 세대의 민족 구성원들의 집단적 소속감을 증대시키고 그들에게 안정성·존엄성·연속성을 제공하는 것이었다. 근대 시대 훨씬 이후까지 그런 신화들이 언급되었고 경우에 따라 아직도 언급되고 있다는 사실은 대부분의 인민이 전설 그 자체나 그런 전설로 거슬러 올라가는 계보를 더 이상 믿지 않게 된 곳에서조차 그것이 지속적으로 중요성을 갖는다는 것을 증명한다. 이러한 신화들이 상징하고 높여주었던 조상으로부터 나온 독특한 정체성에 대한 그리고 민족 구성원들과 국경선 밖에 사는 사람들과의 차이에 대한 확신은 대체로 그대로 유지되고 있는바, 조금 후에 이 쟁점에 대해 살펴보겠다.[17]

..

16) 스코틀랜드인의 기원신화는 Broun(2006)과 Cowan(2003)에 의해 연구되었다. 러시아 최초의 연대기에 기록된 블라디미르의 개종신화는 Milner-Gulland(1999, 91-6)에 의해 분석된다. 프랑크족과 클로비스에 대해서는 Pomian(1997)과 *Notre Histoire*(1996) 기념호에 실려 있는 논문들을 보라.
17) Billig(1995)가 서구 민족들에 대해 증명했던 것과 같다. 기원신화의 기능에 관해서는 Hosking and Schöpflin(1997)에 실린 논문들과 A. D. Smith(199a, 2장)를 보라.

선민신화

기원신화는 수세기에 걸쳐 재배되어왔고 공동체 구성원들에게 문화자원을 제공해왔던 네댓 가지 종류의 신화, 기억, 상징, 전통의 하나일 뿐이다. 전근대 시기에 이러한 상징자원을 수집하고 해석했던 것은 성직자, 서기, 시인들이었다. 오늘날은 예술가들과 지식인들이 (과거의) 신화 제조자들과 기억 기록자들의 역할을 대체했다. 과거에 성직자들은 신이 그 족류를 선택했다는 제례를 만들고 그걸 법으로 정했다. 오늘날 공동체의 가치와 그 공동체의 유산의 유일무이성을 선포하는 것은 지식인, 교사, 정치인의 몫이 되었다. 과거에 공동체를 선택했던 것은 신이었으나 오늘날 베버의 표현대로 우리를 '대체할 수 있는 문화가치들'의 담지자로 선택하고, 의회민주주의의 축복을 가져다주기 위한 자유와 평등의 횃불이 되었든 아니면 산업발달, 사회진보, 다문화주의의 모델의 제공이 되었든 간에 '우리의' 유일무이한 사명을 달성하는 것은 역사(History)나 자연(Nature)인 것 같다. 세속화는 민족선택의 다이내믹을 변화시키지 못했고 단지 그 방향만 바꾸어놓았다. 고대 이스라엘의 경우에서처럼 우상숭배적 세계로부터 분리되어 나오는 거룩함(the holiness)에서, 우리가 근대 서구에서 보는 것과 같이 세계와 적극적인 관계를 맺고 거기에 개입하는 것으로 방향을 바꾸었을 뿐, 족류선택에 대한 확신은 여전히 민족적 차별, 화합, 영속의 튼튼한 기반으로 남아 있다.[18]

∴

18) 선민신화에 관해서는 Hutchinson and Lehmann(1994)에 실려 있는 논문들을 보라. 아울러 A. D. Smith(1999와 2003a, 3-5장)를 보라. 유럽에서 종교적 동일시의 패턴

역사적으로, 언약적(covenantal) 선민신화와 선교사적(missionary) 선민신화라는 두 종류의 선민신화가 있었다. 첫 번째 선민신화는, 연대순으로 앞서는, 하느님(the deity)과 족류공동체 간의 언약의 이상이었다. 모세 5경에 기록된 고대 히브리인들의 원형에서, 인민은 신에 의해 선택되고, 신의 도덕적이고 종교의식적인 십계명을 따르기로 약속하며, 이런 목적을 달성하기 위해 그들은 불경한 세상(the profane world), 즉 우상숭배의 세계(a world of idolatry)와 완전히 분리되어야만 한다. 고대 히브리인(이스라엘인)의 이상은 거룩함(holiness), 즉 '거룩한 민족(holy nation)과 사제의 왕국'이 되고, 그럼으로써 모든 인민들에게 축복을 가져다준다는 것이었다. 그리고 그것이 영향력 있는 이상이라는 것이 (역사를 통해) 증명되었다. 아르메니아인, 에티오피아인, 퓨리턴 잉글랜드인, 스코틀랜드인, 네덜란드인, 얼스터 스코틀랜드인, 아메리카 식민지인, 스위스 도시국가들, 아프리카너들이 모두 다양한 언약적 선민신화를 믿는 사람들이 되었고, 그것을 토대로 강력한 족류공동체와 민족공동체를 건설했다.[19]

선교사적 선민신화는 이전의 언약적 선민신화로부터 도출되었지만, 훨씬 더 광범위해졌다. 이 경우에는 왕국과 인민이 하느님이 주

••

과 민족됨에 대해서는 D. Martin(1978, 3장)을 보라.

19) 언약적인 족류선택신화에 관해서 근자에 많은 문헌이 나왔다. 유대인의 신화에 대해서는 Nicholson(1988)과 Novak(1995)을 보라. 아르메니아인의 신화는 Nersessian(2001)과 Panossian(2006)에 의해 분석된다. 얼스터 프로테스탄트, 아프리카너, 이스라엘의 유대인에게 그와 같은 신화가 준 영향에 대해서는 Akenson(1992)을 보라. 아프리카너에 관해서는 또한 Cauthen(1997)을 보라. 종교개혁 이후의 잉글랜드, 스코틀랜드, 네덜란드에서 모세 5경 (즉 구약의) 언약의 영향에 대해서는 A. D. Smith(2007a)를 보라. 그리고 잉글랜드, 스웨덴, 네덜란드의 공식설교에서 고대 이스라엘과의 유사점에 대한 종교적 이용에 대해서는 Ihalainen(2005)을 보라.

신 과제나 사명—정교의 보호자가 되고, 이교도와 신앙심이 없는 자들을 개종시키고, 의로운 왕국의 국경선을 확장하고, 심지어 유일하고 참된 신을 위해 전 세계를 정복하는—을 위임받았다. 이슬람으로 개종한 아랍의 부족들은 말할 것도 없고 아일랜드로부터 폴란드와 러시아에 이르는 중세 기독교유럽의 대부분의 왕국들이 이러한 그리고 다른 신성한 과제들을 약속했고, 그렇게 함으로써 그들의 통치자와 인민에게 영광과 우월성을 확보해주었다. 종교개혁 이후, 선교사적 선민이라는 신념은, 유럽의 통치자와 인민 모두에게 그들의 교리적 신앙과 세속적 행동—프랑스 및 미국 혁명과 함께 민족의 세속적인 서사가 근대 세계의 일부가 되었다는 성향과 믿음—에 대해 절대적인 신뢰를 부여하면서, 프로테스탄트와 가톨릭 사이에서 더 강하게 표명되었다. 그와 같은 신화들의 힘은 그것들이 공동체를 그 공동체의 역사 및 운명과 연결시키고, 공동체를 공동체의 하느님 및 공동체의 '운명(fate)'과 하나로 묶는 능력—족류공동체나 민족이 신성시되는 '진리'의 운반자로 여겨지는 유일신의 전통에서 특히 두드러지게 나타나는 특성—에 있다.[20]

• •
20) 유럽에서 이러한 방벽(antemurale)이 되어야 한다는 선교사적 민족주의에 대해서는 Armstrong(1982, 3장)을 보라.* 선교사적 선민신화 일반에 대해서는 A. D. Smith(2003a, 5장)와 Perkins(1999)를 보라. 프랑스혁명 이후의 족류선택 서사의 세속화에 대해서는 Perkins(2005)를 보라. Roshwald(2006, 4장 특히 234, 주79)에게 선교사적 선민신화는 언약적 유형에 깊이 뿌리박고 있다.

———
* 방벽신화(The Antemurale myth or the Bulwark myth)는 다른 종교, 민족, 이데올로기를 막아내는 방벽이 되는 것이 민족의 사명이라는 민족주의 신화의 하나이다.

신성시되는 고토(故土)

우리는 기억과 애착의 영토화 과정이 어떻게 족류-경관을 만들어냈는지, 그리고 시간이 흐르면서 인민과 (구성원들에 의해 조상의 땅이나 '고토'로 간주되었던) 토지의 국경선 내 공생관계(a demarcated symbiosis)가 어떻게 만들어졌는지를 이미 살펴보았다. 영토화 과정은 영토의 신성화(the sanctification of territory)를 통해 한층 더 진행될 수 있다. 여기에서 고토는 단지 '우리의 것'뿐만이 아니라 그것은 또한 '신성시'되고, 그래서 고토의 경관은 숭배와 경외의 장소가 된다. 공동체의 구성원들 사이에서 매우 광범위하게 공명을 불러일으키는 것은 이러한 내적 의미들이고, 족류-상징주의자들이 보기에 그것들은 '민족의 고토'를 더 깊이 이해하는 데 아주 큰 중요성을 지닌다.

고토의 신성화가 발생하는 서너 가지 방식이 있다. 가장 흔한 방식은 성자, 예언자, 현자들의 존재와 활동을 통해서이다. 예컨대 아르메니아 왕국의 여러 주들에 대한 성그레고리의 전도는 그들에게 새로운 신성함을 부여해주었다. 비슷한 기능이 폴란드 야스나 고라의 성모 마리아 성지*, 멕시코 과달루페의 성모 마리아 성지**에 의

---

* 헝가리에서 온 폴린 수도사들(Pauline monks)에 의해 1382년에 건립된 Jasna Gora 수도원은 수백 년 동안 순례여행이 끝나는 성지로서, 여기에는 '쳉스토호바의 검은 성모(Black Madonna of Czestochowa)'라고 불리는 유명한 성모 마리아상이 있다. 매년 많은 사람들이 이곳을 순례하는바, 2012년에는 103,000명의 순례자와 수백의 집단순례자가 방문했는데, 이들은 평균 350km를 11일에 걸쳐 순례했다고 한다.
** 멕시코의 수도인 멕시코시티 인근의 테페약 언덕에는 라틴아메리카에서 가장 중요한 로마 가톨릭교회 성지 순례의 중심인 과달루페 성모 마리아 바실리카가 있다. 이 바실리카는 1531년 후안 디에고(1474-1548)의 눈앞에 성모 마리아가 나타났던 1531년 12월 12일의 사건을 기리는 곳으로 1531년에서 1709년까지 지어졌으며, 과달루페 성모

해서뿐만 아니라 아일랜드 전역에 크리스트교를 전도한 성패트릭[***] 그리고 웨일스를 전도한 성데이비드[****]에 의해 행해졌다. 물론 여러 성자들은 좀 더 지역화—노덤브리아의 성쿠트베르투스[*****], 파리의 성주느비에브[******], 키에프의 성자들인 보리스와 글레브[*******]—

마리아는 1709년에 멕시코의 수호자로 선포되었다. 로마의 바티칸 바실리카 다음으로 많은 이들이 방문하는 순례지로, 과달루페 성모는 멕시코인들의 신앙 속에 깊이 자리하였고 성모 마리아 바실리카는 멕시코와 그 국민들에게 국가적 정체성을 표상하는 성스러운 상징이 되었다. 과달루페의 성모는 멕시코 독립전쟁 때부터 멕시코의 국가 상징물이었다. 미겔 이달고와 에밀리아노 사파타가 이긴 군대는 이동할 때마다 과달루페의 성모가 그려진 깃발을 앞장세웠으며, 과달루페의 성모를 모든 멕시코 사람들의 상징물로 인식했다. 멕시코의 유명한 소설가 카를로스 푸엔테스는 "자신이 기독교 신자가 아니라고 생각하는 사람도 과달루페의 성모님을 믿지 않는다면 진정한 멕시코인이라고 할 수 없다"라고 말했으며, 노벨문학상 수상자인 오타비오 파스는 1974년에 "성모 발현이 있은 지 2세기가 지난 지금, 과달루페의 성모는 이제 멕시코 국민들의 정신적 요람과 국민적 행운의 대상으로서 유일무이한 지위를 차지하고 있다"라고 썼다.
[***] St Patrick(385-461), 가톨릭 성인. 아일랜드의 수호성인으로 추앙받으며 '아일랜드의 사도'로 불린다. 스코틀랜드에서 태어나 417년 사제로 서품되었다. 아일랜드에 파견되어 수도원을 개설하고 많은 제자를 양성하여 온 섬을 그리스도교화하였다.
[****] St David(520-89경), Wales의 수호성인. 그의 이름은 아일랜드의 Oengus 순교록에 올라 있다. 데이비드의 수도 규율은 침묵, 부지런한 노동, 엄격한 극기 생활이었고, 그는 aquaticus(물만 먹는 사람)라는 별명으로 불렸다고 한다.
[*****] St Cuthbert(?- 687). 어려서 고아가 되고 목동이 되었으나, 651년 멜로스(Melrose) 수도원에서 수도사 생활을 시작했다. 660년에 Eata를 수행하여 Ripon 수도원으로 갔다가 661년 다시 멜로스로 돌아와 원장 신부가 되었다. 661년 멜로스에 흑사병이 발생하자 놀라운 치유능력을 보여주었다. 664년 또다시 린디스파른(Lindisfarne) 수도원으로 가서 수도 생활을 하면서 삭발례를 받았고 부활축일에 관하여 로마의 관습을 따랐다. 린디스파른에서도 원장 신부가 되었고, 수도원의 규칙을 혁신했으며 수많은 군중이 그를 보기 위해 몰려들었다고 한다.
[******] St Genevieve(419/422-502/512), 로마 가톨릭과 동방정교 전통에 따른 파리의 수호성자. 낭테르에서 프랑크족 아버지와 갈로-로만인 어머니 사이에서 농민의 딸로 태어났다. 451년 아틸라 휘하의 훈족이 파리를 공격했을 때, 주느비에브는 파리 주민에게 파리에 그대로 머물며 기도하라고 권유했다. 아틸라는 오를레앙으로 발길을 돌렸는데 이는 주느비에브의 기도의 힘 때문이었다고 한다. 또 464년 Childeric이 파리를 포위

되었지만, 그들 중 일부는 왕조, 그리고 세대가 거듭되면서 지역성을 넘어선 더 큰 영토와 그 영토 주민들의 수호성자가 되었다. 순례 장소로서 이 성자들의 성지는 공동체의 예배 대상으로 유명해졌고, 흔히 장사와 부가 그 뒤를 따랐으나 그로 인해 이 장소들에 대한 더 강한 애착이 공유되었다.[21]

영웅적 행위도 어느 정도의 신성함을 불러일으킬 수 있고, 그래서 영웅적 행위가 일어난 곳은 결과적으로 숭배를 받는다. 특히 엘 시드[********]와 같이 덕 있는 영웅과 잔 다르크와 같이 순결한 여자 영웅은, 신앙과 왕국 모두의 수호자로서, 그 땅에 축복을 내린다.

∴

21) 여러 주들에 대한 성그레고리의 전도에 대해서는 Nersessian(2001, 2장)을 보라. 패트릭의 전도에 대해서는 Moody and Martin(1984, 4장)을 보라. 야스나 고라의 역사에 관해서는 Rozanow and Smulikowska(1979)를 보라. 초창기 프랑스의 민족 성자들에 관해서는 Bauune(1991)를 보라. 중세 러시아의 성자에 대해서는 Milner-Gulland(1999, 3장)를 보라.

공격했을 때도 주느비에브의 영향력으로 파리 주민에게 자비를 베풀게 만들었다는 이야기가 전해진다. 기독교로 개종한 클로비스 1세와 그의 아내인 클로틸드(Clotilde)가 그녀를 파리의 수호성자로 삼았으며, 나중에 루이 15세가 병이 치유된 것을 신에게 감사하기 위하여 지은 생트 제네비에브(Sainte Jenevieve) 교회가 오늘날 프랑스 공화국 수립에 공헌한 위인들이 묻히는 국립묘지 팡테옹(Pantheon)으로 바뀌었다.
******* 러시아의 연대기에 따르면, Boris and Gleb는 Vladimir 1세와 불가리아 황비 사이의 아들들이다. 블라드미르의 치세인 988년에 키에브 러시아인들이 기독교로 개종했는데, 이때 불가리아에서 온 사제들이 중요한 역할을 했으며, 그 중심인물이 바로 Boris and Gleb였다.
******** 엘시드는 로드리고 디아스 데 비바르(Rodrigo Díaz de Vivar, 1040-99)를 말한다. 엘 시드 캄페아도르(El Cid Campeador, 투사 영주님)로 알려진 그는 카스티야 귀족이자 장군 및 외교관이었으며, 후에 발렌시아에 망명하여 정복하고 통치했다. 스페인의 민족적 영웅이다. 많은 문학작품의 소재가 되었으나, 코르네유(Corneille)의 〈르 시드(Le cid)〉가 가장 유명하다.

영웅적 행위를 기념하는(함께 기억하는) 건물, 성지, 유적과 같은 전투, 조약, 의회, 기념행사, 추도행사의 장소들 또한 깊은 의미와 경외가 주어질 수 있고, 나중에 그것들은 기억할 만한 예술작품 속에서 구체적인 모습을 갖게 될 수도 있다. 예컨대 보헤미아의 토지와 성들이 자신의 고토에 대한 스메타나의 유명한 낭만적인 음악적 묘사, 〈나의 조국〉(1872-9)에 영감을 주었던 것과 마찬가지로, 〈핑갈의 동굴〉(1830)*이라는 멘델스존의 멋진 음악적 경관화(fine musical landscape painting)**를 생겨나게 한 것은 풍토(natural features)와 사적지(史蹟地)였다. 마찬가지로 루체른 호수의 기슭은 취리히 시청의 의뢰를 받은 그림 〈뤼틀리의 서약〉(1779-81)을 위해, (스위스연방이 탄생한) 1291년에 루체른 호수를 끼고 있는 3개의 삼림 주(canton) 대표들***의 밑그림을 그린 하인리히 휘슬리의 상상력을 자극했다.[22]

∵

22) 멘델스존과 스메타나에 대해서는 Whittall(1987, 3장과 9장)을 보라. 휘슬리의 〈뤼틀리의 서약〉은 Antal(1956)에서 분석된다. 아울러 Tate Gallery(1975, 57, 카탈로그 16번)를 보라. 신성시되는 경관은 Hastings(2003)와 A. D. Smith(1999b)에 의해 논해진다.

---

* '핑갈의 동굴'은 스코틀랜드 북서쪽 연안의 헤브리디스 제도에 속한 스태퍼 섬에 있는 동굴로, '핑갈(Fingal)'이라는 명칭은 스코틀랜드의 전설에 등장하는 영웅의 이름에서 따온 것이다. 이 동굴의 내부는 크고 작은 육각형의 현무암 기둥들로 둘러싸인 거대한 홀의 형태로 돼 있으며, 거기에 파도가 들이치며 만들어내는 소리는 흡사 대성당에 메아리치는 파이프 오르간의 울림을 방불케 한다고 한다.
** 멘델스존은 흔히 '음의 풍경화가'로 일컬어지는바, 〈핑갈의 동굴〉이 그 대표작이다. 1829년 4월 멘델스존은 영국으로 가 대대적인 환영을 받았고, 그해 7월에는 스코틀랜드를 여행했으며, 8월 7일에는 헤브리디스 군도의 스태퍼 섬에 도착하여, 핑갈의 동굴을 찾았다. 이때 멘델스존은 그 자리에서 하나의 주제를 떠올려 스케치했고, 나중에 그 여행에 관하여 가족에게 보낸 편지에 이 악보를 동봉했다. "헤브리디스가 내게 얼마나 엄청난 감동을 주었는지, 조금이나마 공유하고 싶어 그곳에서 떠오른 악상을 보냅니다." 그리고 이때 받은 영감을 바탕으로 그는 한 편의 연주회용 서곡을 작곡한다. 그 서곡

그러나 아마도 신성함의 가장 강력한 원천은 공동체의 영웅들과 여자 영웅들의 무덤, 그리고 보다 특별하게는 '우리 조상들'의 무덤에 있을 것이다. 확실히 고토를 방어하는 전투에서 죽은 여러 병사들의 세노타프(cenotaph)****와 묘지는 신성함의 특별한 아우라를 갖고 있으며 우리가 보았듯이, 공공의식으로 기념된다. 그러나 더욱 직접적이고 사적인 애착과 기억은 우리들 친척의 마지막 안식처(무덤)에 의해 생겨나는 애착과 기억이다. 토지를 가로질러 증가하는 이러한 기억들은 모든 도시와 마을의 묘지들을 신성하게 한다. 각자의 기억, 상징, 전통은 '우리'에게 먹을 것과 마지막 안식을 주는 '우리'의 토지와 그 '흙(soil)'의 신성함에 이바지한다.[23]

황금시대

'영웅들의 땅'에서 '우리의 역사'는 역사의 성공과 실패, 정점(頂點)

∵

23) 프랑스인의 기념비에 대해서는 Prost(1997)를 보라. 제1차 세계대전의 대규모 세노타프에 대해서는 Winter(1995, 4장)를 보라. 미국인의 전쟁기념비에 관해서는 Gillis (1994, 7장과 9장)를 보라. 19세기 프랑스의 조각상의 정치적 이용에 대해서는 Hargrove (1980)와 더 일반적으로는 Michalski(1998, 1-3장)를 보라.

은 이듬해 로마에서 〈외로운 섬〉이라는 제목으로 완성되었으나, 그 후 개정을 거쳐 〈헤브리디스〉라는 제목으로 런던에서 발표되었다. 이 곡이 바로 오늘날 〈헤브리디스 서곡 (Hibrides Overture)〉 또는 〈핑갈의 동굴 서곡〉이라 불리는 작품이다.
*** 루체른호수에 인접한 우리(Uri), 슈비츠(Schwiz), 운터발덴(Unterwalden) 캉통의 대표들을 말한다.
**** 전사자 기념비, 특히 제1차 세계대전 전사자 기념비를 말한다.

및 저점(低點)과 함께, 연속적인 세기들에 걸쳐 전개되어왔다. 나중 세대들에 의해 영웅적 행동과 영광의 순간으로, 즉 서사시와 연대기, 예술과 노래 안에 기록된 공동체의 '황금시대'로 기억된 그 시대들은 집단적 자존심과 자신감의 원천일 뿐만 아니라 그것들은 또한 행동과 모방을 하게 만든다. 내가 앞서 언급했던 여러 신-고전주의적 '역사화가들'의 목적은 단순히 역사적 사건을 충실히 표현하는 것이 아니라 덕성의 본보기(*exempla virtutis*, 도덕적 교훈)의 이미지를 통해 도덕을 가르치는 것—민족의 시민들(또는 장래의 시민들)이었던 개인들을 대상으로 하는 가르침—이다. 그것이 〈베리사투스〉(1781)로부터 〈호라티우스의 맹세〉(1784), 〈소크라테스의 죽음〉(1787), 〈브루투스〉(1789)를 거쳐 〈사비느〉(1799)와 〈테르모필레의 레오니다스〉(1814)라는 일련의 역사화를 그린 자크 루이 다비드의 일차적인 의도였다는 것은 분명하다. 다비드는 이 그림들에서 1760년대의 영국 화가들—그 가운데서도 개빈 해밀턴, 로버트 파인, 너새니얼 댄스, 존 모르타임, 알렉산더 런시만—에 의해 개척되고 미국인인 벤저민 웨스트, 존 싱글턴 코플리, 존 트럼불뿐만 아니라 1770년대 프랑스에서 니콜라 브르네, 장-푸랑수아 페롱, 루이 뒤라모에 의해 받아들여진 전통을 따르고 있었다. 그들의 '도덕'은 고전고대 못지않게 중세와 근대 민족의 역사로부터 도출되었고, 이런 추세는 고조된 영국과 프랑스 간의 상업경쟁과 군사적 충돌의 시기에 민족적 자존심을 주입하려고 노력했던 국가 지도자들의 통제는 아니지만 후원을 받아 고무되었다.[24]

그러나 거기에는 '황금시대'에 대한 이러한 기억의 또 하나의 더 깊은 기능이 있었다. 18세기 후반에 이르러, 진정성에 대한 숭배의

식은 개인적 성실성(personal sincerity)과 '정직한 영혼(honest soul)'
이라는 더 오래된 전통에 따라 대단히 강력해지기 시작했다. 개인들
뿐만 아니라 문화집단들도 진정성이라는 어려운 시험을 반드시 거
쳐야 했다. 영웅들과 천재들의 황금시대에서 공동체의 특성과 덕성
을 찾음으로써, 본래의 상태로 그 민족의 '참된' 본성이 드러날 것이
었다. 그것은 여러 낭만주의 운동과 자연에 대한 숭배의식이 유럽
의 교육받은 계급들에게 그들 민족의 '원시적 기원'으로 '되돌아가게'
만들고, '원시적 기원' 안에서 그들의 궁극적인 '본질'과 그들의 유일
무이한 속성을 발견하게 만듦에 따라 점점 더 분명해졌던 대규모 사
업이었다. 교훈적이면서 동시에 (그림처럼) 생생한 일련의 다채로운
장면들로 묘사된 한 민족의 족류사의 파노라마 속에서, 먼 황금시
대는 그 민족의 창조적 에너지가 가장 활발했고 그들의 덕성이 가장
분명했던 자연 그대로의 영광의 시대 또는 순간을 표현했다. 이것
은 예컨대 엘리아스 론로트[*]와 그의 서클이 고대 카렐리야인[**]의 발

••

24) 이것은 특히 프랑스에 해당하는데, 거기서는 1774년부터 루이 14세 대신 앙지빌
레(d'Angiviller) 백작이 (프랑스 왕국이 유럽의 주요 강국이 된) 17세기에 예술을 프
랑스 민족사의 거대한 테마와 연결시킴으로써 예술을 이전의 지위로 회복하기 시작한
다. 이에 관해서는 Detroit(1974)와 Leith(1965)를 보라. 조지 3세는 잉글랜드에 이와
비슷한 역할을 했으며, 벤저민 웨스트에게 잉글랜드의 중세 및 근대사로부터 나온 테
마들을 그림으로 그려보라고 권유했는데, 이에 관해서는 Abrams(1986)와 Erffa and
Staley(1986)를 보라. 다비드의 위대한 신고전주의 그림들에 대해서는 Brookner(1980)
와 Crow(1985)를 보라. 영국의 '역사화'에 관해서는 Irwin(1966), Kenwood(1974),
Pressly(1979)를 보라.

---

[*] Elias Lonnrot(1802-84), 핀란드의 민족 서사시인 〈칼레발라〉를 수집, 편찬한 핀란드
의 의사이자 문헌학자.

라드를 수집하고 편집했던 그리고 계속해서 1835년에 (핀란드의 민족
서사시인) 〈칼레발라〉의 초판을 쓰고 출판했던, 그럼으로써 그들이
누구였는지를 근대 핀란드인들에게 알려주고 그 결과 그들이 '진정
으로' 누구인지를 알려준 바로 그 목적과 정신이었다. 이런 의미에
서 황금시대는 민족의 '참된' 생김새를 비추는 거울이며, 그것의 원
래 정신을 모방하게 만든다.[25]

물론 그와 같은 시대는 하나 이상일 수도 있고 그 결과 한 종류
이상의 민족적 덕성과 민족정체성이 있을 수도 있다. 그리스인에게
는, 고대 아테네의 예술적 창조성과 철학의 놀라운 개화가 있었고,
헬레니즘 시대의 알렉산드리아의 학문과 지혜가 있었으며 비잔티
움의 법전, 신학, 건축이 있었다. 유대인의 경우, 모세의 시대는 거
룩함을 추구했고, 다윗의 왕국은 권력과 영광을 추구했으며, 탈무
드시대는 율법을 추구했다. 그리고 스페인의 황금시대는 시를 추구
하였으며……. 이 모든 경우에 있어서, 황금시대에 대한 연속적인 신
화–기억들은 후대 세대에게 민족의 내적 그리고 '타고난' 특성, 즉
나중에 추가된 여러 부착물과 부패 밑에 있는 민족의 '참된 본질'이
무엇인지 보여주었다. 이 각기 다른 전통, 신화, 기억 속에서, 우리

••

25) 성실성과 진정성의 문학적 의미는 Trilling(1972)에 의해, 그리고 18세기 잉글랜드에
서의 그 의미는 Newman(1987)에 의해 연구된다. '황금시대'의 추구와 의미에 대해서는
A. D. Smith(2004a, 8장)를 보라. 〈칼레발라〉에 관해서는 Branch(1985)를 보라. 그리
고 핀란드인(Finns)에게 미친 그것의 영향력에 대해서는 Honko(1985)를 보라.

———

** 카렐리야인(Karelians)은 핀우그리아어파 언어인 카렐리야어를 쓰는 민족으로 오늘
날 러시아의 카렐리야 공화국과 핀란드 동부에 약 75만 명이 살고 있다. 20세기에 많은
카렐리야인이 카렐리야를 떠날 수밖에 없었다.

는―그 민족의 역사와 '본질'에 대한 재해석과 종합에 의해서만 해결되지만 그 일이 실패했던 곳에서는 사회적·이데올로기적 혁명에 의해서 해결되었던 이데올로기적 충돌을 낳는― 경쟁적인 정치적 파당들 못지않게 그 공동체의 연속적인 세대들에 의해서 그렇게 생각하는 것이 얼마든지 가능하다고 여기는 서로 다르고 때로는 적대적인 관념과 이상을 발견할 수 있다.[26]

희생을 통해 얻어지는 민족의 운명*

민족의 문화자원 가운데 아마 가장 강력한 것은 공동체를 위한 끊임없는 (운명과의) 싸움과 희생이 요구되는 민족의 운명이라는 이상이었다. 투쟁(struggle)은, 물론 정치적 낭만주의의 핵심 요소였다. 어떤 사람들은 심지어 민족의 젊은이들의 정규적인 피의 희생이 민족의 창출과 보존에 절대적으로 필요하다고 주장해왔다. 그렇게까지는 아니지만, 우리는 공적 희생의 이상이 연속적인 세대들에게 어

: :

26) 디아스포라 유대인과 그들의 신화에 대해서는 Armstrong(1982, 7장)을 보라. 경쟁적인 그리스 민족주의적 해석은 Kitromildes(1979)에 의해 분석된다. 이러한 문화적 경쟁에 관해서는 Hutchinson(2005, 3장)을 보라. 그리고 이 책의 2장을 보라.

———————

* 운명(運命, destiny)의 사전적 의미는 "①인간을 포함한 모든 것을 지배하는 초인간적인 힘. 또는 그것에 의하여 이미 정하여져 있는 목숨이나 처지. ②앞으로의 생사나 존망에 관한 처지"이다. 그렇다면 '민족의 운명'은 '어떤 초인간적인 힘이 민족의 앞으로의 생사나 존망에 대해 정해준 명령' 정도로 해석할 수 있다. 민족의 운명을 이렇게 해석하면 본문의 뜻이 쉽게 파악된다.

떻게 그들의 조상을 모방하고 정치적 연대의 유대감을 바로잡거나 강화하려는 갈망을 불러일으킬 수 있는지를 쉽게 볼 수 있다. 그와 같은 관점은 강조점을 희생행위 그 자체로부터 민족의 미래의 방향을 위한 그것의 신화적 상징적 결과로, 그리고 민족공동체의 '정체성'과 달성목표의 연속적인 표현으로 옮겨간다.[27]

다시 말해 민족의 문화자원에 대한 우리의 이해에서 중요한 것은 희생 그 자체가 아니라 희생에 근거한 민족의 운명이 있(고 이것이 아주 중요하)다는 강한 인식이다. 민족의 운명이라는 이 이상은 고토 방어를 위해 시민들을 동원하는 데 반복적으로 도움을 주었고, 영웅적인 전투와 애국-전사의 고귀한 죽음의 신화를 사람들의 마음속에 심어주었으며, 민족 구성원들의 주변을 둘러싸고 있으면서 그들의 동포가 목숨을 바치면서 지켜냈던 그 운명을 실행하라고 민족 구성원들에게 요청하는 그림과 기념비적 조각품 안에서 그들의 행동을 기리는 것을 통해 영구적 표현을 얻으려고 추구해왔다. (바빌로니아 군이 예루살렘을 점령하여 유대 왕국을 몰락시킨 기원전 586년의) 예루살렘의 몰락, (아르메니아인이 페르시아와 싸운 451년의) 아바라이르 전투, (세르비아 군대가 튀르크 군에 무참히 패배한 1389년의) 코소보 폴레 전투, (잔 다르크가 이끄는 프랑스 군대가 잉글랜드 군대를 격파한 1429년의) 오를레앙 전투, (체코와 헝가리가 오스만 제국에 패배한 1526년의) 모하치 전투, (제1차 세계대전 중인 1916년 프랑스의 솜에서 영국, 프랑스

··
27) 민족은 스스로의 유지를 위해 전쟁에서 젊은이의 희생을 정기적으로 필요로 하는, 사람을 죽이는 기계라는 견해에 대해서는 marvin and Ingle(1999)를 보라. 좀 더 온건한 해석인, 전쟁 경험의 신화는 특히 초창기 독일 민족주의 운동에 관한 Mosse(1990)에 의해 분석된다.

연합군과 독일 군이 2회에 걸쳐 격돌하여 120만 명 이상이 죽은) 솜 전투, (제1차 세계대전 중 연합군이 독일과 동맹을 맺고 있던 터키를 통과하여 러시아와 연락을 취하려고 갈리폴리 반도 상륙을 감행, 50만 명 이상이 사망한 그리고 나중에 전쟁기념관이 세워진 1915년의) 다르다넬스 전투, [제2차 세계대전 중 서부전선에서 일어난 그리고 2000년에 됭케르크 전쟁기념관(Mémorial du souvenir de Dunkerque)이 건립된 1940년의] 됭케르크 전투, (제2차 세계대전의 전환점이 된 200만 명 이상의 희생자를 낸 그리고 나중에 전쟁기념관이 세워진) 스탈린그라드의 전투. 승리보다도 아마 패배가 시와 노래와 기념비적 예술에서 민중전설의 일부가 되었을 것이다. 희생, 연대, 무덤의 가슴 아픈 주제는 이미 기원전 430년 페리클레스의 (펠로폰네스 전쟁 전사자들을 추모하기 위해 아테네에서 열린 기념식) 장례연설에 분명히 드러나 있었지만, 그런 주제들이 널리 확산되었던 것은 그리고 그런 주제들이 아주 강렬하고 드라마틱한 민족의 공공의례와 의식에 필요한 역사적 콘텐츠를 갖추기 시작했던 것은 18세기 말에 시민군(citizen armies)이 등장하면서부터였다. 20세기 초에 이르러 개별 영웅들의 용기를 기념하는 일은, 세노타프와 대규모 공동묘지를 조성한 다음, 공식적인 전례문(典禮文)에 따르면, 그들이 죽어서 '우리가 살고' 우리 민족이 자신의 운명을 실현하게 된 그 시민들의 대량살육을 추모하기 위해 해마다 개최되는 엄숙한 민족적 기념식에 자리를 내주었다. 서구에서 비교적 최근의 전쟁기념관에 있는 장교와 사병들의 이름이 새겨진 원형기둥(圓柱, columns)에서, 우리는 아마도 민족 구성원들과 개별 시민들이 부여하는 의미의, 그리고 민족의 미리 정해진 유일무이한 운명의 길에 대한 무언의 승인(承認)의, 가장 농축된 표현을 발견할 수 있을 것이다.

국내 또는 해외의 전쟁에서 살해당한 사람들에게 한 조각의 땅을 따로 떼어내 바침으로써, 엘리트들은 민족의 이미지를 현재의 대립과 충돌 위에 두기 위해 모든 시민들과 협약—오늘날의 언약—을 맺고 자기성찰적으로 민족의 운명을 찾아내 널리 알리고자 하는 갈망을 드러내 보인다.[28]

　민족의 '문화자원'과 '신성시되는 토대'에 대해 말하면서(즉 민족에는 '문화자원'과 '신성시되는 토대'가 존재한다고 말하면서) 우리가 그 문제를 이상형적으로 논하고 있음을 염두에 두는 것이 중요하다. 일반적으로, 여타의 시민집단들뿐만 아니라 한 민족의 엘리트들은 이러한 문화자원의 하나 또는 그 이상에 의거해서, 도덕적인 관습과 믿음에서 그리고 그들의 민족공동체의 화합과 목표인식에서 그들이 불충분하다고 여기는 것을 지켜내고 견뎌내게 만들 수 있다. 앞에서 언급했듯이, 무어라고 추정되는 기준이나 '황금시대'로부터 후퇴했다는 민족 구성원들 측의 인식은 흔히 선민(選民)에 대한 오래된 믿음을 부활시키고, 시민들을 그들 고토의 친숙한 경관으로 되돌아가게 하고, 이전의 위대했던 시대와 그들의 유명한 조상들의 영웅적 행적의 본보기들을 다시 기억해내고, 영광스럽게 죽은 자들에 대한 공적인 의례와 의식을 제도화하거나 강화하려는 추동력을 제공한다. 그러나 그와 같은 자원이 실제로 이용되는지의 여부와 정도, 그

28) 이것이 Mosse(1975, 3장과 1990)가 그것의 성격과 역사를 연구한 대중의 시민종교라는 테마다. 미국 남북전쟁 이후에 민족의 대중적 충돌의 기념의례에 대해서는 Grant(2005)를 보라. 제1차 세계대전에서 절정에 달한 민족주의라는 시민종교, 그것의 대중 공동묘지와 세노타프는 Winter(1995, 4장)에 의해 감동적으로 기술된다. 좀 더 일반적으로 희생을 통한 민족의 운명이라는 이상에 대해서는 A. D. Smith(2003a, 9장)를 보라.

리고 그것들이 얼마만큼이나 시민들의 마음과 머리를 장악할 개연성이 있는가? 하는 것은 민족공동체에 따라서뿐만 아니라 같은 공동체에서도 시대에 따라서 다를 것이고, 그중 일부는 즉각적이고, 일부는 좀 더 장기적인 갖가지 요인의 영향을 받기 쉽다.

변화와 영속

실제로, 공공 추모의식과 민족적인 전쟁기념관의 더 깊은 의미에 대한 성찰은 불가피하게 특히 근대 세계에서의 민족의 초역사적 성격이라는 문제(the question of the transhistorical nature of nations)를 제기한다. 민족됨의 이상은 전 지구적으로 계속해서 남녀의 충성심을 받을 개연성이 있는가? 아니면 우리는 그토록 오랫동안 예견되어 왔고 그토록 힘차게 선언되었던 바대로, 소위 '포스트-모던' 시대에 민족의 이른 노후화와 (다른 것으로의) 대체를 목격하게 될 운명인가?

이 양자택일에 판결을 내릴 수 있는 쉬운 방법은 없다. 이론적으로, 그리고 첫 번째의 추정으로 우리는 내가 기술했던 문화자원이 특정한 민족공동체에 더 많으면 많을수록, 그리고 그 범위와 강도가 더 크면 클수록, 그 구성원들이 품는 민족정체성 인식이 더 강렬하고, 더 생생하고, 더 널리 확산될 개연성이 있다는 가설을 세울 수 있다. 반대로 특정한 공동체 안의 이러한 문화자원의 수가 더 적고 그 범위가 더 제한되어 있고 강도가 더 약하면 약할수록, 민족정체성과 소속에 대한 그들의 인식은 더 피상적이고, 더 생기가 없고 모두를 아우르는 힘이 더 적을 개연성이 있다.

물론 이것은 방정식의 일부에 지나지 않는다. 문화자원은 민족 공동체의 유일한 지표가 아니다. 정치단체는 말할 것도 없고 물질적·제도적 요인들도 민족의 기본구조를 강화 또는 약화하는 그리고 민족정체성 의식을 유지하는 중요한 역할을 할 수 있다. 부정적인 측면에서 보면, (민족공동체에 맞서는 유럽공동체와 같은) 대안적·경쟁적 문화-정치공동체의 현저성(顯著性)*은 시민들의 충성심과 애착심을 분열시킴으로써 민족정체성 인식의 화합과 진동을 쉽게 약화시킬 수 있다. 그럼에도 우리가 어떤 민족공동체의 시민들 가운데서 민족정체성 인식의 강함과 생생한 표현(또는 그것의 결여)을 측정할 수 있는 것은 우리가 민족의 문화자원에 초점을 맞출 때뿐이다. 여기에서 나는 이야기의 초점을, 민족정체성 인식이 아직 형성 중인 아시아, 아프리카, 라틴아메리카의 여러 민족과는 달리, 흔히 문화적 파편화와 더 큰 지역적 연합과 결사로의 통합이 진행되고 있다고 생각되는 서양과 유럽 민족들에 주로 맞출 것이다.

앞에서, 나는 기원신화의 지속적인 중요성을 논했다. 서구의 대부분의 인민이 우리가 아는 한, 그들에게 따라붙는 켈트인, 프랑크인, 앵글로-색슨인, 튜턴인이라는 먼 과거 부족들의 흔히 신비로운 전설들을 지금까지는 믿었을지언정 더 이상 믿지 않는다는 것은 사실이다. 이와는 대조적으로, 여러 인민에게 여전히 힘을 발휘해온 것은 '우리'와 '저들', 민족적인 자기됨과 국외자들과의 차이에 대한 인식, 즉 공유된 기원과 혈통에 의해 정당화되는 구분이다. 워커 코너

---

* 현저성(salience)은 어떤 자극(대상이나 속성)이 다른 것과 비교해서 두드러지게 보이는 것을 말한다. 예를 들어 사회심리학에서 social salience는 관찰자의 관심이 어떤 특정 대상을 향해 쏠리게 만드는 일련의 이유들을 가리킨다.

가 사실적(factual) 역사와 감각을 통해 경험되는(sentient) 역사를 구분한다는 것을 여기서 기억해낼 필요가 있다. 그는 우리에게 민족들과 민족주의 분야에서, 중요한 것은 사실이 아니라 사실이라고 **느끼는** 것(what is felt)임을 상기시킨다. 느껴지는 민족사(felt national history)와 타자에 대한 민족적 자아에 대한 이러한 인식은 이민의 엄청난 증가와 갖가지 종류의 이민에 의해 근자에 강화되었다. 여기서 그것은 단지 경제적 이주민과 망명 신청자의 단순한 수의 문제가 아니라 그들이 가져오는 다양한 문화와 그것들과 이민자를 받아들이는 사회의 문화 사이의 차이의 문제다. 이주나 문화적 차이에는 물론 새로운 것이 없다. 유럽의 중세와 근대 시대 내내 집시와 유대인의 경험은 족류정체성의 차이와 국외자에 대한 낙인찍기의 부정적 결과의 풍부한 증거를 제시한다. 그러나 특히 자유민주주의에서 이러한 현대의 차이와 반작용의 정도와 다양성은 새로운 것이다. 우리는 네댓 국가에서 반유대주의의 부활은 말할 것도 없고, 프랑스에서 북아프리카인에 대한, 독일에서 터키인과 베트남인에 대한, 이탈리아에서 알바니아인에 대한, 체코 공화국에서 집시에 대한, 영국에서 파키스탄인과 여타 아시아인에 대한, 네덜란드와 덴마크에서 일반적으로 무슬림에 대한 적대감을 보아왔다.[29]

••

29) '느껴진 역사(felt history)'에 대해서는 Connor(1994, 8장)를 보라. 나는 그가 많은 부분 사람들이 그것을 받아들이기는커녕 알고 있는 정도를 과장한다고 생각하지만, 암흑시대의 원시적 부족으로부터 내려온 혈통신화에 대한 이전의 믿음의 나쁜 효과에 관해서는 Geary(2001, 1장)를 보라. 1989년 이후 유럽의 이주 패턴에 관해서는 Carter, French and Salt(2005)를 보라. 무슬림 이주에 대한 반작용의 나중 분석에 대해서는 Alba(2005)를 보라. 남부 유럽에서 이주민에 대한 반작용은 Triandafylidou(2001)에 의해 분석된다.

이러한 정서와 그로 인한 폭력은 민족정체성 요소들에 대해 아주 열렬한 토론을, 그리고 대부분의 사람들이 인정하는 전통들에 대한 재검토를, 특히 영국에서 촉발시켰다. 몇 십 년 동안, 관심은 자유민주주의의 변화하는 문화적 구성(the changing cultural make-up of the liberal democracies, 즉 자유민주주의 문화가 성격상 어떠한 본질과 다양성을 갖는가)에 초점을 맞추었다. 그리고 다수의 지식인과 정치인들에게, '다문화주의', 즉 교육, 종교, 사회생활에서의 문화차이를 찾아내 널리 알리는 것이 다족류 및 다민족 국가에서 합의와 상호이해를 창출하는 인기 있는 처방이 되었다. 그러나 좀 더 근자에 이르러, 문화 및 종교의 차이와 상관없이, 모든 시민의 정치적 통합과 함께 사회적 통합의 필요성에 대한 공식적 재천명[관(官)에 의해 여전히 계속되고 있는 입장과 주장]이, 그리고 역사적 '민족국가'와 그것의 전통문화를 위한 더 큰 정치적 연대와 애국심에 대한 민중의 요구가 있었다. 그 결과 흔히 예견되는 민족의 '잡종화(hybridisation)'가 이루어질 가능성보다는, 민족정체성의 전통적 개념과 서사가 여전히 기존 민족국가의 역사적·문화적 (특히 그것의 법적, 언어적, 상징적) 준거틀—즉 민족국가의 준거틀임에도 불구하고 이주민사회의 종교적 믿음을 존중하고 이주민사회의 문화를 그 틀 안에 포함시키는 역사적·문화적 준거틀—에 확고하게 묶여 있으면서 상황에 따라 불규칙적으로 조금씩 변화될 가능성이 더 높다.[30]

••

30) 잡종화라는 논지는 Bhabha(1990, 16장)에 의해 제기되었다. 영국의 보다 근자의 상황은 Kumar(2003, 8장)에 의해 조사된다. 공동체 관계와 '파렉 리포트'(Runnymede Trust 2000)에 대한 그의 분석에 대해서는 특히 256-62쪽을 보라. 잉글랜드의 지속적인 민족정체성에 대한 다른 해석에 대해서는 A. D. Smith(2006)를 보라.

이와 비슷한 생각이 족류집단의 기억, 신화, 상징, 전통의 유산에도 적용된다. 나는 앞에서 족류선택 신화의 세속화는 그것이 지닌 힘과 영향력이 달라진 것이 아니라 그것의 방향이 달라졌고, 그래서 그것(족류선택 신화)의 존재는 정치와 교육으로부터 미디어와 스포츠에 이르는 민족활동의 영역 전반에 걸쳐 다양한 정도로 발견(또는 감지)될 수 있다고 주장했다. 나는 그와 같은 신화의 힘이 유럽과 서양의 민족들 간에 크게 다르다는 것을 덧붙여야겠다. 즉 이탈리아와 벨기에에서는 신화의 힘이 비교적 약하고, 일본은 물론 아메리카, 프랑스, 그리스, 이스라엘, 러시아에서는 그것의 영향력과 현저성이 아주 뚜렷하다. 그렇다면 민족기억은 어떤가? 특히 학교 교육과정에 역사지식(historical knowledge)이 부족하고 교육과정이 전통적 족류사와 전혀 무관한 내용으로 되어 있다는 끊임없는 불평이 나오고 있는 시대에, 그리고 이전의 단일한 '민족사'가 다족류 민족 내의 여러 다양한 공동체들의 '복수(複數)의' 역사들로 분해되어버린 시대에, 우리는 고토 전체에 존재하는 단일한 민족적 과거에 대한 공유기억이 존재하고 그것이 여전히 중요하다고 말할 수 있는가? 여기에는 상당한 세대 간의 차이가 있는 것 같다. 여러 나이 든 시민들은 흔히 신성시되는 민족적 과거—클로비스(또는 프랑스혁명)로부터 드골, 앨프리드 대왕에서 처칠, 워싱턴에서 케네디에 이르는—에 대한 인식에 매달린다. 그러나 여러 젊은 세대에게, 민족의 군사적 그리고/또는 제국적 역사는 절대반대이고, 민주주의를 제외한 민족의 정치적·문화적 과거는 흔히 모르거나 부담스러운 존재이고, 이것은 민족정체성에 대한 젊은 사람들의 인식은 시들거나 재조명되고 있음을 말해준다.[31]

변화는 공공 상징과 관계된 분야에서 덜 분명한 것 같다. 국가(國歌)는 엄숙하거나 기념할 때를 제외하고는 자주 연주되지도 존중되지도 않을지 모른다. 그러나 마이클 빌리히가 우리에게 상기시켜주듯이, 흔히 흔들리지는 않지만 언제 어디서나 깃발은 여전히 날리고 있고 엄숙한 때에 국기게양은 공공의례와 의식에서 민족에 대한 확인의 핵심이다. 한 나라의 국기를 밟거나 태우는 것은 이유를 불문하고 대부분의 구성원들에게 민족적 연대에 대한 심각한 파괴, 심지어 신성모독으로 간주된다. 민족의 상징으로서의 국기를 위해 싸우거나 죽는 것은 대부분의 나라에서 여전히 가장 높은 형태의 공적 희생이고, 젊은이들 사이에서도 여전히 가장 큰 존경을 받는다.[32]

우리는 민족적 공공문화의 전통의례와 의식에도 같은 말을 할 수 있는가? 여기에는 시민들의 (전통의례와 의식의) 거행의 강도와 포괄성에서 더 커다란 차이가 있다. 대부분의 민족국가는 독립, 헌법이나 몇몇 역사적 전투나 조약을 기념하기 위해 국경일을 정했다. 때로는 이것이 조용하고 엄숙하고 대체로 공식적인 일이지만 다른 많은 경우에—예컨대 프랑스의 바스티유 기념일, 영국의 영령기념일 요일(Remembrance Sunday)*, 오스트레일리아의 안작데이(ANZAC

••

31) 19세기 말 에르네스트 라비스에 의해 정해진 프랑스 역사서술 패턴의 변화에 대해서는 Citron(1990)을 보라. 영국에서 역사에 관한 논쟁은 Gerdiner(1990)에서 논해진다. 그리고 19세기 말 '전통적인' 잉글랜드인됨(Englishness)의 단조(鍛造)에 대해서는 Dodd(2002)를 보라. 미국인의 공유된 신화와 기억은 Huntington(2004)과 Cauhen(2004)에서 연구된다. 아울러 A. D. Smith(2007b)에 있는 민족들의 근자의 변화에 대한 좀 더 확대된 논의를 보라.
32) 흔들리지 않는 깃발에 대해서는 Billig(1995)를 보라. 특히 미국에서 깃발의 상징체계는 Marvin and Ingle(1999)에서 충실히 연구된다. 그리고 유럽에서 깃발의 역사는 Elgenius(2005)에 의해 분석된다.

Day)**, 이스라엘과 노르웨이의 독립기념일—민족의식을 높이고 민족의 운명에 대한 강한 이미지를 떠올려주는 민족의 구원드라마에 공중이 참여한다고 하는 강한 민중적 요소가 있다. 여기서 우리는 그것이 재확인해주는 민족의 신성한 성찬식의 민족정서와 활력과 그 외의 다른 것의 정도와 종류에 대한 아주 민감한 지표를 갖게 되는 것 같다. 그리고 이것이 맞는다면, 모든 것을 감안할 때 그것이 의미하는 바는 대규모 변화에도 불구하고 여러 민족공동체는 그 구성원들의 마음과 상상력에 자신을 호소하는 힘을 유지해왔다는 것이다.[33]

영토화는 아마도 다른 것 같다. 젊은 구성원들 사이에는 시인, 음악가, 예술가들이 민족의 추상적 이미지를 구체화하고 가시적이고

••

33) 영국, 프랑스, 노르웨이의 국경일에 대한 상세한 논의는 Elgenius(2005)를 보라. 오스트레일리아인의 안작데이 기념식은 Kapferer(1988)에 의해 자세히 기술된다. 영국의 영령기념일요일 의식에 관해서는 또한 A. D. Smith(2003a, 9장)를 보라.

---

* 제2차 세계대전과 그 후의 분쟁에서 죽은 남녀 군인 및 민간인의 공헌을 기념하기 위해 제1차 세계대전 종전일인 1918년 11월 11일 오전 11시에 가장 가까운 일요일(두 번째 일요일)을 영국에서는 국경일로 정해 기념한다. 이 민족적 의식(national ceremony)을 런던에서는 화이트홀에 있는 세노타프(빈 무덤이라는 뜻의 그리스어)에서 개최하고, 지방에서는 에든버러에 있는 스코틀랜드 전쟁기념관, 카디프에 있는 웨일스 전쟁기념관, 북아일랜드 벨파스트의 세노타프와 전쟁기념관을 비롯한 전국의 도시와 마을의 전쟁기념비에서 행한다. 런던에서는 오전 11시에 시작되는 2분간의 묵념에 이어, 여왕, 에든버러 공작, 웨일스 공작, 요크 공작 등 왕실인사, 그리고 수상, 정당대표, 장관의 헌화가 이어진다. 런던 주교가 주재하는 짧은 예배가 이어지고 이때 〈O God Our Help In Ages Past〉라는 찬송가가 합창된다. 이어서 대규모 밴드와 퍼레이드가 벌어진다.
** 원래는 제1차 세계대전 시 갈리폴리에서 오스만 제국과 싸웠던 오스트레일리아와 뉴질랜드 군단(ANZAC)을 기념하기 위해 제정된 국경일이었으나 그 후 모든 전쟁, 분쟁, 평화유지 작전에 복무하거나 작전 중 죽은 사람들을 기념하는 날로 확대되었다.

이해하기 쉽게 만들기 위해 과거에 그렇게도 자주 의존했던 신성시되는 장소와 '시적 경관'에 대한 사랑과 존경이 다소 줄어든 것 같다. 이것은 부분적으로 근대 서구에서 대다수 인구의 급속한 도시화와 훨씬 더 커진 유동성, 그리고 그 결과로 생겨난 농촌 부문의 축소와 그것과 함께 민족주의적 구비설화의 이상화된 민속의 중추인 전통적 농민의 축소의 결과다. 그렇다 하더라도, 상업개발자와 다양한 유산 보존단체 및 환경주의자들과의 지속적인 투쟁은 '우리의' 역사적 경관과 그것의 유일무이한 경치의 아름다움이 여전히 관광산업으로 벌어들이는 여러 이윤은 말할 것도 없이—여러 민족 구성원들의 관심사임을 말해준다. 더욱이 도시 거주자들의 일부가 '자연으로 돌아가는' 낭만적 움직임은 민족과 그것이 선호하는 생활양식이라는 이상에 대한 친숙한 지역적 경관의 중심성을 주기적으로 재확인시켜주었다. 비록 세속화가 고토와 그 조상의 사적지에 부여된 신성함의 일부를 약화시켰을지라도, 후자는 여전히 그것의 민족적 의미를 지니고 있고 계속해서 많은 사람들에게 그 민족의 역사적 경관에 대한 일신된 애착심에 불을 붙일 것이다.[34]

34) Boswell and Evans(2002, 2부)에 실려 있는 유산과 민족정체성에 관한 논문들을 보라. 경관과 민족정체성에 대해서는 Hooson(1994)에 실려 있는 논문들을 보라. 아울러 Kaufmann and Zimmer(1998)를 보라.

결론

유럽에서 민족국가의 독립성이 일부 기관(機關)에서, 즉 경제 부문에서는 아주 명백하지만, 지구적 문제들을 대처하기 위해 좀 더 균일하고 국경을 초월한 기구들에 대한 필요성이 커지고 있는 법률·군사·교육기관에서도 다양한 정도로, 약화된 것은 사실이다. 물론 유럽연합 내 유럽 민족국가들 간의 '조화(harmonisation)'* 과정들은 불균등하고, 경쟁이 치열하고 많은 사람들의 눈에 '불완전하게' 보인다. 그러나 이런 것들은 민족국가의 '국가' 부분과 더 관련되는 차원들인 반면, 족류-상징주의자들의 초점은 '민족'과 그것의 상징자원에 맞춰진다. 맞다, 국가와 민족의 밀접한 연관관계는 제도적 조화와 그로 인한 주권의 감소가, 특히 정치적 상징체계가 문화자원의 핵심요소였던 영국과 같은 경우에는, 다양한 정도로, 고용과 민족의 문화자원의 교육적 전파에 영향을 미칠 수 있다. 다른 한편, 국가 간 조화(inter-state harmonisation)는 민족 구성원 사이에서 이러한 (문화)자원의 내용, 생산, 공명에 훨씬 영향을 적게 준다. 그런 이유로, 국가에 대한 이러한 초민족적 영향을 적절히 감안하면서 민족들

---

* EU(유럽연합)와 관련하여 harmonisation은 harmonisation of law를 말하며 이는 각국의 국내시장을 가로지르는 공동의 기준을 창조하는 과정을 말한다. 이것은 "①법, 규정, 기준, 관행의 일관성을 창출하여 동일한 규칙이 회원 국가 하나 이상에서 작동되는 기업에 적용되도록 하고, 한 국가의 기업이 여러 다른 규칙의 결과로 다른 국가에 있는 기업들에 대해 경제적인 이익을 가질 수 없게 하는 것. ②민족적 또는 초민족적으로 작동되는 기업을 위해 법률준수와 규제의 부담을 줄이는 것"을 목적으로 한다. 그리고 회원 국가들의 법률 안에서 획일성을 획득하려는 EU의 목적은 자유무역을 촉진시키고 시민들을 보호하는 것을 목적으로 한다. 요컨대 harmonisation은 국제적 통합의 공인된 한계를 확인하되 완전한 통합의 비전에 반드시 도달하지는 않는 과정이다.

의 약화나 영속에 관한 물음을 던질 때, 우리는 민족적 차원들을 분석적으로 별개의 것으로 유지시킬(즉 국가적 차원과 민족적 차원을 분석적으로 나누어서 볼) 필요가 있다.[35)

아마도 두 가지 면에서 즉 이데올로기와 종교 면에서, 우리는 민족들이 어느 정도 약화 아니 변화(라고 하는 게 더 좋겠지만!)되었다고 정당하게 말할 수 있다. 몇몇 주목할 만한 예외에도 불구하고, 유럽과 서양의 여러 주도-족류 민족들에서 민족주의—이데올로기와 운동—의 감소가 있었는데, 이는 첫째는 냉전 그리고 그로 인해 유럽의 이상(the European ideal, 유럽연합의 이상)의 영향력이 점점 늘어난 결과다. 그러나 같은 말을 남동부 유럽의 민족들이나, 예컨대 쿠르드족, 팔레스타인인, 시크족, 타밀족, 카렌인과 유럽 밖의 다른 민족들은 말할 것도 없고 스코틀랜드인, 바스크인, 카탈루냐인과 같은 국가 없는 민족들에게 적용할 수는 없다. 그리고 우리가 보았듯이, 역사적 민족국가들에서 강한 민족정서는 대규모의 이주에 의해 다시 불붙을 수 있다. 민족적 이상의 신성함이 약화하고 있다는 증거는 (이주에 의해 강한 민족정서가 생겨나고 있다는 증거보다) 조금 더 불분명하다. 소비지상주의, 물질주의, 합리주의, 그리고 개인주의 숭배는 두말할 나위 없이 모든 종류의 집단적 충성심을 약화시켰다. 신성시되는 것의 이러한 부분적 약화는 특히 젊은 세대에서 더 많은 사람들이 기원신화, '황금시대'의 족류사적 기억, 그리고 심지어는

••
35) 유럽 통합의 효과에 대해서는 Delanty(1995)를 보라. 그리고 민중의 회의주의에 대해서는 Deflem and Pampel(1996)을 보라. 유럽에 대한 좀 더 역사적인 접근방법은 Pegden(2002)에 실려 있는 논문들의 일부에서 볼 수 있다.

일부 민족적 의식*에 대해 회의적인 경향이 있다는 것을 의미했다. 동시에 유럽과 북아메리카에서는 민족국가를 계속해서 뒷받침하는 역사적 유대의 신성함을 회복하려는, 그리고 주도 족류공동체 사이에서 민족정체성 인식이 더 이상 약화되지 않도록 브레이크의 역할을 하는 목소리가 있다.[36]

더욱이 많은 사람들은 자본, 사람, 상품, 서비스가 국경선을 넘나듦에도 불구하고, 그들의 고토의 시적 경관과 심지어 그들의 국경선의 보존에 강한 애착심을 보이고 있다. 세속화된 선민신화에게도 거의 같은 말을 할 수 있다. 굳이 말을 하자면, 세속화된 선민신화는 다양한 문화를 지닌 이주민의 잇따른 물결에 의해 강화되고 있다. 그들(이주민들)이 주는 충격으로 인해, 확실히, 민족정체성의 전통적 개념이 재정의되고 있으며, 인구의 족류집단 간의 혼합도, 지나간 시대에 그랬던 것처럼, 변화하고 있다. 그러나 우리는 또한 민족의 역사적 독특성에 대한 강한 재주장을 목격하고 있으며, 이것은 민족적 운명에 대한 여러 구성원들의 비전에 반영되고 있다. 민족을 위해 전투에서 쓰러졌던 사람들의 존재 안에서 그리고 그들의 희생에 대한 기억에 주어진 의례와 의식 안에서 사람들이 존경과 신성함을 얼마만큼이나 느끼는지는 아주 분명하다. 이러한 자기-성찰적이

:

36) 주도 족류공동체에 대해서는 Kaufmann(2004b)에 실려 있는 논문들을 보라. 그러나 미국의 민족주의에 대해서는 Cauthen(2004)을 보라. 국가 없는 민족 구성원들의 정서에 관해서는 Guibernau(1999)를 보라.

---

* 민족적 의식(national ceremonies)이란 프랑스의 바스티유 기념일, 영국의 영령기념일요일, 오스트레일리아의 안작데이, 이스라엘과 노르웨이의 독립기념일과 같은 의식들을 말한다.

고 자기-기념적인 의식(self-reflexive and self-celebrating ceremonies) 안에서, 민족적 이상은 여전히 활기차고 또 계속된다.

6

찬성과 반대

민족들과 민족주의 연구에 대한 다른 시각들과 마찬가지로, 족류-상징적 접근방법은 어떤 부분에서는 공인을 받았고 다른 부분에서는 상당한 비판을 받았다. 그러므로 족류-상징주의에 대한 몇 가지 가장 중요한 반론들을 고찰함으로써 족류-상징주의의 공통주제들을 재고해보는 것이 유익할 것이다. 여기에는 예닐곱 가지 핵심 쟁점이 있는데, 그 가운데서 나는 (족류-상징주의에 대해서 가해지는) 좀 더 이론적인 비판들을 집중적으로 살펴보겠다. 그것을 나열해본다면, 족류-상징주의가 민족주의를 너무 긍정적으로 생각한다는 것, 족류-상징주의가 (구별되어야 할) 국가와 민족을 뭉뚱그려서 하나로 만들려는 경향이 있다는 것, 족류성을 지나치게 강조하고 민족과 족류공동체를 (엄격히) 구분하지 않는다는 것, 민족들과 민족주의에 대한 이해가 (다이내믹하지 않고) 상대적으로 정태적이라는 것, 이와 관련하여 연속성을 강조하고 민족의 영속을 중요하게 생각한다는 것, 문제가 많은 정체성(identity)이라는 개념을 사용한다는 것, 그리고 끝으로 자신의 이론적 토대를 진화론(evolutionism), 전체론 (holism) 및 관념론(idealism)에 두고 있다는 것 등이다.

민족주의의 윤리(학)*

오늘날 많은 사람들에게, 민족은 아닐지 몰라도, 민족주의는 본질적으로 부정적 이미지를 갖는다. 일부 코즈모폴리턴 지식인들은, 민족주의가 비록 인종주의는 아닐지라도 적어도 인종주의를 조장한다고 보며, 심지어 민족주의를 파시즘 및 나치즘과 거의 같은 것으로 보는 데까지 나아간다. 그리고 또 다른 많은 사람들에게, 그것은 민족적 동질화와 족류(族類) 간 분쟁으로부터 인종말살(genocide)에 이르는 세계의 가장 큰 여러 병폐의 근원이다. 그 결과, 이들 비판자들의 눈에는 민족주의의 기본명제들을 진지하게 여기는 것처럼 보

---

* 민족주의의 윤리(학)(the ethics of nationalism)은 ethics의 사전적 정의가 "①옳고 그름에 대한 도덕적인 믿음과 규칙. ②사람들이 신봉하는 옳고 그름에 대한 도덕적 원칙"이므로, 그 뜻은 '민족주의가 전제하고 있는 도덕적 믿음과 규칙'이 될 것이다. 즉 민족주의=인종주의=파시즘(나치즘)이라는 일반인의 잘못된 (사실은 필요에 의해 심어진) 인식 때문에 민족주의는 잘못된 윤리(학)를 갖고 있다고 상정되고, 따라서 민족주의를 부분적으로 옹호하는 족류-상징주의는 민족주의가 부정되어야 하는 것과 똑같은 이유로 부정되어야 한다는 주장을 스미스는 반박한다. 요컨대 민족주의는 무조건 거부되어야 할 이데올로기가 아니라는 것이다. 민족주의가 초래한 부정적인 측면들(타민족에 대한 차별과 억압 따위)에도 불구하고 민족주의에는 긍정적인 측면(겔너: 민족주의는 근대사회의 고급문화)이 많으며, 특히 민족주의가 왜 그토록 폭넓은 민중적 호소력을 갖는지를 설명할 수 있는 민족주의에 대한 균형 잡힌 이해가 필요하며, 바로 그러한 필요성 때문에 족류-상징주의가 생겨난 것이라고 스미스는 주장한다.

이는 그 어떤 접근방법도 민족주의에 찬성하는 것은 아닐지라도 민족주의 교의와 운동을 상당히 존중하는 것처럼 보이게 마련이다.[1]

그와 같이 민족주의에 비판적인 사람의 하나인 (터키 이스탄불의 빌지 대학 교수인) 우무트 외즈키림리(Umut Özkirimli)에게 족류-상징주의자들은, 정말로, 그들의 기분을 솔직히 드러내려고 하지 않는 순진하면서 동시에 무책임한 '(자기감정을 숨기는) 음흉한 민족주의자들'이다. 정치적 중립성과 과학적 객관성의 입장을 취하고 있어도 그들은 과거에 대한 낭만적 노스탤지어에 빠져 있기 때문에, 그들이 아무리 좋은 의도를 갖고 있어도 그들의 분석은 차별과 억압을 정당화하는 데 이용될 수 있다는 것이다. 그들이 서양(즉 유럽과 북아메리카) 국가들은 좀 더 시민적이고 영토적 판본의 민족주의를 낳고 확산시킨다고 생각하는 한, 족류-상징주의자들은 이 서양 국가들이 계속해서 강한(또는 독한) 족류집단적·배타적 요소들을 지니고 있음을 인정하려고 하지 않는 정치적 순진성(또는 철없음, political naivete)을 간접적으로 드러낼 뿐이라는 것이다. 서양 밖의 '뜨거운' 민족주의들에 관해 이야기할 때에도, 족류-상징주의자들은 일반적으로 민족주의자들은 노골적인 문화적·사회적 동질화를 목표로 삼기보다는 민족의 구성원들을 하나로 통일하려고 노력한다고 주장할 정도로 그것들의 아주 부당하고 위험한 결과들을 별거 아닌 것처럼 깎아내린다는 것이다. (미국 캘리포니아 대학 교수인) 안드레아스

· ·

1) 예컨대 Nolte(1969)에게 파시즘은 민족과 그것의 민족주의 위에서 건설되었다. 파시즘과 민족주의를 구별하려는 시도에 대해서는 Zimmer(2003, 4장)와 A. D. Smith (1979a, 3장)를 보라.

윔머(Andreas Wimmer)도, 족류-상징주의자들은 자신들의 주장을 '낭만적 존재론' 위에다 세워놓았고, 그래서 어떤 사람들을 민족의 일원으로 입단시키느냐 배제하느냐에 관한 내부 논쟁이 실은 정치와 이익싸움 때문에 일어난다는 가장 중요한 사실을 제대로 파악할 수 없게 만든다고 비판한다. 그리고 이것은 결과적으로 모든 민족이 자신의 국가를 가져야 한다고 요구하는 민족주의의 확산이 근대적 충돌과 전쟁의 가장 중요한 원천의 하나였음을 보지 못하는 것으로 이어진다고 윔머는 족류-상징주의자들을 비판한다.[2]

　이러한 비판들은 엘리 케두리의 저서와 밀접히 연관되어 있는 민족주의에 대한 적대적인 묘사에 결과적으로 의탁하고 있는 셈이다. 케두리에게 민족주의는 체제전복의 이데올로기, 즉 '민족'을 자처하는 소수의 의지에 다수를 종속시키는 완전무결성(perfectibility)에 대한 광적인 추구다. 족류-상징주의자의 입장에서 보면, 이것(민족주의에 대한 케두리의 적대적인 묘사)은 (민족주의에 대한) 일면적인 묘사이자 (민족주의의 복잡성을) 단순화한 것에 지나지 않는다. 그것은 (겔너가 산업사회의 고급문화라고 설명한) 민족주의의 문화적 편익을 간과할 뿐만 아니라, 민족주의 이데올로기들이 근대화와 사회변화에 자극과 정당화를 제공한다는 사실을 의도적으로 누락시키는 일이다. 그것은 또한 족류민족주의와 반식민적 민족주의가 모두 민중적 호소력이 높다는 사실, 그리고 민족들이 민주주의적 의지를 구현하고 있다는 사실을 이해하는 데 실패하고 있다. 이러한 호소력

: :
2) 족류-상징주의에 대한 세밀한 비판에 대해서는 Özkirimli(2000, 5장과 좀 더 논쟁적 형태의 비판은 2003)를 보라. 아울러 Wimmer(2008)와 Breuilly(1996)도 보라.

을 이해하기 위해 우리는 여러 주민들 사이에서 공명을 불러일으키는 다양한 상징, 기억, 전통, 신화, 가치 속에서 민족주의의—과거와 현재의—원천을 찾아낼 필요가 있다. 이것은 과거에 대한 낭만적 노스탤지어도 아니고 음흉한 또는 은폐된 민족주의는 더더욱 아니다. 족류-상징주의자들은 과거로 되돌아가는 것을, 비록 그것이 가능하더라도, 동경하거나 권고하지 않는다. 오히려 그것은, 가능한 한 가치판단을 하지 않고 엄격한 분석을 함으로써, 민족주의의 폭넓은 민중적 호소력을 이해하려는 리서치[무엇에 대한 사실(fact)을 발견하려는 연구] 전략과 프로그램의 문제이다.[3]

이와 관련된 또 하나의 비판은 족류-상징주의자들이 문화적 다양성에 대한 민족주의의 불관용(intolerance)을 인정하려고 하지 않는다는 것이다. 그러나 민족주의의 발생에서 헤르더와 그의 추종자들이 얼마나 중요한 역할을 했는지(그리고 족류-상징주의자들이 문화적 다양성을 얼마나 중요시하는지)를 감안하면, 이러한 비난은 줄잡아 말하더라도 본질을 놓치고 있다고 하지 않을 수 없다. 이것은 결코 민족주의자들을 변호하려는 것이 아니다. 요컨대 '형제애'와 '사랑'에 대한 민족주의적 고백이 흔히 야만적이고 파괴적인 결과를 낳았다는 사실을, 그리고 민족주의자들이—다른 종류의 이데올로그들과 함께—보여주는, 민중의 요구와 정서를 자신들의 이익에 따라 조작해내는 능력을, 아무도 의심할 수는 없다. 족류-상징주의자들도 민

··
3) Kedourie(1960과 1971, 서론)와 A. D. Smith(1979a, 2장)에 있는 나의 비판을 보라. 같은 쟁점에서 Özkirimli(2003)의 논문에 대한 나의 답변에 대해서는 A. D. Smith(2003b)를 보라. 근자에 세계의 여러 지역에서 족류-상징적 접근방법이 상당히 발달한 것은 Leoussi and Grosby(2007)에 실려 있는 논문들에서 볼 수 있다.

족과 민족에게 '꼭 필요한 것'의 이름으로 소수 족류공동체들을 차별하고, 소탕하고, 궁극적으로 박멸하는 다양한 집단들의 능력을 아주 잘 알고 있다. 그렇지만 민족주의의 월권행위와 예컨대 공산주의자, 파시스트 또는 제국주의자들에 의해 저질러진 월권행위를 구분하고, 민족주의를 인종주의(racism)나 잡동사니를 마구 쓸어 담는 '부족주의'(catch-all 'tribalism')와 혼동하지 않는 것이 매우 중요하다. 또한 시민적 분쟁─정치적·종교적·지역적 또는 당파적이건 간에─의 여러 비민족주의적 원천을 인식하는 것도 중요하다. 여기에서 우리는 근대주의자 자신들 가운데도 민족주의와 전쟁 사이의 관계에 대해 상반되는 해석이 있음을 지적할 수 있다. 계량적 분석을 토대로 한 안드레아스 윔머에게는 (민족주의와 동일한 것이 아닌) 민족-국가가 대부분의 20세기 전쟁의 원인이지만, '가장 완벽한' 위험에 처한 소수집단 관련 데이터 세트를 사용한 데이빗 래틴에게 대부분의 전쟁과 반란의 원인은 족류집단 간의 불화나 민족주의라기보다는 약한 국가(정부)(weak state)이다. 근대주의적 접근방법이든 족류-상징주의적 접근방법이든, 서로 다른 접근방법에 딱 들어맞는 사례들을 선택하는 데 있어 작용하는 편견을 중화할 목적으로 만들어졌음에도 불구하고, 계량적 모델과 조사에는 분명히 그것 자체의 방법론적 문제들이 없지 않다. 그리고 이것은 서로 다른 **종류**(kinds)의 민족주의와 민족 형성에 대한 비교사 연구의 지속적인 필요성을 말해준다. 마찬가지로 분석의 목적을 위해서, 우리는 관행이 되어버린 그리고 마이클 빌리히의 표현대로, 영속적인 족류집단의 배타성과 차별 사례에도 불구하고, 국가 엘리트들이 좀 더 포섭적인 '시민'적 종류의 민족을 추구하는 '깊이 각인된(engrained)' 주로 서양 국가들의 민족주의들과 노골적인 탄압과 지독한 충돌을 겪는 대개는 '족류적 유형의' '뜨거운' 민족주의들을 구별할 필요가 있다.[4]

요컨대 족류-상징주의자들은, 겔너와 같은 근대주의자들과 마찬가지로, 민족주의의 결과들에 대한 균형 잡힌 견해를 추구한다. 그러면서 민족주의자들의 주장을 액면 그대로 받아들이지는 않지만 민족주의 이데올로기들을 상당히 진지하게 다룰 준비가 되어 있다. 이 점에서 그들은, 마이클 프리든*처럼 민족주의를 주요한 사회적·정치적 쟁점들을 다룰 수 없는 제한된 핵심과 좁은 영역의 정치적 개념들을 지닌 '중심이 얇은(thin-centred)' 이데올로기로 취급하고 그 결과 민족주의를 주류에 속하는 정치적 이데올로기들의 부족한 점을 채우는 주변부의 이데올로기로 간주하는 자들하고는 다르다. 이것(즉 민족주의를 '중심이 얇은' 이데올로기로 취급하는 것)은 민족주의들에게 풍부한 다양성을 부여하는 여러 개념을 무시하는 환원주의적 분석이다. 내가 말하는 여러 개념이란 4장에서 논했던 민족적 자율성, 정체성, 통일성, 진정성에 대한 숭배, 고토, 집단적 존엄성, 연속성, 운명의 개념이다.[5]

∵

4) 민족주의가 부족주의의 한 형태라는 개념에 대해서는 Popper(1961)를 보라. 습관적 또는 '깊이 각인된' 민족주의 개념에 대해서는 Billig(1995)를 보라. Yack(1999)는 '시민'민족주의의 타당성을 논박하고, 그럼으로써 족류민족주의와 시민민족주의 사이의 구별을 약화시킨다. 이에 관해서는 또한 A. D. Smith(1995, 4장)를 보라. Wimmer(2008)는 민족주의의 결과에 대한 부정적인 평가를 주장하지만 좀 더 긍정적인 평가는 Laitin(2007, 1장)에 의해 제기된다.

---

* Michael Freeden, 근대적 의미론(semantics)에 입각하여 현대의 이데올로기들을 분석한 것으로 유명한 영국 노팅엄 대학교 정치 및 국제관계학과 교수.

국가와 민족

게다가 내가 4장에서도 주장했듯이, 민족주의는 하나의 정치 이데올로기를 훨씬 넘어선다(nationalism is much more than a political ideology). 많은 사람들에게 민족주의는, 존 허친슨이 탐구한 문화민족주의자들의 사상과 활동에서 아주 분명하게 드러나듯이, 특정한 종류의 문화이자 일종의 세속종교를 대변한다. 민족주의자들의 달성목표는 정치적인 것 못지않게 문화적이다. 그래서 그들은 언어와 관습, 족류경관, 족류사(ethno-history), 족류 또는 시민의 기원신화에 초점을 맞춘다. 그렇다면 이것은 민족주의란 언제나 그리고 오로지 '족류민족주의(ethno-nationalism)', 즉 족류적으로 정의된 민족에 대한 헌신―영토국가에 대한 충성을 불러일으키는 '애국주의(patriotism)'와는 아주 다른―이라는 뜻인가?[6]

이것이, 내가 4장에서 간단히 언급했던 문제, 즉 족류-상징주의는 민족주의*와 애국주의, 그리고 국가와 민족을 하나로 뭉뚱그리거나 혼동한다고 비판하는 워커 코너의 문제제기다.** 코너가, 민족

••

5) Freeden(1998)을 보라. Gellner(1964, 7장)는 급속한 근대화를 추구했던 개발도상사회에 필요한 힘(부양책)을 제공하는 민족주의에 대해 좀 더 긍정적인 견해를 내놓았다.
6) Hutchinson(1987과 1994 1장)을 보라.

---

* 이 경우의 nationalism은 '애족심'이라고 번역되어도 좋을 것이다.
** 예컨대 코너는, American citizenry를 American nation이라고 하는 것은 오류다, American people은 오염되지 않은 순수한 의미에서 보면 민족이 아니다, 라면서, 민족(nation)이라는 용어를 영토적·사법적 단위인 국가(state)의 대용물로 사용하는 것은 잘못이라고 지적한다. nation-state라는 단어는 이런 개념적 혼란의 산물이라는 것, 즉 nation-state는 어떤 민족이 자신의 국가를 가졌을 때에만 사용될 수 있는 단어인데 이

주의는 민족에 대한 교의이지 국가에 대한 교의가 아니라고 말하는 것은 옳고, 족류-상징주의자들도 족류집단의 유대가 민족됨의 토대로서 가장 중요하다는 코너의 믿음을 공유한다. 그러나 소위 조상과의 유대를 민족을 정의하는 **유일한** 범주라고 주장하고, 그럼으로써 예컨대 스위스나 미국의 경우에서처럼 공유된 기억, 역사적 영토, 공유된 공공문화의 토대 위에서 정의된 공동체들을 민족에서 제외시키는 것은 논리를 위한 논리로서 지나치게 제한적인 것 같다. 게다가 조국(patria)이라는 단어 자체가 보여주듯이, 혈연과 영토는 밀접하게 뒤엉켜 있다. 반면 민족의 개념은, 그것의 혈연적 어원에도 불구하고, 족류공동체(*ethnie*)의 개념과 구별되고, 민족개념이 족류공동체 개념보다 더 복잡하다는 사실이 반영될 필요가 있다. 민족들은 흔히, 스위스연방 안에 본래 독일어를 사용하는 '알라만' 족류공동체와 나중에 온 프랑스어와 이탈리아어를 사용하는 족류공동체들이 공존하는 것처럼, 또는 미국에 본래는 영어를 사용하는 정착민만 살다가 나중에 수많은 이민 공동체가 들어왔던 것처럼, 하나의 주도 족류공동체와 하나 또는 둘 이상의 소수 족류집단들로 구성된 합성물이다. 스위스의 경우에는, 더 잘 증명된 '시민적'인 창립 신화[1291년 8월 1일의 스위스연방(Bundesbrief)이 증언하듯이 1291년에 행해진 뤼틀리 서약(Oath of Rütli)]와 함께 꾸며낸 것이 분명한 '알라만' 족류 기원신화가 있다. (국가와 민족에 대한) 코너의 엄격한 이분법은 이와 같은 경우들을 허용하지 않는 것 같다. 사회과학의 다른 분야

단어가 모든 국가에 무차별적으로 사용된다는 것, 요컨대 United Kingdom과 Soviet Union을 nation-state라고 말하는 것은 잘못이라는 것, 또 International Relations란 분과학문도 Interstate Relations라고 써야 한다는 것(95-7)이다.

들에서처럼, 이것은 개념적 정밀성을 위해 너무 비싼 대가를 치르는 셈이라고 할 수 있다.[7]

우리가 (국가와 민족을 구분해야 한다는) 코너의 이분법을 받아들인다면, 이것은 민족에 대한 우리의 **개념정의**에서 국가를 언급할 수 있는 여하한 가능성도 없앨 것이다. 그리고 그것이 바로 '공동의 권리와 의무'라는 구절을 포함시켰던 민족에 대한 나의 이전 개념정의를 구체적으로 지적하면서 문제 삼았던 몽세라 기버노의 (나에 대한) 비판의 핵심인 것 같다. 그녀가 그러한 개념정의는 국가와 민족의 개념을 분명하게 구분할 수 없고 이런 이유로 '국가 없는 민족들'을 민족 안에 포함시킨다고 주장한 것은 옳다. 그리고 비록 다른 곳에서 그녀는 영토와 공동의 문화(common culture)와 같은 '객관적' 차원들을 포함하는 좀 더 확대된 개념정의를 제시하지만, 그녀는 민족을 조상이 같다고 느끼는 사람들의 집단이라는 코너의 개념정의를 인정하는 것 같다. 하지만 그러고 나서 **민족정체성**에 대한 나의 이전의 개념정의를 논할 때, 기버노는 '국가'와 '민족'이라는 두 개념을 하나로 묶으려고 노력한다. 단지 문화적 동질화정책을 흔히 추구한다고 그녀가 주장하는 근대 '민족-국가'에 관한 것이긴 하지만 말이다.[8]

여기에는 서너 가지 문제가 있다. 먼저 나는 민족정체성에 대해 좀 더 '족류-상징주의적'으로 수정된 개념정의—**민족들의 독특한 유산을 구성하는 가치, 상징, 기억, 신화, 전통의 패턴에 대한 연속**

∴

7) Connor(1994, 4장)와 코너와 내 자신 사이의 의견교환—Connor(2004)와 A. D. Smith(2004b)—을 보라. 그는 Connor(2005)의 쟁점들로 되돌아갔다.
8) 나의 개념정의에 대한 이러한 비판에 대해서는 Guibernau(2004)를 보라. 민족 개념에 대한 좀 더 확대된 개념정의에 대해서는 Guibernau(2001과 또한 2007, 23-5)를 보라.

적인 재생산 및 재해석과 그 유산 및 그것의 문화적 요소들과 개인들의 동일시―를 제시했는데, 이 개념정의는 근대 민족국가를 언급하지 않는다. 둘째, 이전에 주장했듯이―민족정체성의 느낌은 다양한 요소(문화적·영토적·역사적 등등) 가운데 하나 또는 그 이상에 토대를 두고 있다는 그녀의 언급에도 불구하고―나는 기버노가 선호하는 듯이 보이는 (민족정체성에 대한) 본질적으로 심리학적인 개념정의가 상당히 제한적이라고 생각한다. 셋째, 나는 민족에 대한 개념정의가 공공문화(공적 상징, 제례, 관례, 가치)의 모습으로 표현되는 '정치'에 대한 모든 언급―근대국가에 대한 특정한 언급과는 대조가 되는―을 반드시 제외시켜야 한다는 사실이 여전히 납득되지 않는다. 우리는 독립국가의 억압과 상실에도 불구하고 계속해서 존재하는 민족들에 대해 여전히 말할 수 있는데, 왜냐하면 그 구성원들은, 루소가 (폴란드의 제1차 분할이 일어났던) 1772년에 폴란드인들에게 계속해서 지켜나가라고 충고했던 그리고 카탈루냐인, 유대인, 아르메니아인들과 같이 국가가 없는 인민들이 수 세기에 걸쳐 소유했던 방식으로, 공동의 관습을 유지하고 공적이었던 독특한 문화를 계속해서 공유하고 있기 때문이다.[9]

∙∙
9) 폴란드인에 대한 루소의 충고에 대해서는 Watkins(1953)를 보라. 민족정체성에 대한 그녀의 가장 최근의 개념정의는 Guibernau(2007)를 보라. 내 자신의 개념정의는 A. D. Smith(2001, 1장)를 보라. 그리고 민족에 대한 '수정된' 개념정의는 A. D. Smith(2002)를 보라.*

---

* 아울러 여기에서 우리는 스미스가 일제(日帝) 시대의 우리 민족처럼 어떤 민족이 국가를 상실해도 자신의 문화를 지켜나가면 여전히 민족의 자격을 갖는다고 주장함을 알 수 있다.

좀 더 근본적인 문제점이 있다. 내가 3장에서 주장했듯이, 우리는 민족을 특정한 종류의 역사적 공동체의 한 형태라고 이상형적으로(in ideal typical terms), 즉 현실세계에서 볼 수 있는 특정 사례들은 이 이상형에 근접한 것에 지나지 않는다고 볼 필요가 있다. 이런 시각에서 보면, 민족을 존재하거나 존재하지 않는 어떤 '본질'을 지닌 그 무엇이라기보다는 그 범위와 강도가 가변적일 수 있는 일정한 사회적·상징적 과정들의 침전물(a precipitate of certain social and symbolic processes)로 볼 때 (민족이) 가장 잘 보인다. 이것은 얼마든지 가변적일 수 있는 과정들의 발전을 추적해 밝혀냄으로써 하나의 특정한 구체적 사례가 민족의 이상형에 얼마나 근접하는지, 또는 이상형에서 얼마나 멀어져 있는지를 증명할 수 있다는 것을 뜻한다. 이 과정들의 이런저런 것의 강도나 범위가, 분할 이후의 폴란드의 공공문화나 프랑코의 억압을 받았던 카탈루냐의 공공문화처럼, 축소된다는 사실이 반드시 민족의 소멸을 초래하지는 않는다. 단지 (아마 일시적으로) 이상형으로부터 더 멀어질 뿐이다. 내 생각에 이것은 민족에 대한 나의 이전의 개념정의의 다소 정태적인 특징을 극복하는 데 도움을 주며, 아르메니아인들이나 유대인들과 같은 민족이 자신의 고토를 상실하되, 여러 나라의 반자율적인 소수민족 거주지에 분산되어 있던 그 구성원들이 그들의 이전의 자기인식, 신화, 상징과 기억, 법률과 관습, 독특한 공공문화의 일부—예컨대 그들의 의례, 코드, 축제—를 유지할 때처럼, 민족의 개념정의 안에 주요한 역사적 변화들을 포함시키는 것을 가능하게 해준다.[10]

족류공동체와 민족의 관계에 대한 재론

민족주의와 족류성의 관계, 그리고 특히 족류공동체들과 민족들의 관계는 여러 가지 면에서 족류-상징주의에 관한 논쟁의 핵심이다. 족류-상징주의에 대한 반대 가운데 상대적으로 중요한 것이 두 가지 있다. 그중 하나는 족류성의 중심적 역할에 대한 족류-상징주의자들의 주장을 문제 삼고, 나머지 하나는 족류-상징주의자들이 민족과 족류공동체, 족류집단의 정서와 민족주의를 구분하지 못한다고 말한다.

족류-상징주의들이, 민족들의 형성에서 족류집단의 유대(ethnic ties)가 매우 중요한 역할을 담당하고, 어떤 경우에, 대개 역사적으로 중요한 경우에, 민족들이 이전의 족류공동체를 기반으로 해서 형성되었다고 생각하는 것은 분명한 사실이다. 그러나 모든 경우가 그렇지는 않다. 민족과 그 이전의 족류공동체의 관계가 일대일의 관계는 아니다. 더욱이 설령 우리가 민족들은 순전히 족류적으로 (예컨대 같은 조상을 가진다고 느끼는 것으로) **정의되어야**(defined) 한다는 워커 코너의 주장에 동의한다고 해도, 민족들의 형성은 여전히 비족류적인 요인들의 결과로 **설명될**(explained) 수 있다. 아니 적어도 **일부** 민족들의 형성은 그러하다. 이 점에 관해서, 족류-상징주의자들은 전혀 독단적이지 않다. 존 허친슨이 최근에 쓴『충돌지대로서의 민족』

∙∙

10) 독립과 영토적 통일의 상실에도 불구하고 폴란드인의 민족정체성의 증가는 N. Davies(1982, 2부)에 의해 기술된다. 프랑코 치하에서 카탈루냐 문화에 대한 억압은 Guibernau(1999, 116-9)에 의해 분석된다. 아르메니아인과 유대인의 디아스포라적 상황에 대해서는 Armstrong(1982, 7장)과 A. D. Smith(1999a, 8장)를 보라.

이라는 책과 존 암스트롱의 대저를 일별해보면 금방 알 수 있듯이, 실제로 그들은 다른 요인들, 특별히 정치적 요인들의 갑작스럽고 강한 영향을 일목요연하게 기록하고 분석하는 일에 힘써왔다. 예를 들어 미국은 본래 WASP[W(hite)A(nglo)S(axon)P(rotestant)]라는 주도 족류공동체를 토대로 형성되었지만 미국의 그 이후의 발전은 미국 엘리트들의 일련의 정치적·경제적 결정들과 수많은 비프로테스탄트, 비앵글로-색슨 이주민 공동체들의 다양한 문화적 기여의 결과였다고 주장할 수 있다. 그래서 결과적으로 미국의 민족됨의 토대가 영국계 미국 사람(Anglo-American)이라는 공동의 족류성 인식과 그것의 유산으로부터 독립선언서, 헌법, 건국의 아버지들, 전사자 기념비에 고이 간직되어 있는 더 폭넓은 공동의(common) 가치, 기억, 신화, 상징들로 바뀌었다고 주장할 수 있다. 한 걸음 더 나아가 그리고 현재의 에리트레아와 탄자니아—여러 족류집단들이 함께 거주하는 국가들—를 염두에 두면서, 이 집단들은 불과 몇 세대 만에 공동의 상징체계, 독특한 공공문화와 보통법과 관습이라는 기금을 지닌, 단일한 자기인식을 지닌 영토화된 공동체로 통일되고 통합되었다고, 그래서 적어도 일부 민족들은 비족류적으로 형성—그리고 정의—될 수 있고 또 형성되었다고 주장할 수 있다. 이것은 민족들과 같은 현상들에 대한 우리의 개념정의들이 우리의 설명들로부터 쉽게 분리될 수 없음을 시사한다. 다른 한편, 족류적으로 이질적인 이런 국가들이 공인된 '민족들'을 형성할지라도 요컨대 잉글랜드인이나 프랑스인과 같은 여러 현대의 민족들처럼—즉 과거시대에 있었던 다양한 족류집단들로부터 나온 그 구성원들이 수 세기는 아닐지라도 수 세대에 걸쳐 민족을 창조해야만 했던 경우처럼—공유된 족류-문화적 유산과 역사적·정치적 '혈연'에 대한 인식을 발전시켜야 한다고 여전히 주장될 수도 있다. 그러므로 비록 순서는 바뀔 수 있어도, 그것은 민족의 개념정의에서, 그 용어의 보다 더 넓은 의미에서, 족류적 요소들의 핵심적 중요성을 확인해주는 것 같다.[11]

족류성이 민족 형성을 설명하는 데 매우 중요하다고 이와 같이 강조하는 것이 족류-상징주의자들은 헤르더처럼 '낭만적 존재론자들'이라는 안드레아스 윔머의 주장의 타당성을 입증하는가? 정반대다. 존 허친슨이 주장하듯이,

> 민족주의자들은 (낭만적 존재론자이기는커녕) 전형적으로 족류집단의 전통을 종종 거스르며 활동하는 아웃사이더들이고, 그들의 운동은 대개 허약하고 분열되어 있으며, 그들은 전형적으로 전쟁으로 국가가 붕괴했기 때문에 부전승으로 권력을 쟁취하고, 민족-형성의 가장 확실한 수단은 당신들 자신의 국가인,

경우가 대부분이다. 더욱이 족류정체성들은 흔히 파괴되고 여러 제도들 특히 종교적 제도들 안에 깊이 뿌리내릴 때 오랜 기간 동안 살아남을 가능성이 높으며, 그것들은 국가, 군대, 교회, 사법 시스템에 의해 근대 시대로 운반되었기 때문에 존속한다. 그래서 나는 신화, 기억, 상징, 가치, 전통은, 특히 성스럽거나 세속적인 경전 안에 기

11) 족류-상징적 접근방법의 정치적 측면에 대해서는 Armstrong(1982, 4-5장)과 Hutchinson(2005)을 보라. 아울러 Roswald(2006)를 보라. 에리트레아에 대해서는 Cliffe(1989)를 보라. 그리고 미국의 민족주의에 대해서는 Kaufmann(2004a), Grant (2005), Calhoun(2007)을 보라.

록되는 경우엔, 그것들(국가, 군대, 교회, 사법 시스템)과 결합될 수 있다고 첨언하겠다. 족류-상징주의자들에게 가장 중요한 것은, 허친슨이 말한 바와 같이, 그것의 이름으로 민족주의자들이 행동하는 족류성의 역사와 내용이다. 그리고 여기에서 '그것을 바탕으로 (그들의 민족을) 건설하고 그럼으로써 정치의 토대가 될 실존적 기반을 제공하는 "역사적" 기억의 저장소와 탄탄한 대중적 유산을 다 갖추는 것'이 아주 유리하다.[12]

이것은 물론 '족류성' 및 '족류정체성'의 개념들이 뜻하는 바가 정확하게 무엇인가? 그리고 그것들은 어떻게 민족 및 민족주의의 개념들과 구분될 수 있는가?라는 쟁점을 제기하는바, 이것은 에릭 홉스봄과 로스 풀이 민족과 민족주의라는 모호한 개념들을 족류성과 족류집단의 유대라는 마찬가지로 애매하고 모호한 개념들로 설명하는 학문적 시도를 비판할 때 그들이 강력하게 부각했던 논쟁점이다. 이 복잡한 분야에서 정확한 개념들을 제시하는 것은 어렵지만, 애매모호함의 일부는 '족류적(ethnic)'과 '족류성(ethnicity)'의 가장 일반적으로 사용되는 두 가지 의미를 구분함으로써 감소될 수 있다. 그리고 실제로 이 책에서 나는 우리가 '족류성'을 단순히 '혈통'으로 한정하기보다는 '족류적'='족류-문화적'이라는 더 넓은 의미로 받아들여야 한다고 주장해왔다.* 족류-상징주의자들에게 중요한 것은 생물

∴

12) Wimmer(2008, 12-3)와 Hutchinson(2008, 20, 22-3)에 의한 답변을 보라. 그러나 Özkirimli(2008, 5-9)가 보기에 존 히친슨은 포스트-모던주의적 족류-싱징주의자라는 이중생활을 한다! 후자의 답변에 대해서는 Hutchinson(2008, 23-6)을 보라. 여기서 그는 어떻게 아일랜드의 엘리트들이 그들이 하고 싶은 대로 또는 그들의 현재의 관심사가 인도하는 대로 과거로부터 자유롭게 선택하지 못하고 서너 가지 기존의 아일랜드의 족류전통을 고려해야만 했고, 그것들 위에서 건설해야 했는지를 보여준다.

학적인 유대라기보다는 혈통**신화**나 이른바 조상**신화**다. 그런데 기원 및 혈통신화는 아주 중요한 일부이기는 하지만 민족의 유산을 형성하는 신화, 상징, 기억, 가치, 전통이라는 집합(앙상블)의 일부일 뿐이다. 그래도 그것은 아주 중요한데 왜냐하면 민족의 독특한 문화유산은 흔히 그 구성원들에 의해 공유된—시간의, 장소의, 혈연의—기원으로부터 도출된다고 사고되고 **느껴지기**(felt) 때문이다. 다른 한편, 민족의 주민이 더 다양하고 문화적으로 분화되면, 그 믿음과 느낌이 줄어들기 시작하고, 그래서 공동의 기원신화는 상징 앙상블(the symbolic ensemble)[**]의 단지 일부가 된다. 그리고 그것은 폐기되지는 않지만, 위에서 언급한 미국의 경우에서처럼, 다른 신화 및 기억에게 자리를 내준다.[13]

그러나 이러한 경고에도 불구하고, 족류성과 같은 개념들의 모호성은 거기서 끝나지 않는다. 그것은 민족의 개념을 정의하는 문제와 민족적 현상의 한계를 정하는 문제를 넘어서버린다. 이것은 3장에서 살펴보았듯이—민족들의 형성에 역시 포함되는 자기인식, 경계 짓기, 상징들을 키워내기와 같은 족류집단 창건 과정들에서 분명하게

:

13) 혈통과 문화로서의 족류성에 대한 홉스봄의 비판에 대해서는 Hobsbawm(1990, 2장)을 보라. 이와 유사한 반대에 대해서는 Poole(1999)을 보라. 그러나 Erickson(2004)에게 공유된 은유적 장소와 혈연은 집단, 특히 민족정체성에 중요하다. 주도 족류공동체의 개념에 대해서는 Kaufmann and Zimmer(2004)를 보라.

---

[*] 역자는 이 책 서론의 역주에서 '족류성'은 무엇보다도 같은 족류집단에 속하는 사람들이 가지고 있는 혈연의식, 집단적 연대, 공동의 문화를 가리킨다[John Hutchinson and A. D. Smith(1996), eds. *Ethnicity*, 3]는 스미스의 주장을 언급한 바 있다.
[**] the symbolic ensemble은 여러 상징들이 어울려 내는 소리 내지 합주 정도의 뜻일 것이다. 그리고 ensemble은 프랑스어로 '집합'을 의미하기도 한다.

나타나는—학문적 이해뿐만 아니라 민중의 이해에서 족류적 현상과 민족적 현상들이 밀접히 연결되어 있거나 심지어 상당한 정도로 중첩되어 있음을 반영한다. 그렇다면 족류공동체 개념과 민족 개념 사이에 어떤 경우에도 변치 않는 선이 그어질 수 있는가?

노르웨이인, 슬로베니아인, 방글라데시인이 그렇게 하는 데 성공했고, 쿠르드인과 타밀인들이 그것을 이루어내려고 아직도 싸우고 있는 것처럼, 그 구성원들이 분리(分離)되어 그들 나름의 독자적인 민족국가들을 형성하기로 결정했던 여러 족류공동체들에서 뚜렷이 드러나듯이, 그처럼 연관된 현상들 사이에는 실제로 분명한 경계선이 확립될 수 없는 것이 아닐까? 하지만 그것이 단순히 독립을 달성하려는 염원과 역량의 문제일까? 즉 민족이란 단순히 자기만의 주권국가를 지닌 족류공동체일까? 폴란드인들은 그들이 독립을 잃었을 때 더 이상 민족이 아니었나? 그와 같은 등식은 비록—민족됨을 개념적으로 정치적 성공에 종속시키면서—'국가 없는 민족'으로서, 그들이 계속해서 공식적인 독립을 결(缺)하더라도, 그 구성원들이 스스로를 민족 구성의 주체로 보고 남들에 의해서도 그렇게 간주되는 많은 족류공동체들을 제외하게 될 것이다. 그래서 이런 식의 개념정의에 따르면, 앙길라와 성키츠와 네비스는 민족들을 구성한 것이지만, 카탈루냐인과 스코틀랜드인과 쿠르드인들은 민족을 구성하지도, 할 수도 없는 것이 되고 만다.[14]

∴

14) 민족됨의 범주로서 주권국가의 독립과 달성에 반대하는 주장에 대해서는 A. D. Smith(1999, 4장), 그리고 서구의 '국가 없는 민족들'에 대한 연구는 Guibernau(1999)를 보라.

그러나 다시 한번 말하지만, 이것(즉 민족=주권국가라는 등식을 받아들이는 것, 즉 민족을 오로지 정치적으로 규정하는 것)은 민족들을 시간의 흐름에 따라 달라지는 과정들의 침전물이라기보다는 존재의 상태(states of being)로 보는 것이다. 후자, 즉 민족들을 시간의 흐름에 따라 달라지는 과정들의 침전물이라고 보는 관점에서 볼 때, 개별 경우들은, 그 안에서 핵심적인 사회적·상징적 과정들이 '민족'의 순수한 유형에 근접하는 공동체들의 형성을 발달시키고 함께 촉진시켰던 이상적인 표준이나 기준에 따라 측정된다. 문제의 과정들은 영토에 대한 애착과 기억의 역할, 독특한 공공문화의 확산, 구성원들에 의한 표준적 법률과 공유된 관습의 준수를 강조하는 족류공동체들의 창조를 돕는 과정들을 포함하지만 그것들을 넘어선다. 이것들은 그것의 발달이 민족들을 족류공동체들과 구별 짓게 하고 또 그 구성원들에게 독립까지는 아니더라도 적어도 정치적 자율성을 추구하도록 권장하는 과정들이다. 그러므로 민족들을 족류공동체들과 구별하는 것은 정치적 주권에 대한 추구 그 자체가 아니라, 즉 핵심적인 영토적·문화적·법률적 과정들만의 발달과 결합만이 아니라 거기에 더하여(아니 그 위에서) 족류집단 창건(ethno-genesis)의 심장부에 놓여 있던 상징적 과정과 자기인식 과정이다.

충돌과 변화

민족들의 형성에 대한 이러한 설명(account)은, 족류-상징주의는 변화에 대처할 수 없다는 비난을 반박하는 데 어떻게든 도움이 된다.

과정과 변화는 족류-상징주의적 접근방법 안에 내장되어 있고, 이것은 또한 사회적 (갈등과) 충돌에 의해 일어나는 변화에까지 확대된다.

두 종류의 (갈등과) 충돌이 여기에 해당한다. 첫 번째는 외부적이다. 다니엘레 콘버시에게, 족류-상징주의의 약점은 냉전의 종식 이후에 되살아났던 족류집단 간의 (갈등과) 충돌을 설명할 수 없다는 사실에서 잘 드러난다. 그의 눈으로 보면, 족류-상징주의는 또한 더 큰 맥락과 족류집단의 신화와 상징을 동원하는 다양한 방식들의 서로 다른 결과들을 다루지 못한다. 안드레아스 윔머도, 족류-상징주의자들은 모든 민족들과 그들의 역사가 동일한 방식으로 생성된다고 가정하기 때문에, 공산주의, 교황지상권론적 가톨릭주의, 범이슬람주의와 같이 다른 세력들과의 (갈등과) 충돌을 포함하는 각양각색의 (갈등과) 충돌에 거의 관심을 기울이지 않는다. 좀 더 일반적으로 족류-상징주의들은 타자를 주어진 존재로 여기고, 그로 인해 민족들과 민족주의의 형성과 변화에 대한 그들의 설명에서 이웃한 강대국들과의 관계에 충분한 무게를 부여하지 못한다는 비난을 받을 수 있다. 아나 트리안대필리두(Anna Triandafyllidou)가 보기에, 근대주의자와 족류-상징주의자는 모두 족류공동체와 민족들이 의미 있는 타자와의 부단한 만남을 통해 얼마나 확고해지는지를 보지 못하고, 그 결과 민족정체성의 이 아주 중요한 차원에 대해 아무런 이론도 갖고 있지 못하다.[15]

아닌 게 아니라, 근대주의적 접근방법과 족류-상징주의적 접근방

15) 이러한 비판들은 Conversi(2007), Wimmer(2008), Triandafyllidou(2001, 21-4)에 의해 표명된다.

법이 모두 (재개된) 족류집단의 (갈등과) 충돌의 문제, 즉 다른 사람들에 의해 광범위하게 연구되어왔던 방대한 주제를 다루기 위해 디자인된 것이 아니라는 것은 사실이다. 차라리 그들의 목적은 근대 세계에서 민족들의 형성, 변화, 영속과 민족주의의 역할을 설명하는 것이었다. 그러나 이것은 그들이 모든 민족들과 민족들의 역사가 동일한 방식으로 생성된다고 가정한다는 의미는 아니다. 존 허친슨은 **민족 형성**에 대한 일반적인 설명을 제시했고, 또 나도 이 책에서 그렇게 하려고 애썼지만, 민족 형성의 과정들과 성층(成層, layering)의 발전에 영향을 주는 외부적 요인들과 여건의 엄청난 다양성을 감안할 때 족류-상징주의자들이 특정한 역사적 민족들의 발전이 획일적이라고 생각하는 것은 유익하지 않다. 그렇지만, 족류집단의 충돌에 관한 연구와 족류-상징주의는 인접해 있어도 엄연히 다른 분야인데도 불구하고, 족류-상징적 통찰력은, 애비얼 로스월드가 근자에 쓴 예리한 책(『민족주의의 지구력』)이 보여주듯, 벨파스트와 예루살렘에서 벌어지는 것과 같은 아주 통제하기 어려운 족류적·민족적 (갈등과) 충돌들을 설명하는 데 사용될 수 있고 또 현재 사용되고 있다. 더욱이 존 암스트롱과 존 허친슨은 민족들의 단조(鍛造) 과정에서 무장투쟁과 전쟁이 행한 아주 중요한 역할을 강조했다. 암스트롱에게 이러한 결과들은 중세 이슬람과 기독교 문명 사이의 경계선에 벽이 쳐지기 이전의 왕국들이 점거하던 파쇄대(破碎帶, shatter zone)에서 아주 뚜렷하게 나타나는바, 그 지역은 중요한 타자들과의 계속된 조우를 경험했다. 허친슨은 한 걸음 더 나아가 민족들의 내부관계와 외부와의 관계 모두를 위한 이론적 기초를 제시한다. 그는 민족들 그 자체는 경쟁적인 엘리트들 간 및 다른 세력들과의 투쟁뿐만 아니라 국가 간 대립을 통해서 단조(鍛造)되고 문화전쟁을 벌이는 '충돌지대(zone of conflict)'로 이해해야 한다고 주장한다. 더욱이 트리안대필리두가 확인했듯이, 나 또한 전쟁과 족류성의 상호효과, (영국과 프랑스, 한국과 일본처럼) 오랜 세월에 걸쳐 앙숙이 된 족류집단간의 긴 충돌의 중요성, 그리고 족류공동체와 민족의 구성원들을 하나로 묶어주는 충돌의 신화적·사회심리학적 차원을 지적하면서, 민족 형성에서 다른 민족들과의 관계의 중요성을 인정했다. 더 최근에 나는, 족류집단 창건과 민족 형성에 대한 과정적 접근방법의 일부로서, 족류집단의 '자아'를 정의하고 '저들'과 '우리' 사이의 경계를 나누는 데 도움을 주는 아웃사이더들의 중요성을 강조했다.[16]

족류-상징주의들은 (민족) 내부의 (갈등과) 충돌에도 좀 더 많은 관심을 기울인다. 2장에서 살펴보았듯이, 엘리트와 비엘리트 간의 상호관계는 그들의 아주 중요한 관심사다. 이런저런 엘리트에 의해 제시된 민족에 대한 비전은 약하거나 강한 반응을 불러일으키면서 비엘리트 구성원들 사이에서 공명을 불러일으킬 수도 일으키지 않을 수도 있다. 그게 아니라면, 경쟁 엘리트가 제시한 다른 프로젝트를 선호하면서 비엘리트 구성원들이 그것을 거부하거나 수정할 수도 있다. 각자 서로 다른 요구, 세계관, 전통을 지닌 비엘리트의 각 부분들 간의 충돌 가능성 또한 항존하고 그것은 또한 엘리트 간의 충돌에 의해 반영되고 증폭될 수 있다. 엘리트 내부의 충돌은 역사로 기록된, 특히 지식인과 전문가들의 경쟁파벌 사이에서 가장 뚜

16) Armstrong(1982, 특히 3장과 1997), Hutchinson(1994, 2005, 2007), Roshwald (2006), A. D. Smith(1981b와 2008a, 2장)를 보라.

렷이 나타났다. 그러나 족류-상징주의자들이 반복적으로 강조하듯이 그들의 투쟁은 비엘리트 내부의 분열과 별개의 것으로 간주되어서는 안 되는바, 그들은 비엘리트들의 지지를 아주 빈번하게 바라고 추구한다. 비록 이런 되풀이되는 현상들이 족류-상징주의자들의 주요 탐구 대상이 아닐지라도, 이 가운데 어느 것도, 비판자들이 주장하듯이, 족류-상징주의가 족류 결정론의 모델을 제시하거나, 주체세력이 없는 접근방식으로 간주되거나, 엘리트의 권력과 충돌의 역학(the dynamics of elite power and conflict)을 다룰 수 없다고 말하지않는다. 그와 같은 비난은 족류-상징주의적 접근방식의 초기 저술들에 대한 편협한 독법이다.[17]

우리가 2장에서 살펴보았듯이, 자신들의 족류사(ethno-histories)에 대한 상반된 독법으로 무장한 민족에 대한 서로 다른 비전들은 민족의 운명에 대한 그들의 특정한 문화적·정치적 프로젝트와 이상을 촉구하고, 역사가 되었든 종교가 되었든 언어가 되었든, 경쟁적인 일련의 상징자원에 호소하려고 애쓰는 경쟁적 엘리트들에 의해 신봉된다. 내적 변화는 흔히, 민족적 순결(purity)과 진정성(authenticity)의 신화적 '황금시대'로부터 추락했다고 인식되는 시대에, 서로 다르고 때로는 상반된 일련의 상징자원을 들먹이는 경쟁적 엘리트들과 그들의 비엘리트 지지층에 의해 전달되는 민족의 운명에 대한 대안적 비전들 사이의 충돌(the conflict between alternative visions of national destiny)을 통해 생겨난다. 그와 같은 충돌은 사회

··

17) 이러한 반대에 대해서는 Malešević(2006), Conversi(2007), Wimmer(2008)를 보라. 문화전쟁은 Hutchinson(2005, 2장)에서 꽤 상세하게 논해진다.

혁명으로 귀결될 수도 있다. 그러나 사회혁명은 통상 계급, 지역, 족류 및 종교공동체들의 개편(new alignments, 즉 계급, 지역, 족류 및 종교공동체를 새롭게 배치하는 설계도)에 대한 요구와 관심에 대답하는, 민족정체성과 운명에 관한 일반적으로 인정된 전통들에 대한 급진적 재해석을 통해 억제된다. 그렇지 않으면, 일반적으로 인정된 전통들과 공유된 상징들의 구성요소들을 선택하고, 우리가 그리스의 경우에서 보았듯이 그것들을 새로운 엘리트와 계급들의 좀 더 급진적인 아젠다와 결합시키는 새로운 해석적 종합이 출현한다. 좀 더 혁명적인 종류의 변화가 그 자체로 대안(代案)이 되는 족류사와 민족의 운명관을 반영하는 믿음, 상징, 이익의 신구 설계도간의 조절(accomodation, 사회적 과정에서 개인이나 집단이 서로 갈등적 또는 적대적 상황을 해결하지 않은 채, 함께 생활하거나 상호작용을 함으로써 상호간의 긴장과 갈등을 줄이려는 노력)에 의해 (특정한 방향으로 나아가도록) '안내'를 받을 수도 있다.[18]

연속성의 문제

충돌과 변화를 이렇게 강조하는데도, 족류–상징주의자들은 지나칠 정도로 이전의 족류공동체와 근대 민족들 사이의 연속성에 매달린

••
18) 엘리트의 상징경쟁은 독립 전 인도의 정치발달에 대한 Brass(1991)의 분석의 초점이다. 역사가 파파리고풀로스의 헬레니즘과 '비잔틴이즘'의 지적 종합에 대해서는 Kitromildes (1998)를 보라.

다는 비난을 받는다. 족류−상징주의자들은 내가 앞에서 안드레아스 윔머가 족류−상징주의를 비판할 때 문제 삼았다고 언급한 바 있는 아전인수식의 사례선택에 의거하여, 그리고 아주 다른 역사시대의 다양한 텍스트 속에 등장하는 똑같은 고유명칭들(족류공동체의 이름들)을 연결시키는 '가위와 풀'의 방법에 의거하여, 자신들의 주장을 보강한다는 것이다. 존 브루이가 보기에, 족류−상징주의자들은 그와 같은 명칭들의 전후관계와 기능에 거의 또는 전혀 관심을 기울이지 않으며, 그 결과, 그들이 주장하는 역사적 연관관계는 무의미하거나 엉터리가 된다. 그래서 브루이는 이렇게 결론을 내린다.

족류지학적 및 정치적으로 민족적 용어들의 사용이 (근대) 이전부터 있었다는 것은 중요하다. 그러나 그것이 다다. 건축 재료들이 가능한 건물의 범위를 제한하되 어떤 건물이 건설될지를 결정(또는 예언 가능케) 하지 않는 것과 꼭 마찬가지로, 역사적 유산들과 정치 이데올로기들과의 관계는 결정되어 있지 않다.

과거에서 나온 어떤 '조각이나 파편'이 근대 민족들의 창조에서 어떤 역할을 한다는 이러한 주장은 확실히 이전의 근대주의적 입장에서 일보 진전한 것이다. 그러나 그것만으로는 충분치 않다. 이러한 역사적 유산들의 **내용**의 문제, 그리고 고전고대의 시민적−공화국적 전통과 같은 일부 유산들(그리고 예컨대 타키투스의 『게르마니아』의 출판에 따른 그것의 '재발견')이 그 이후의 '건물'의 모습에 왜 그와 같이 강력한 영향을 미쳤는지의 문제*는 여전히 그대로 남아 있다. 게다가 그것을 전적으로 이런저런 엘리트를 위한 단순한 '정당화'의 문제라고 말하는 것은 너무 편의적인 발상인 것 같다. (프랑스혁명 당시 혁명지도자들이) 로마인들의 전통복장으로 갖추어 입을 필요가 있다고 느끼고 실제로 그런 옷을 입은 이유는 무엇일까? (16세기 말과 17세기 이후의 스코틀랜드인, 잉글랜드인, 네덜란드인 등이) 왜 고대 이스라엘인들의 언약(Covenant, 모세의 십계)에 호소하는가? 다시 말하지만, 그것은 민족주의자들 자신이 흔히 상상하듯, 족류공동체와 민족, 나아가 이전의 족류집단의 기억, 신화, 상징과 나중의 족류집단의 기억, 신화, 상징 간의 단순한 연속성의 문제가 아니다. 족류–상징주의자들은 역사적 파열, 시대의 연속, 그리고 상징, 기억, 제례, 개념이 시대에 따라 아주 다른 의미를 갖는다는 사실을 잘 알고 있다. 그러나 그들은 동시에 전통들—전통들은 분명히 변화하지만, 그럼에도 엘리트들, 특별히 이러한 전통들이 성스럽거나 명망 높은 텍스트들 안에 기록되었을 경우에는 특히 성직자, 수도승, 서기들에 의해 지속적으로 가꿔진 전통들—이 존재하고 이것들이 중요하다는 것을 깨닫는다. 아울러 그들은 영토적 정치조직의 중앙에 자리

---

* 스미스는 2008년에 펴낸 『민족들의 문화적 토대』에서 이 문제를 파고든다. 그리하여 유럽의 여러 민족들에서 볼 수 있는 각기 다른 종류의 공공문화들은 고대의 3대 문화전통—계서제, 언약, 시민–공화국—의 하나 또는 그 이상에 강한 영향을 받았다고 주장하면서, 민족들을 계서제적 민족들(hierarchical nations, 14-5세기의 잉글랜드, 프랑스, 스코틀랜드, 19세기의 독일과 일본), 언약적 민족들(covenantal nations, 16세기 말과 17세기 이후의 스코틀랜드, 잉글랜드, 네덜란드, 북스위스, 트란실바니아, 붕괴 전의 얼스터와 인종차별적인 남아프리카), 공화국적 민족들(republican nations, 18세기 밀 이후의 프랑스가 대표)로 나누고, 이처럼 민족의 문화적 토대, 형성 시기, 생성방식은 각각 다르다고 주장한다. 요컨대, 민족들에 대한 일종의 역사사회학적 연구를 통해 고대의 문화전통이 근대 민족의 '모습'을 결정하는 데 아주 큰 영향을 미쳤다는 사실을 입증해낸 것이다. 이에 관해서는 스미스(2008a)와 졸저(2014, 885-90)를 참조.

잡고 조상신화, 역사적 기억, 공동의 문화(대개는 언어와/또는 지역화된 종교)의 하나 또는 그 이상의 특징들을 공유하는 이전부터 존재해온 한 무리의 주민들(또는 '족류집단의 핵심')의 중요성을 확신한다. 족류집단의 핵심은, 비록 민족주의자들과 그들의 추종자들의 선택적인 중재를 통해서이긴 하지만, 민족건설의 결정인자들이 아니라 민족건설을 가능하게 만드는 사람들이며 민족의 모습을 만드는 사람들이다.[19]

더욱이 족류-상징주의자들은, 일부 족류집단의 이름은 지금까지 살아 있지만, 다른 족류집단의 이름(비시고트족, 롬바르드족, 부르군트족)은 사라진다는 것과 이런 사실이 불충분한 '신화-상징' 복합체로 설명될 수 없다는 것을 완벽하게 인정한다. (어떤 족류공동체에 주어지는) 고유한 이름은 족류집단 창건(ethno-genesis)의 한 측면, 아마도 족류집단 창건의 출발점일 뿐이다. 그러나 족류범주, 네트워크 및 공동체들은 그들의 명칭과 함께 온갖 종류의 이유로 인해 나타나기도 하고 사라지기도 한다. 중요한 것은 일반적인 경우와 특유한 경우 모두에서, 족류집단의 전통들의 역사와 내용의 전반적인 중요성의 정도이며, 그것은 물론 앞에서 논했듯이 아주 가변적이다. 존 브루이와 같은 근대주의자들이 주장하듯이, 민중적 민족주의자들이 과거를 전유하고자 할 때, 그들은 족류집단의 신화, 상징, 기

• •

19) 민족을 창조하는 데는 과거의 어떤 '조각이나 파편'만 있어도 충분하다는 개념에 대해서는 Gellner(1983)를 보라. 건축 재료에 대한 인용은 Breuilly(2005, 93, Breuilly 2005b도 보라)에서 나온 것이다. 유사한 비판이 Wimmer(2008)에 의해서 표명된다. Hutchinson(2008)에 의한 답변을 참고하라. '족류집단의 핵심'에 대해서는 Kaufmann (2004)과 A. D. Smith(2004c)를 보라.

억의 자금을 가져다 쓸 수 있고, 거기에는 언어, 관습, 제례, 전통들이 포함된다. 그리고 그가 주장하듯 민족주의 운동은 일반적으로 엘리트나 준엘리트가 시작하지만, 그것은 그것들의 언어적·문학적·음악적·예술적 작업을 통해 지정된 인구의 다른 부분들에게 전파되는데, 이것은 이용할 수 있는 족류 문화자원―윔머의 '역사적으로 구성된 문화적 준거틀'과 유사하다―이 존재하기 때문이고, 그것은 준엘리트의 선택과 재해석 과정을 통해 새로운 건물의 모습을 결정하는 데 일조한다.[20]

(족류-상징주의자들은 그들이 사실이라고 내세우는) 연속성 테제에 적합한 경우들만을 선택한다는 윔머의 비난에 대해서 말을 하자면, 윔머 스스로가 언급하듯, 이런 일은 족류-상징주의자들에게만 한정되지 않는다. 그것은 역사사회학과 비교사회학의 널리 퍼진 관행이다. 그것은 분명히 바람직하지 않은 일이고, 그래서 유사한 경우와 유사하지 않은 경우들을 잘 선택함으로써 그런 일이 생기지 않도록 어느 정도 조심할 수 있다. 그러나 이런 방법이 널리 사용되는 데에는 그럴 만한 현실적인 이유들이 있다. 요컨대 매우 소수의 학자들만이 '족류집단들', '민족들', '민족주의 운동들'에 대해 연구가 가능한 아주 광범위한 사례들을 모두 다룰 수 있는 언어능력과 역사적 지식을 소유한다. 심지어 그런 경우에도 연구팀에 의해 행해지는 계량적인 조사는 개념정의의 문제에 직면하고, 뜨거운 논쟁이 벌어지고 있

..

20) 이러한 인정에 대해서는 Wimmer(2008, 13)를 보라. Jusdanis(2001)는 정말로 문화를 근대화 프로젝트에 필요한 초점으로 만든다. 중세 유럽에서 고유한 이름과 족류성의 한계에 대한 주장에 대해서는 Breuilly(2005b, 31-4), A. D. Smith(2005b, 106-7)와 Smyth(2002)를 보라.

는 이 민족주의 연구 분야야말로 그런 개념정의의 문제에 직면할 가능성이 다른 어느 분야보다도 높다. 다시 말해, 이런 문제들이 얼마나 다루기 힘든 문제들인지를 알기 위해서라도 우리는 앞에서 인용했던 데이빗 래틴과 안드레아스 윔머의 조사결과가 서로 상충된다는 사실을(즉 같은 근대주의자들도 이 문제에 대해 서로 견해가 다르다는 사실을) 기억해야 한다.

그런 이유 때문에 (몇몇 근대주의자들은 물론) 족류-상징주의자들은 일련의 역사적 및 당대의 사례연구들을 선호하는바, 사례연구들은 가설을 세우고 이를 (과학적으로) 검증하기보다는 (민족과 민족주의에 대한) 우리의 이해를 돕고 새로운 사실 탐사를 가능케 해준다. 비교의 방법을 통해 우리가 기대할 수 있는 것은, 그중에서도 특히 브루이가 원하는 그리고 계량적 분석에 결여되어 있는 '역사적 맥락(historical context)'을 제공하는 것뿐만 아니라 민족 형성, 민족주의 운동 및 그와 비슷한 것들의 서로 대조적인 패턴들을 밝혀내는 일이다. 우리가 단 하나의 사례연구에 우리 자신을 국한시키지 않는다고 해도, 과거 또는 현재에 서로 다른 유형의 민족들과 민족주의의 형성과 영속과 변화에 대한 일반화를 추구할 때 우리는 불가피하게 (언어와 고문서를 통한 역사연구의) 공간, 시간 및 지식의 익숙한 한계에 부딪힌다. 이러한 한계에도 불구하고, 거시-역사학적 및 비교 연구는 족류현상과 민족현상들에 대한 유용한 통찰과 지금보다 더 폭넓은 이해를 제공할 것이다.

민족들의 침식(浸蝕)과 영존(永存)

민족들과 민족주의는 역사적으로 근대라는 시대에 깊이 뿌리내리고 있고, 그런 이유로 인해 포스트모던 시대에는 매우 약해져서 없어질 운명을 지닌 존재들이라고 많은 학자들이 생각한다. 이런 생각에는, 물론 민족주의에 대한 근대주의적 시대구분법이 반영되어 있다. '지구화(=세계화)'의 영향 아래에 있는, 많은 근대주의자들과 '포스트-모더니티'를 외치는 대부분의 학자들에게, 민족들과 민족주의는 민족보다는 더 지역적이고(더 작고) 더 지구적인(더 큰) 정체성들에 의해 지금 이 순간에도 대체되고 있는 중이다. 민주주의를 지향하는 지구적 압력들은, 최소한으로 잡아도, 영국과 스페인의 경우에서처럼, 한 국가의 구성원 모두를 동질화하려는 '고전적'인 민족-국가를 한 국가 안에 있는 여러 족류공동체들과 민족들의 필요와 염원에 부응할 수 있는 이전보다 더 포괄적인 '포스트 고전적(post-classical)' 민족국가로 대체하는 변화를 낳았다는 것이다.[21]

족류-상징주의자들은 민족과 민족국가의 운명에 대한 이런 통상적인 시각을 지지하지 않으며, 장기지속과 민족들의 족류적·문화적 선조를 중요시하기 때문에, 민족과 민족주의 현상을 18세기 말 이후에 생겨난 근대의 아주 새로운 산물로 간주하는 '짧은 연대기'

••
21) Hobsbawm(1990, 6장), Laitin(2007, 4-5장), Giddens(1991)와 Horsman and Marshall(1994)의 좀 더 제한적인 입장을 보라. Anderson(1991)은 민족들과 민족주의가 지구적 경향에 의해 대체되고 있지 않다고 보는 근대주의자의 한 예다. Guibernau(2001)에게 고전적 민족국가는 좀 더 느슨하고 다(多)족류적이고 '포스트 고전적'인 민족국가로 대체되고 있는 중이다.

를 채택하는 자들보다는 민족/민족주의(가 다른 것으로 대체될 것이라는) 대체론에 대해 훨씬 더 회의적인 성향을 보인다. 내가 5장 말미에서 주장했듯이, 비록 현대 세계의 급진적인 사회적·정치적 변화가 민족공동체에 대한 우리의 기존인식의 많은 것들을 변화시키고 있을지라도, 그 구성원들의 공유된 영토에 대한 애착심, 세속화된 선민신화, 희생의 기억공유하기와 더불어, 그것들의 상징적·제도적 (의미와는 달리) 형식의 많은 것들이 대체로 손상되지 않고 그대로 온존된다. 다음과 같은 말(즉 우리가 '민족들의 세계' 안에서 산다는 말)의 뜻이, 전 세계적으로 대다수의 남녀가 자신들을 무엇보다도 먼저 민족공동체의 구성원으로 인식하고, 이 민족공동체들이 보호국가(protective state)*의 도움이 없는데도 계속해서 강력한 상징적·제도적 자원을 통제하는 위치에 놓여 있는 것이라면, 우리가 '민족들의 세계' 안에서 산다고 말하는 것은 여전히 사실이다.

'포스트 모던적' '지구화'가 온갖 분기(分岐)된 형태로 국가의 권력을 감소시키고 민족들의 일치단결을 해체한다는 자주 반복되는 이의 제기에 대해, 족류-상징주의자들은—'지구문화'라고 명명될 수 있는 문화가 없기 때문에—지구적 도전들이 몇 세기 동안 주기적으

---

* 정치 과정에 의한 정책결정이 경제적으로 어떠한 결과를 나타내는지를 밝혀낸 공공선택이론(public choice theory)으로 1986년 노벨경제학상을 수상한 제임스 맥길 뷰캐넌(1919-2013)이 사용한 용어. 뷰캐넌은 개념적으로 서로 다른 두 가지 역할을 동시에 하고 있는 정부의 역할을 설명하기 위해, 국가를 개념적으로 보호국가(the legal or protective state)와 생산국가(the productive state)로 나눈다. 즉 정부가 계약당사자 외부의 심판관(outside referee)으로서 사회 제도를 시행하는 역할을 할 때 이를 보호국가, 정부가 공공재(public-goods), 교역(exchanges)을 촉진하는 역할을 할 때, 이를 생산국가라고 명명하고, 현실에서 일어나고 있는 양자 사이의 혼동과 이를 해결할 수 있는 양자 사이의 바람직한 관계를 구명했다.

로 족류집단의 유대를 부활시켜왔고, 또 지금 이 순간에도 계속해서 여러 (민족)구성원들 중에서 사람들이 일반적으로 받아들이고 있는 민족정체성의 전통을 재해석하도록 그리고 민족공동체들과 그것들의 유서 깊은 문화들을 갱신하도록 부추기는 방식들이 작동되었거나 지금도 작동되고 있을 개연성이 있다고 답한다. 비록 민족**국가들**이 그들의 주권 일부를 유럽연합과 같은 새로운 초민족적 결사체에 양도하는 경우에도, 유럽헌법(the European Constitution)*과 같은 유럽 지도자들의 정치적 시도의 일부에 대해 프랑스와 네덜란드에서 강력한 민중적인 **민족적** 반작용이 일어난 사실이 보여주었듯이 개연성이 있다는 것은 여전히 사실이다. 이런 점에서 두 가지 요인이 중요하다. 첫 번째 요인은 단순한 국지전이든 군사개입이나 무장한 평화유지 작전으로 이어지는 그리고 지속적인 정보매체에의 노출과 매스컴에 의해 증폭되는 강대국 간의 대리전이든, 전 지구적인 무력충돌의 기억과 반복이다. 무력충돌 결과로 발생하는 전투에서의 인명손실은 텔레비전과 인터넷으로 생생하게 중계되고, 계속해서 양측의 민족정서의 식량 역할을 하고, 피의 희생과 민족적 갱신이라는 민족주의적 신화들을 꺼지지 않게 하고, 그것들은 그 후 주기적인 기억의 의식으로 재현된다. 많은 경우 이러한 제례는 민족적 공공문화의 지렛대와 민족의 운명에의 대중 참여의 초점이 되었고, 그

---

* 유럽연합의 기초가 되는 로마조약·유럽연합조약(마스트리히트조약)·암스테르담조약·니스조약 등을 통합한 유럽연합의 헌법과 같은 기능을 하는 조약이다. 조약의 형태로 유럽연합에 가입한 25개국의 비준을 받아 발효된다. 2004년 6월 18일, 브뤼셀에서 개최된 유럽연합 정상회담에서 유럽헌법조약에 대한 합의가 이루어졌고, 이 헌법조약이 발효되기 위해서는 유럽연합에 가입한 25개국의 비준을 받을 필요가 있었으나 2005년 프랑스와 네덜란드는 국민투표를 통해 이 헌법에 대한 비준 거부를 결정했다.

로 인해 글로벌 시대 안에서 민족의 일치단결(cohesion)은 아닐지라도 일체감(the sense of unity)의 버팀목 역할을 했다.[22]

　두 번째 요인은 이주다. 주로 매스컴에 결부된 가시적인 세계적 불평등의 결과로 그 규모와 수에서 엄청나게 확대된, 그리고 서로 다른 신앙과 문화를 지닌 훨씬 더 다양한 사람들을 참여시키는 이주는 일반적으로 받아들여지고 있는 전통들과 민족정체성과 공동체의 내러티브에 자주 의문을 제기한다. 한편으로 이주민들이 민족에게 가져다주는 새로운 다양성은 환영이나 축하를 받을 수도 있고, 일반적으로 받아들여지고 있는 공동체의 전통들의 본질에 대한 논쟁이 뒤따를 수도 있다. 다른 한편, 노동과 주택시장에 대한 압력은, 테러리즘에 대한 공포와 결부되어, 지도자들과 엘리트들로 하여금 족류 소요사태와 인종폭동을 겪고 난 다음에 단지 그들의 이주정책뿐만 아니라 새로운 다문화적인 '혼성정체성(hybridised identities)'을 위해 일반적으로 받아들여지고 있는 민족적 전통의 구성요소들을 기꺼이 포기해버리는 것도 재고하게 만들 수 있다. 그 결과는 민족정체성에 대한 전통적인 개념들의 재공식화(reformulation)와 이전에 전통으로부터 더 완전히 벗어나는 것이 약속해주는 것같이 보였던 것보다 기억, 신화, 가치, 상징의 일반적으로 인정되는 패턴과 유산에 더 가까운 민족공동체의 재활성화(revitalisation)일 수 있다. 이

----

22) 사람들의 마음과 정신에 호소할 수 있는 '지구문화'의 부재는 A. D. Smith(1995, 1장)에 의해 주장된다. 피의 희생에 관해서는 Marvin and Ingle(1999)를 보라. 그리고 전사자 숭배와 민족갱생에 대해서는 Mosse(1990), Winter(1995, 4장), Prost(1997)와 Winter and Sivan(2000)에 실려 있는 논문들을 보라. 좀 더 일반적으로, 전쟁과 민족주의 사이의 연결 관계에 관해서는 Hutchinson(2007)을 보라.

러한 요인들에다가 글로벌 시대에 근대적이고 더 포괄적인 국가의 탄력성과 사회적·문화적 침투를 첨가하면, 우리가 '포스트모던' 시대에 민족의 영속과 민족정체성 인식에 대해 계속해서 말할 수 있다는 족류-상징주의자들의 주장(또는 그런 주장의 진가)을 우리는 제대로 인식할 수 있다.[23]

정체성과 공동체

그렇다면 이러한 고찰은 민족**정체성**을 근대성의 꼭 필요한 건축자재(building block) 및 근대적 그리고 혹자가 말하는 '포스트모던'적 정치의 중요한 요소(stuff)로 간주할 수 있는 권리를 우리에게 주는가? 지금까지 족류-상징주의적 접근방식에 대한 가장 일관된 이론적 비판이라고 할 수 있는 시니사 말레셰비치*에게, 이러한 가정은 족류-상징주의의 상대적으로 더 언어도단적인 오류의 하나로 간

‥
23) 정체성의 '잡종화'라는 개념은 '포스트-모더니티'와 '포스트 민족' 질서에 대한 분석과 밀접히 연관된다. 이에 관해서는 Bhabha(1990, 16장), Giddens(1991), Soysal(1994)을 보라. 영국과 근대 다(多)민족사회 안에서의 상충되는 압력은 Kumar(2003, 8장)에 의해 분석된다. 그리고 이 책의 5장, 주 31을 보라.

---

* 말레셰비치는 『이데올로기로서의 정체성』(2006)에서 자신의 연구 과제를 민족주의에 대한 겔너와 스미스 이론의 극복으로 정하고, 이를 위해 근대의 핵심은 겔너의 주장처럼 생산이 아니라 폭력이라고 주장한다. 즉 근대를 만든 것은 '폭력'과 그것을 정당화하는 '이데올로기'라고 하면서, 근대는 폭력과 더불어 폭력을 통해 태어났고 폭력은 근대와 더불어 극적으로 강화되고 변화를 겪었다고 주장한다. 아울러 요즘 유행하고 있는 '정체성' 개념은 골다공중에 걸린 뼈처럼 문제가 많다면서 그보다는 '이데올로기' 개념이 더 믿을 만하다고 역설한다.

주된다. 이것은 그가 이론적으로 일관성이 없고 정치적으로 위험하다고 간주하는 한 개념(즉 정체성이라는 개념)에 내재한 모호성 때문이다. 나는 근대주의자들도 결코 이러한 비난으로부터 자유롭지 않다는 말부터 해야겠다. 이러니저러니 해도 결국, 어니스트 겔너는 오늘날 한 인간의 문화가 그의 정체성이라고 주장하고 있는 셈이고, 에릭 홉스봄도 민중적 동일시(popular identification)*의 형태들에 대해 말하고 있다. 존 브루이도 아프리카너의 민족주의 이데올로기와 같은 자기지시적인 민족주의 이데올로기들의 상징체계들을 상당히 자세하게 이야기한다. 그런가 하면 몽세라 기버노에게 민중적 민족 정체성은 사실상 근대정치의 중심이다. 말레셰비치에게 정체성이라는 언어의 이러한 현재의 유행은 (1950년대 이후의) 비교적 새로운 것이다. 그 용어의 출처는 논리와 수학 분야에서 발견되며, 그런 분야에서 그 용어는 유용하고 유사성+차별성이라는 정확한 의미를 지닌다. 그러나 사회과학으로 이전되어 현재 광범위하게 사용되면서 오직 혼란을 만들어냈을 뿐이다. 즉 어떤 때는 너무 엄격하게, 또 어떤 때는 너무 불분명하고 모호하게 사용되어서 두 경우 모두 분석적 목표에 아무 쓸모가 없다는 것이다. 유사한 방법론적인 이유로 민족, 족류집단, 디아스포라와 같은 개념들의 실체적이고 확고한 '집단성(groupness)'과 본질주의를 거부하고자 하는 로저스 브루베이커처럼, 시니사 말레셰비치는 문제가 많고 정치적 조작 가능성도 있는 통제나 제한이 불가능한 자아의 개념(a concept of unbridled self)을

---

* 동일시(identification)란 개인이 한 가지 또는 몇 가지 측면에서 다른 사람을 닮게 되는 자동적이며 무의식적인 정신 과정을 말한다. 동일시는 성숙 및 정신 발달을 수반하며 흥미, 이상, 버릇 및 여타의 속성을 획득하거나 배우는 과정을 돕는다.

우리에게서 없애고자 한다. 사실 따지고 보면, 그의 주요 목표는 정체성, 민족정체성, 정체성 정치와 같이 현재 유행되고 있지만 아주 잘못된 개념들 대신에 (이런 개념들보다) 더 오래되고 자신의 생각으로는 사회학적으로 더 유용한 '이데올로기'라는 개념을 회복하는 것이다.[24]

　여기에는 다소 오해가 있는 것 같다. 과학적 엄정성을 위해 우리의 분석적 개념들이 민중적인 관행이나 사상으로부터 완전히 차단될 수 있게끔 '언어적 정화(linguistic cleansing)' 작업을 한다는 것은 바람직한 일임에 틀림없다. 하지만 유감스럽게도 이것은 사회과학, 특히 정치사회학과 역사사회학에서는 거의 불가능하다. 대부분의 사회학적 개념들—계급, 젠더, 족류성, 국가 등등—은 분석적 개념이면서 동시에 참여자들의 실천범주인 경향이 있다. 그리고 이것은 '이데올로기'라는 개념에도 마찬가지로 해당된다. 이러한 개념들 모두는 물화(物化, reified)될 수 있고—마치 고대 '페르시아인들'과 '그리스인들'으로부터 근대 '프랑스인들', '독일인들', '러시아인들'에 이르는 유명집단들이 다른 집단들을 폄하하고 배제하고 억눌렀듯이—다른 개념들을 폄하하고 배제하고 억누르기 위해 사용될 수 있고, 또 그래왔다. 작금의 '정체성' 개념이 아무리 모호하고 모든 것이 포함된 것일지라도, 하나의 분석대상으로서(as an object of analysis) 우리는 그것을 완전히 제거해버릴 수도 없고, 그것이 요약하려고 하

<hr />

24) 이러한 비판에 대해서는 Malešević(2006, 1-2장)를 보라. 아울러 Brubaker(1996, 1장과 2005)를 보라. 아프리카너의 정체성에 대해서는 Breuilly(1993, 64-7)를 보라. 그리고 민족정체성에 대한 확대된 분석에 대해서는 Guibernau(2007)를 보라.

는 진정성(authenticity)과 독특성(distinctiveness)이라는 통속적인 이상들*을 없앨 수도 없다. 그리고 동일한 것이 민족, 민족공동체, 족류 및 민족정체성이라는 연관된 개념들에도 적용된다. 내 견해로는, 우리는 그런 개념들을 제거해버리려고 해서는 안 된다. 사회과학에서 우리의 개념들은 경험적 현실과 밀착해 있어야지 순수하고 추상적인 분석의 (현실과 동떨어진) 상아탑 안에 안주하려고 해서는 안 된다. 그것이 또한 '정체성'이, [마찬가지로 두루뭉술한 이상(理想)들인] '자율성' 및 '통일성'과 더불어, 민족주의 이데올로기 운동의 달성목표들 가운데 하나로 중시되어야 하는 이유다. 그리고 정말로 정체성은 문화적 독특성과 진정성에 대한 추구가 매우 광범위해졌던 18세기에 민족주의라는 이데올로기 운동이 발흥한 이래로 민족주의 운동의 달성목표의 하나로 항상 중시되어왔다. 독특한 '본질'과 차이로서의 '정체성'은 많은 사람들이 그들이 발견할 필요가 있었다고 느꼈고 또 창조하고 추구하려고 그리고 심지어 그것을 위해 죽으려고 노력해왔던 중요한 무엇이다. 누구나 그 사실을 안타까워할 수는 있어도, 그렇다고 순수를 표방한 이론적인 이의 제기가 대부분의 사람들에게 그들의 믿음과 이상들을 결코 단념시킬 수는 없었다. 그리고

---

* 앞에서 지적했듯이, 스미스에게 민족주의는 8가지—①자율성, ②통일성, ③정체성, ④진정성, ⑤고토, ⑥존엄성, ⑦연속성, ⑧운명—의 핵심 모티프와 주제를 공유하며, 이 가운데서 '진정성'은 "구성원들의 일부에 의한, 유일무이한 기원, 역사, 문화 속에서 민족공동체의 '참된 본성'과 그것의 존재에 대한 인식의 재발견"으로 정의된다. 그러나 일반적으로 진정성의 이상(ideal of authenticity)은 기성의 정체성들에 얽매이지 않고 개인 자신의 욕망과 의식에 즉하여 개인을 이해하고자 하는 기획이다. 그것은 계보학상으로 근대 휴머니즘과 연결되어 있으며, 자기 정의적 주체의 관념이 도덕의 영역에서 도달한 한 정점에 해당한다. 그것의 목표는 이른바 '나는 나다'라는 원리, 즉 자아의 권위를 주장하는 개인적 자유의 원리를 실제의 도덕적 삶에서 관철하는 것이라고 설명된다.

사람들의 믿음과 이상들이야말로 어쨌든 역사가와 사회과학자가 이해하려고 노력해야 할 것들이다. '민족정체성'의 추구는 단지 이데올로그와 국가 엘리트들뿐만 아니라, 설령 그들이 한 국가의 모든 구성원이 그것을 공유하고 있지 않거나 다른 정도와 방식으로 공유한다는 것을 인정하는 때에도, 다수의 사람들에게 극히 중요한 관심사가 되었다. 말레셰비치 자신이 주장하듯, '정체성'은 '사회의식' '인종' '민족성'과 같은 더 오래된 집단개념들을 대체하는 경향이 있었고, 누구나 이해하고 느낄 수 있는 용어로 집단적 차이와 개별성을 표현한다고 하는 마찬가지로 다용도의 달성목표를 충족시키려고 노력했다.[25]

정체성 개념은 단지 근대에만 있는 개념이 아니다. 우리는 소포클레스의 〈오이디푸스 티라노스〉에서 그것의 고전적 표현을 진즉부터 찾을 수 있는바, 거기에서 주인공은 엄청나게 충격적인 최종결말 직전에, '나는 내가 누구인지(코린트인인지, 테베인인지, 노예인지 아니면 누구인지) 알아야겠다'고 단호하게 말한다. 그리고 「요나서(the Book of Jonah)」에 또 다른 예가 나오는데, 거기서 폭풍 속에 갇힌 선원들은 요나에게 그가 누구냐고 묻고 그가 '히브리인'임을 알아낸다. 정체성의 관념들은 유럽의 종교전쟁들에서도 볼 수 있는데, 이것을 완벽하게 요약하고 있는 하나의 표현은 다음과 같은 폴로니우스의 말이다.

••

25) Malešević(2006, 31-5). Guibernau(2007, 1장)는 민족정체성 인식의 다양한 기반 —문화적 기반, 심리학적 기반, 역사적 기반 등등—을 분석한다. '민족성'에 대한 이전의 광범위한 믿음에 대해서는 Kemilainen(1964)을 보라.

이것은 무엇보다도 당신 자신의 자아가 참되고자 함이고,

그래서 그것은, 밤이 낮을 뒤따르듯이 따라올 터이니,

그런즉 당신은 누구에게나 가짜일 수 없다.

죄프 러슨이 보여주었듯이, 이와 동일한 자아와 정체성에 대한 관심이 적어도 16세기부터—혹자는 훨씬 이전부터라고 말할 것이다—재등장하고, 유럽과 세계의 훗날의 정치적 구분의 문화적 및 심리학적 토대를 놓는 데 기여했던 족류집단의 고정관념들(ethnic stereotypes)을 형성했다. 그리고 라이어넬 트릴링은 몰리에르와 디드로로부터 헤겔과 콘래드에 이르는 여러 사람들로부터 '참된' 자아 또는 '정직한 영혼'과 그것이 분해되는 모습에 대한 여러 다른 예를 모두 찾아내고, 그럼으로써 진지성과 진정성에 대한 우리의 관심의 기원을 추적했다. 이것이 족류-상징주의자들이 탐구하고자 하는 바로 그 역사적 계보다.[26]

나와 이 분야의 다른 사람들이, 우리가 생각했듯이, 단순히 피설명항(被說明項, explanandum, 설명될 필요가 있는 현상을 말하고, 그 현상에 대한 설명은 explanan이라 한다)에서 상당한 정도의 명료성을 추구하기보다는 족류성, 민족들, 민족주의에 대한 정태적인 '당구공'식의 개념정의들('billiard ball' definitions)을 가지고 작업을 해왔다는 비난에는 또 다른 오해가 있어 보인다. 내 경우, 이상형(ideal types)으

••

26) 이 예리한 분석에 대해서는 Trilling(1972)을 보라. Leerson(2006, 25-70)은 중세 및 근대 초 유럽의 족류집단의 스테레오타입을 연구하는데, 그것이 이후의 근대 민족의 창조의 심리학적 토대를 이룬다고 그는 주장한다.

로 상상된 족류적·민족적 현상들에 대한 개념정의들은 (복잡한 현실을 재는) 척도이자 기준이지, 그 이상의 것이 아니다. 그리고 그것들(개념정의들)의 효용성은 부분적으로 그것들이 우리가 현상들의 범주들을 구별해내는 데 도움을 주는 능력에 의해 측정된다. 동시에 그것들은, 민족의 이상형에 다소간에 근접한 공동체의 구체적 사례들이 이 여러 과정의 발전 덕분에 이상형에 근접해 있다는 것을 내가 증명하기 위해 애써왔듯이, 사회적/상징적 **과정들(processes)**을 요약한다. 실제로 나를 포함한 많은 학자들에게, 설명의 주요 대상은 언제나 우리가 '민족' 또는 '민족공동체'와 족류 또는 족류공동체라고 부르는 **공동체**―그것들의 기원들, 널리 퍼짐, 영속과 변화―의 유형들이었다. (민족, 족류) '정체성'의 개념은 중요하지만 부차적이다. 그것은 하나의 공동체가 느끼는 차이, 독특성, 개별성의 요약이라는 사실로부터 그것의 중요성을 도출하고, 또 존 암스트롱의 어법에 따르면, 예컨대 '족류정체성'이 '계급정체성'과 '종교적 정체성'으로 점차 스며들어간 곳에서 정체성은 갖가지 유형의 공동체에 대한 애착심의 가단성(可鍛性, 즉 다양한 모습으로 나타날 수 있는 공동체에 대한 애착심)에 사람들이 관심을 쏟게 만든다. '민족공동체 의식(sense of national community)'이나 베버의 '공동의 족류성 의식(sense of common ethnicity)'과 같은 구절들이 말레셰비치와 같은 비판자들에게는 더 이상 받아들여질 수 없을 것이라는 말이 아니다. 문제는 언제나 '누구의 민족공동체 의식인가?'일 것이다. 그러나 그와 같은 질문이 우리에게 공동체와 정체성의 개념들을 제거할 것을 요구하는 것은 아니다. 우리는 단지 이런저런 역사적 맥락 속에서 민족공동체 및 정체성 의식의 보유자들을 구체적으로 명시해야 하고, 그렇게 함으로써 그것들의 보유자들에게 그리고 그들에 대한 우리의 이해에 이러한 개념들이 갖는 효용성을 증명해야 한다. 말레셰비치가 발견한 문제들이 생겨나기 시작하는 것은 정말이지 아주 손쉽고 이론적인 진술들 내에서뿐이다.[27]

일종의 신-뒤르켐 이론인가?

말레셰비치의 종합적인 비판의 두 번째 부분은 전적으로 내 자신의 접근방법을 겨냥하는바, 그것을 그는 하나의 '이론'이라고 부를 것을 고집하면서 내 접근방법을 하나의 이론으로 놓고 평가한다. 그리고 이런 평가는 그것이 고작 하나의 개념적 접근방법에 지나지 않는다는 견해를 내가 반복적으로 그리고 명확하게 밝히고 있음에도 불구하고, 행해진다. 이것은 중요한 쟁점인데, 이 문제는 조금 후에 살펴보겠다. 나의 족류-상징적 접근방법을 겨냥한 구체적 비난은 세 가지다. 첫째, 족류공동체들로부터 민족들이 나왔다는 내 견해에는 '진화론'이라는 이름이 붙여진다. 둘째, 사회집단의 유형에 대한 내 접근방법은 '전체론'으로 간주된다. 셋째, 그리고 그것들의 속성에 대한 나의 기술은 '관념론'으로 여겨진다. 말레셰비치에 의하면, 이 세 측면을 총괄할 때 사회세계에 대한 내 이해는 근본적으로 뒤르켐적[아니, (뒤르켐과는 달리) 근대성의 두 번째 경로와 형태, 즉 시민적

··

27) 이러한 문제들은 Malešević(2006, 25-7과 2장)에 의해 논해진다. '정체성'에 대한 현상학적 접근방법에 대해서는 Armstrong(1982, 1장)을 보라.

형태와 아주 다른 족류적 형태를 도입하고 있으므로 차라리 신-뒤르켐적]
이다. 그리고 이런 이유로 인해 그것은 크게 잘못된 것이라고 평가
받는다. 내 생각에, (내 접근방법에 대한) 그의 결정적인 오해는 바로
이와 같은 성격 규정 때문에 생겨난다.[28]

1. 진화론(evolutionism)부터 시작해보자. 민족공동체 형성 연구에
서 내 출발점이—존 암스트롱이나 존 허친슨과 마찬가지로—족류
집단의 유대의 역할과 족류공동체의 유형에 대한 분석이라는 것은
분명한 사실이다. 그리고 고전적 사회학자들 및 근대주의자들과 함
께, 족류-상징주의자들은 '근대성'이라는 용어로 요약되는 어마어마
한 변화들을 인정하고 근대화의 결과들을 전근대사회의 조건들과
대비시킨다. 여기에는 유독 뒤르켐적이거나 진화론적인 것이 없다.
게다가 나도 다른 족류-상징주의자들도 족류공동체들은 **반드시** 민
족들로 발전한다거나 족류공동체들과 그 후의 민족들 사이에 일대
일의 상응관계가 있다고 주장하지 않는다. 그것들이 정치 분야에 적
극적으로 관여하는데도, 민족으로 발전하지 않은 수많은 족류범주,
족류네트워크, 족류공동체가 현존한다. 우리는 그저 그 구성원들
이 자율성을 얻고자 애쓰지도 않고 자신들을 영토를 지닌 민족공동
체로 전환시키려고 애쓰지는 더더욱 않는 미국이나 사하라 사막 이
남 아프리카 국가들 내의 족류범주들이나 족류공동체들의 지도자와
엘리트가 구사하는 전략을 생각해보기만 하면 된다. 그들이 반드시

••
28) Malešević(2006)의 5장은 나의 족류-상징적 접근방법이 뒤르켐적이라고 분석하는
일에 몰두한다.

따라가야 할 미리 정해진 길이 있는 것도 아니고, 이 과정에 변경될 수 없는 필연성이 있는 것도 아니며, 역사의 피할 수 없는 단계가 있는 것도 아니다. 결정론(determinism), 운명론(fatalism), 목적원인론(finalism)의 이 존재론적 가정들이라고 말하는 이러한 가정들은 족류-상징주의들이 공유하지 않는 가정들이다. 오히려 족류공동체와 민족은 이상형적 구성체들(ideal type formations)로 간주되어야 하고, 그래서 족류-상징주의의 과제의 하나는 그것들 사이의 관계와 서로 다른 역사적 상황 속에서 문화공동체들이 밟은 가능한 경로들을 일목요연하게 기록하고 분석하는 것이다. 역사 발전의 '사명'이란 존재하지 않고, 역사에는 한 방향의 과정도 없고, 역사에는 목적도 없다는 것이 족류-상징주의들의 기본 입장이다. 내가 오래전에 사회변동에 관한 내 저서에서 주장했듯이, 상당히 많은 여지가 우연과 외부의 사건들(전쟁, 식민화, 종교운동 등)과 내부의 과정들 사이의 상호작용에 달려 있다. 이것은―디아스포라가 되었을 때의 아르메니아인과 유대인들에게서 그런 일이 실제로 일어났다고 우리가 주장할 수 있듯이―족류공동체, 민족공동체 같은 유형의 공동체들 사이에는 일반적으로 그리고 특유한 사례들 모두에서 서로 다른 발전방향과 반전(反轉, reversal)이 가능하다는 것을 의미한다. 역사가 한 방향의 변화 과정을 따라서, 그리고 정말이지 진화적 발전―특별히 추출방법(the means of extraction)과 강압범위(the scope of coercion)의 진화적 발전―을 통해 움직인다는 생각을 고집하는 사람들은 오히려 근대주의자들이고, 우리는 그(말레셰비치)가 (민족/민족주의에 대한) 겔너의 시각을 논평한 장을 근거로 해서 시니사 말레셰비치를 여기에 포함시켜야 한다.[29)]

학자들이 조사할 수 있고 또 정말로 조사하고 있는 마찬가지로 중요한 다른 종류의 사회변화—경제적·정치적·사회적·문화적— 가 얼마든지 있다는 점을 덧붙여야겠다. 그러나 족류-상징주의들이 관심을 갖는 단 하나의 사회변화는 민족들과 민족주의의 발흥(rise) 과 변화(transformation)에 관한 것이고, 그런 이유 때문에 관심의 초점은 특정한 종류의 공동체로서의 족류공동체와 민족공동체에 맞추어진다. [그리고 여기에서 다시 유감스럽게도 우리는 민족주의 이데올로기의, 그리고 많은 사람들의 일상적인 언어와 (희로애락의) 감정의, 대상(object)으로 기능하면서 동시에 분석적인 용도로 사용되는 하나의 개념— 민족—을 갖고 있다.] 비교적 협소한 이러한 초점은 족류-상징주의가 사회적·정치적 변화에 대한 총체적인 이론이기는커녕 민족들과 민족주의에 대한 총체적인 이론을 제시한다고도 생각하지 않는다는 나의 대체적인 논지와 부합한다.

2. 이제 전체론(holism)이라는 비난에 대해 살펴보자. 내 자신의 글에 전체론적인 요소가 있다는 것은 부인할 수 없다. [그러나 이런 비난이 모든 족류-상징주의들에게 해당하는 것은 아니다. 예컨대 존 암스트롱의 접근방법은 그가 정치조직구성신화(mythomoteurs)와 '신화-상징 복합체(myth-symbol complexes)'에 큰 중요성을 부여한다는 특징을 보여주기는 하지만, 그는 나보다 훨씬 더 현상학적인 접근방법을 택한다. 그래서 그는 족류정체성을 (어떤 고정된 것으로 보기보다는) 변하기 쉬운 태도

••
29) Malešević(2006, 129-30)와 A. D. Smith(1973a)를 보라. 아르메니아인과 유대인에 대해서는 Armstrong(1982, 7장), 그리고 그들의 민족주의에 대해서는 A. D. Smith (1999, 8장)를 보라.

들과 사고방식들의 덩어리로 본다.] 방법론적인 개인주의는 우리가 왜 개인들이 민족주의 운동에 가담하거나 그 운동을 고수하는가? 하는 이유를 설명하고자 할 때에는 분명히 유용하다. 그러나 민족공동체들의 역사적 토대와 민족주의들의 기원과 영향이라는 대규모의 문제들을 탐구한다는 내 자신의 목표에 비추어볼 때, 그것의 유용성은 제한되어 있는 것 같다. 사회생활과 공동체는 개인들의 이익, 선호도, 성향들을 모두 합친 것 훨씬 이상인 것 같다. 그것들은 또한 세대에서 세대로 전해져 내려오고 성문화될 수 있는 공유된 규범, 가치, 기억, 상징 등등으로 구성된다. 이것은 도덕이 집단생활의 존재를 전제로 한다거나, 족류공동체들과 민족공동체들이 수 세기에 걸쳐 인간의 행동 방식에 매우 큰 영향을 미친 초역사적 권력을 소유하기 때문에 (사회적 변화나 유행의 영향을 받지 않은) 시대초월성(timelessness)—안드레아스 윔머가 보기에는, 족류–상징주의자들의 헤르더식 '낭만적 존재론'의 근본오류—의 기운(aura)을 지니고 있다는 것을 의미하지 않는다. 그것은 민족들이 실체적이고 동질적이고 가시적인 집단들이라는 것을 의미하지도 않는다. 사실 따지고 보면, 많은 민족주의자들도, 누구에게나 쉽게 인식되는 것처럼 보이는 민족의 이상을 창조하려는 그들의 줄기찬 지적·미학적 활동을 설명하는 데 어떻든 도움이 되는 그와 같은 준–유기체적 관점을 고수하지 않는다. 그들은 종국에는 아무리 유감스러워도 심각한 위기의 순간을 제외할 때 '그들' 공동체의 구성원들은 민족에 대한 단일한 이해를 공유할 가능성이 낮다는 것을 깨닫는다. 그리고 내가 이 책과 다른 곳에서 증명했듯이, 어떤 특정한 기간 동안 공동체의 역사와 운명에 대해서 흔히 경쟁적인 해석들이 있다. 사실, 족류/민족공동체에는 고정된 것이 없고, 갈등과 충돌은—말레셰비치의 투키디데스적 세계관이 전제하는 것처럼 보편적이지는 않겠지만—민족정치와의 관계에서 흔히 나타나는 특징이다.[30]

말레셰비치는 또한 내가 족류공동체나 민족들에게 도덕을 부여한다고 잘못된 주장을 하면서, 족류-상징주의들의 저서에 들어 있는 '집단주의적' 진술들의 중요성을 과장한다. 마찬가지로 그는 내가 '그들의 황금시대로 되돌아가는' 핀란드인, 우크라이나인, 슬로바키아인이라고 성격을 규정한 것의 의미도 오해한다. 이러한 성격 규정은 그들 각각의 민족주의가 시작될 무렵에 그들의 지식인들과 전문가들의 상징적 관심사와, 교육과 선전을 통해 주민의 더 많은 부분에게 민족주의가 미친 영향에 대한 약술이다. 그리고 나는 대부분의 사람들에 의해 그와 같이 이해되었으리라고 생각한다.[31]

족류-상징주의자들과는 별도로, 많은 학자들이 민족들의 형성과 영속을 분석하기 위해, 그리고 '민족'을 공동체의 분석적 범주이자 동시에 특유한 역사적 형식으로 다루기 위해, 집단적·상징적 차

••

30) 민족들과 민족주의에 적용된 방법론적 개인주의적 전략에 대해서는 Hechter(2000)와 Laitin(2007)을 보라. 전체론과 본질주의에 대한 비판은 Brubaker(1996, 1장)에 의해 추구된다. 그러나 Malešević(2006, 141)는 인간의 삶의 '내재적으로 투쟁적인 성격'에 대해 말한다. 그리고 그는 인간이라는 주체는 '어떤 보편적, 초역사적 성격'을 가지며 그것은 근대적 조건에 의해 변화하더라도, 결코 없앨 수 없다고 주장한다. 나의 저작 속에 있는 전체론에 대한 이러한 비판에 대해서는 Malešević(2006, 130-2)를 보라. 그리고 족류-상징주의자들의 '낭만적 존재론'에 관해서는 Wimmer(2008)를 보라.

31) Malešević(2006, 131-2)를 보라. 학문적 저술에 집단적인 고유명사들을 사용하는 것은 그렇지 않다면 불가능할 것이다. 로저스 블루베이커도 클루즈(루마니아 공업도시)의 족류집단 간의 관계에 대한 그의 연구에서 '헝가리인들'과 '루마니아인들'에 의지했다(Brubaker 2006). Csergo(2008)의 비판을 보라.

원에 호소할 필요성을 느꼈다. 표트르 츠돔카가 주장하듯, 족류공동체들과 민족들이 단지 '유동적이고, 복잡하고, 중첩되어 있고, 횡절적(橫切的)이고, 중첩된 여러 관계들의 네트워크'라면, 우리는 그것들의 영속적인 요소들과 그것들이 아주 많은 사람들의 가슴과 머리에 행사한 힘을 설명하기 위해 몹시 갈팡질팡할 것이다. 말레셰비치가 주장하는 것처럼, 단순히 근대적 형태의 국가의 강압과 엘리트의 조작이 뒤를 받쳐주는 (민족주의) 이데올로기로 그 주장을 표현하는 것은, 비록 그것이 부분적인 순환논법은 아닐지라도, 문제를 해결하지 못하고 궁극적으로는 아주 불충분하다. 어쨌든 왜 이 특정한 종류의 이데올로기가 출현했는가? 왜 그것은 영속적으로 존재했고 전지구적으로 그렇게 많은 열렬한 지지자들을 가졌고, 또 왜 그렇게 많은 사람들이 '민족'을 위해 기꺼이 죽었는가? 그렇게 많은 남녀에게 그토록 호소력을 갖는 **민족적** 형태의 공동체란 무엇인가? 이런 물음에 답하려면, 투키디데스식으로, 국가의 강압, 엘리트의 조작, 인간 간의 갈등과 충돌의 내재적 성격을 인용하는 것만으로는 충분치 않고, (근대주의 패러다임과 잘 들어맞지 않으면서 말레셰비치의 주장의 가장 중요한 부분인) 인간 주체들의 '상당히 보편적이고, 초역사적인 속성들'로는 더더욱 충분치 못하다. 차라리 우리는 지식인들의 민족주의 이데올로기가 사람들의 심금을 울릴 수 있었던 상징적 세계, 그리고 그 세계의 문화적·역사적 토대를 탐구해야 한다.[32]

··

32) Sztompka(1993, 187)는 Malešević(2006, 131)에 의해 만족스럽게 인용된다. 그러나 4장 말미(107)에서 우리는 이 유동적 관계가 체스 게임에서처럼 고정되고 심하게 규제된 근대국가의 권력에 의해 심하게 억제됨을 발견한다.

3. 말레셰비치는 또한 나의 족류–상징적 접근방법을 '관념론적'이라고 특징짓는 오류를 범하고 있다. 엘리 케두리는 관념들에는 결정적인 힘이 있다고 믿었을지 모르지만 족류–상징주의자들은 그렇지 않다. 족류–상징적 접근방법은 일종의 역사사회학이고 그래서 그것은 관념론적인 준거틀(an idealist frame of reference)을 상정하지 않는다. 처음부터 (즉, 내 출세작인)『민족들의 족류공동체적 기원』에서, 나는 족류를 지적체계나 이데올로기체계로서가 아니라 사회–문화공동체의 한 형태로 정의했다. 이와 같이 족류들은 서로 다른 역사적 형태—가로의 관계로 이루어진(horizontal), 세로의 관계로 이루어진(vertical), 조각조각 나누어진(fragmented)—를 취하고 있으며 그것들은 이 세 종류의 족류공동체의 구성원들이, 주어진 유리한 여건 속에서, 아마도 밟을 독특한 경로들의 출발점이 된다. 이 경로들에는 필연성이 없다. 그것들은 언제나 후진(後進, be reversed)될 수 있고, 다른 유형의 족류공동체들과 다른 경로가 있을 수 있다. 무엇보다도, 이 각 유형의 족류공동체 구성원들이 민족 형성의 사회적·상징적 과정들의 발전을 경험하고 활성화할 수 있는 조건들을 창조하는 것은 다른 외부적 요인들—강한 중앙집권 국가들, 인텔리겐치아의 출현, 이민과 식민화—을 필요로 한다.[33]

내가 설명했듯이, 족류–상징적 접근방법의 전반적 목표는 민족들과 민족주의에 대한 사회적이고 문화적인 이해를 제공하는 것이고,

··

33) Kedourie(1971, 서론)와 A. D. Smith(1979a, 2장과 1983 1–2장)의 나의 비판을 보라. 족류공동체와 그것의 유형에 대한 나의 특징 부여는 A. D. Smith(1986, 2장과 4장)를 보라. 그리고 '이중적 정당화'의 상황에서 근대 인텔리겐치아에게 열려 있는 서로 다른 길에 대해서는 A. D. Smith(1983, 10장)를 보라.

문화에 대한 강조는 대부분—존 암스트롱이 언급한 다양한 요인을 대충 훑어보기만 해도 족류-상징주의가 이데올로기나 문화에 편중되어 있다는 단순한 생각은 쉽게 떨쳐버릴 수 있음에도 불구하고—정치적·경제적 요인들에 초점을 맞추는 근대주의적 접근방법들을 보충할 필요성이 있다는 인식으로부터 생겨난 것이다. 내가 민족주의와 종교 사이의 관계를 살펴보고 민족주의를 인민의 종교(religion of the people)로 그리고 민족을 시민들의 신성시되는 교감(sacred communions of citizens)으로 특징지은 나의 최신작 『선민들(Chosen peoples)』에는 (관념론이 **아니라**) '문화주의'에 대한 이전보다 더 큰 강조와, 비록 제한적이긴 하지만, 뒤르켐에게 더 많이 빚졌다는 것은 사실이고, 그 사실을 나는 인정한다. 그러나 그 책에서도 나는 관념이나 믿음 그 자체보다는 전통과 황금시대에 대한 기억, 고토의 상징들과 선민신화들과 함께 공공의례와 의식에 더 많은 관심을 기울였다.[34]

그럼에도 시니사 말레셰비치가 내 자신의 전반적인 족류-상징적 접근방법과 뒤르켐의 접근방법 사이의 아주 밀접한 유사성을 찾아내고자 하는 곳이 바로 이 지점이다. 그러나 그렇게 함으로써 그는 나의 접근방법을 뒤르켐의 이론과 혼동하는 경향이 있다. 뒤르켐의 종교사회학에서 볼 수 있는 사회적인 것과 신성시되는 것 사이의 긴밀한 관계는 족류-상징주의적 접근방법의 일부가 아니며, 민족들은 어떤 의미에서 '신성하다'는 관념(이런 관념은 뒤르켐에서 발견되지 않으며 말레셰비치가 인정한 대로 뒤르켐은 민족들에 대해서는 거의 쓴 바가

••
34) A. D. Smith(2003a와 한 걸음 더 나아가 2008a)를 보라.

없다)은 내 견해에 대한 심한 과장이다. 고대와 중세의 선민신화나 황금시대에 대한 기억들 사이의 연관관계를 정치적 목적을 위해 민족주의 인텔리겐치아들이 그것들에 관심을 쏟고 이용했던 근대 시기로 추적해 내려오면서, 내가 말하고자 하는 바는 선민신화와 기억들이 세속화되고 변화되었다는 것이 아니고, 다만 그것들이 그 이후의 민족들의 창조를 위한 중요한 문화자원과 흔히 족류네트워크를 제공했다는 것이다. 나는 종교와 신성시되는 것이 사회적인 것으로 '환원될' 수 있다는 뒤르켐의 믿음을 공유하지 않는다. 내가 말하고자 하는 요점을 한마디로 요약하면 '민족주의는 언제나 정치적 이데올로기 이상의 것이었다(nationalism was always more than a political ideology)'는 것이다. 민족주의는 또한 중요한 문화적·종교적 면모를 갖고 있었으며, 그런 점은 공공의식과 의례의 규칙적인 거행을 통한 민족관념에 대한 그 지지자들의 열렬한 헌신과 이전의 문화와 족류공동체의 신화, 상징, 전통, 기억의 현실적응에서 분명하게 드러난다. 『선민들』에서 종교에 대한 뒤르켐의 기능적 접근방법을 사용한 것 말고는, 특별히 신-뒤르켐적인 것은 없다. 그 어떤 족류-상징적 분석에서도 민족주의라는 정치적 종교와 민족이라는 시민들의 신성시되는 교감이 '영원하다'고 제안한 바 없다. 그것이 어떤 종교적 요소들에 대한 뒤르켐의 견해일지 모르지만 그것은 내 견해가 아니다. 말레셰비치 스스로 민족주의는 '준-종교적 호소력을 보여주고', 영적 언어와 이미지를 차용하고, 민족들을 '반(牛)신성한 독립체'로 묘사한다고 주장한다. 더욱이 민족의 이상이 그 구성원들에게 후손을 통한 불멸이라는 인식을 줄 수 있다는 관념 역시 칼턴 헤이스와 베네딕트 앤더슨과 같은 학자들의 설명에서 발견된다. 나는 단지 어떤 문화공동체들은 정말이지 다른 것들보다 훨씬 더 영속적이었고, 어떤 족류공동체들의 어떤 요소들, 특히 족류공동체들의 상징, 신화, 기억, 전통은 여러 세대에 걸쳐, 심지어 어떤 경우에는 여러 세기에 걸쳐 계속해서 존속되었다고 주장하고 싶은데, 이것은 역사적 기록으로부터 아주 분명해진다. 그러나 영원한 것은 아니다.[35]

끝으로, 족류–상징주의자들이 뒤르켐 못지않게 베버와 짐멜(그리고 카를 바르트와 같은 사람들)에게서 많은 도움을 받았다는 것을 언급할 가치가 있다. 그리고 그것은 총체적으로 볼 때 내 자신의 저서에도 해당한다. 확실히 나는 아주 유명한 사회학자들과의 이러한 연관관계를 영광으로 생각한다. 그러나 나의 족류–상징주의를 뒤르켐의 이론에 매우 가깝게 연결시킴으로써 말레셰비치는 나의 시각과 접근방법이 뒤르켐과 두루뭉술한 이론(rounded theory)이라는 그의 핵심주장을 뒷받침하려고 애쓴다. 이런 방식으로, 그는 내 시각과 접근방법이 잘못된 것이고, '아주 부정확한' 조각 맞추기에 불과하고, '민족–형성 과정들에 대한 완전한 설명의 발달'을 막았다는 것을 밝혀내려고 한다.[36]

. .
. .

35) Malešević(2006, 122-7, 132-4)를 보라. 민족종교와 후손에 대해서는 Anderson (1991)과 Hayes(1960)를 보라. 아울러 민족들과 민족주의에 대해서 뒤르켐이 쓴 바가 없다는 사실에 대해서는 Mitchell(1931)을 보라.

36) Malešević(2006, 128, 135)를 보라. 고전 사회학과 민족주의에 연결 관계와 짐멜에 대한 나의 부채에 대해서는 A. D. Smith(2004a, 4장과 6장)를 보라. Armstrong(1982, 1장)은 Frederik Barth에 대한 그의 부채를 인정한다.

결론

다시 한번, 나는 최초의 경고를 되풀이하고자 한다. 족류-상징주의는 내 자신의 판본을 포함하여 민족들과 민족주의에 대해 그럴 만하다고 할 수 있을 만큼 총체적인 하나의 이론이자 '완전하고 갖출 것을 다 갖춘 설명'을 제공하는 것을 목표로 삼지 않는다. 그런 척하는 것은 확실히 주제넘는 일이다.

족류-상징주의의 목표는 그보다는 훨씬 더 작다. 그것은 족류 및 민족현상들에 대해 두루뭉술하고 모든 것을 다 포괄하는 이론을 제시하려고 하지 않는데, 그 큰 이유는 연구대상들이 갖고 있는 운동, 공동체, 애착심, 상징체계, 의례의 엄청난 다양성 때문이다. 차라리 이론적이고 사회-역사적인 분석을 통해, 족류-상징주의자들은 민족들과 민족주의의 사회사와 문화사 연구(research)*를 위한 개념들과 발견적 도구들을 제공하기를 희망한다. 내가 말했듯이, 족류-상징주의자들의 연구는 문화적·상징적 차원들과 남들이 흔히 무시하는 족류집단의 전통들의 역사와 내용을 특별히 강조하는, 민족들과 민족주의에 대한 역사사회학인 동시에 비교사다. 이 점에서, 족류-상징주의는 비교사는 물론 고전적 사회학의 전통 속에 서 있는 것이기도 하며, 비교사와 고전적 사회학의 통찰력을 기반으로 삼으려고 노력한다. 이 사업에서 족류-상징주의자들이 지금까지 얼마나 성공적이었는지는 이 분야 학생들과 학자들의 판단에 맡긴다.

---

* research는 무언가를 연구하고 그것에 대한 사실을 발견하려고 노력함을 의미한다. 민족들과 민족주의에 대한 연구는 현재로서는 사실 확인을 위한 리서치 단계이지 어떤 이론을 정립할 수준이 아니라는 의미일 것이다.

에필로그

족류상징주의와 민족주의 연구

민족주의 연구는 오늘날 중대한 국면에 도달했다. 지난 50년 동안 민족주의 연구는, 제2차 세계대전 이후에, 민족들의 초역사적인 반복성과 장기지속성을 당연시한 '영존주의적' 기본전제들을 민족주의의 근대성뿐만 아니라 민족들의 근대성에 대한 거개의 합의로 대체한 근대주의적 통설의 지배를 받아왔다. 이 기간 동안에, 사회생물학자들과 문화적 원생주의자들(cultural primordialists)에 의해, 근대주의에 대한 중요한 도전들이 있었다. 최근에 좀 더 신중한 방식과 제한된 규모로, 민족주의까지는 아니더라도 민족들이 언제 출현했는지에 관한 사학사적 논쟁이, 특히 잉글랜드와 프랑스에서 몇몇 '신-영존주의(neo-perennialist)' 역사가들에 의해 다시 촉발되었다. 그럼에도, 그리고 사회과학의 보다 넓은 시각에서 볼 때, 민족들과 민족주의에 대한 '고전적 논쟁들'과 그들의 서사는 근대주의적 시대구분과 근대주의적인 사회학적 해석에 크게 경도되어왔다.

그러나 이것은 이야기의 일부일 뿐이다. 지난 20년간 이 분야에서는 새롭고 흔히 중첩되는 많은 시도가 있었다. '합리적 선택' 이론을 가지고 민족주의에 접근하는 방법은 특히 미국에서 유행했고, 페미니즘과 젠더에 따른 (새로운) 해석도 있었고, '잡종화된' 민족정체성과 다문화주의에 대한 문화연구도 있었으며, 포스트-민족적 지구화의 접근방법도 있었으며, '일상적 민족됨'과 민족주의의 소비에 대한 연구도 있었다. 통틀어 볼 때, 이러한 발전들은 새로운 해석들과 이전의 '고전적 논쟁들'과 서사들 사이에 상당한 틈을 만들어내면서, 민족들과 민족주의 연구의 기존 경관에 근본적인 방향전환과 패러다임의 변화가 일어나고 있음을 증언한다. (수많은 새로운 시도들 가운데서) 합리적 선택이론과 지구화의 접근방법을 제외할 때, 담론분석과 '포스트-모더니즘'(시대의 인식론)적 전환에 영향을 받은 이러한 발전들은 그들 선배들의 거대담론을 의도적으로 멀리하고 아울러 거대담론을 뒷받침했던 인과적-역사적 방법론도 대체로 멀리했다. 그 대신 그것들은 민족현상에 대한 구성주의적이고 반-본질주의적 신념, 민족현상의 민중적 표현에 대한 주로 족류지학적 조사(ethnographic investigations), 그리고 특정한 현대적 사례들에 대한 미시 분석을 받아들였다.

잡종화된 민족정체성과 '일상적 민족됨'의 소비에 대한 해석을 그들의 연구 주제로 삼았던 문화연구(cultural studies)에서 이런 현상이 특히 두드러진다. 근대주의자와 근대주의 반대자들에 의해 분석된 민족들과 민족주의에 대한 공식적 서사라고까지 할 수는 없어도 전적으로 엘리트에 기반을 두고 있는 서사라고 그들(=문화연구자들)이 여긴 것들에 반발하면서, 일상적 민족됨과 문화적 잡종성을 연구한 학자들은 민족주의자들의 염원의 표면적 주제인 '인민'―비엘리트들―의 민족적 믿음, 취향, 활동에 초점을 맞추고, 그것들을 민족들과 민족주의 연구의 중심과제로 삼음으로써, 이 분야에 새로운 기운을 불어넣으려고 노력해왔다.

내가 주장했듯이 족류-상징주의자들은 경쟁적인 민족주의 엘리트나 준엘리트에 의해 동원되지는 않더라도 흔히 설득될 필요가 있는 비엘리트들의 믿음, 활동, 태도에 대한 문화연구자들의 관심의 거의 대부분을 문화연구자들과 공유한다. 문화연구자들처럼 족류-상징주의자들도 대다수 근대주의자들의 '위에서 아래로 내려오는 하향식(top-down)' 접근방법과 국가 엘리트에 대한 근대주의자들의 전적인 강조를 거부한다. '인민'의 대부분을 이루는 비엘리트들의 의미의 '내적 세계'로 들어가는 데 주력하기 때문에, 족류-상징주의자들은 비엘리트들이 공유하고 있는 역사적 및 문화적 환경의 다양한 상징요소―그것들이 신화와 상징물이든 아니면 기억, 전통, 가치든 간에―안에서 민족주의의 호소력의 원천을 찾는다. 그러나 연구대상의 역사적 배경을 거의 또는 전혀 고려하지 않으면서 미시 분석을 통해 현대 민족국가 주민의 취향, 선택, 정서를 조사하는 '일상적 민족됨'의 학자들과는 달리, 역사적 족류-상징주의는 일상적인 민족됨 못지않게 '역사적 민족됨', 즉 족류공동체와 민족공동체의 이전 세대들의 다양한 문화유산과 전통이 후속 세대들―그 구성원들은 이전 세대의 다양한 문화유산과 전통을 변화하는 조건과 새로운 도전에 맞게 조정한다―에게 아주 중요한 준거틀을 제공하는 방식에도 관심을 갖는다. 이것은 비엘리트들의 믿음, 정서, 활동이 비엘리트들의 보다 넓은 문화적 무대 또는 엘리트들의 서사 및 문화 프로젝트, 따라서 반드시 다른 공동체들과 관계를 맺고 있는 민족공동체 전체에 대한 더 폭넓은 조사의 아주 중요한 부분으로 다루어져야만 한다는 것을 의미한다.

이로부터 족류-상징적 접근방법은 어떤 면에서 이전의 역사학적 거대서사와 '보통사람들'에 대해 현재 이루어지고 있는 문화적 미시분석, 이 양자를 모두 아우르는 접근방법이라는 것이 분명해진다. 한편으로 족류-상징주의자들은 대중의 정서, 믿음, 취향, 활동의 민족적 의미를 이해하는 것에 골몰하고, 다른 한편으로, 족류-상징주의자들은 이것이 자신의 독특한 일련의 가치, 기억, 전통을 지닌 공동체의 역사적 배경과 문화적 무대에 대한 폭넓은 분석 안에서만 가능하다고 느낀다.

그러나 다른 면에서 족류-상징주의는 여전히 그것의 모태인 '고전적 논쟁'의 일부이다. 그것은 민족들의 형성과 민족주의의 출현과 발달에 관한 거대담론을 여러 근대주의자들과 공유한다. 그것의 주장과 시대구분은 다를 수 있고, 민족들의 족류적 성형(成形, ethnic shaping)*을 강조한다는 점에서 독특하지만, 그것의 역사적 서사의 형태와 그것의 설명의 준거틀은 근대주의자들의 준거틀과 동일하다고까지 할 수는 없어도 유사하다. 더욱이 족류-상징주의자들은 (근대주의자들과) 똑같이 인과적-역사적 방법론에 적극적이다. 그들은 개인과 집단이 그들의 민족적 활동, 선택, 믿음에 부여하는 의

---

* 족류집단이 민족들의 형식과 형태를 크게 결정한다는 의미.

미를 이해하는 것과 특정한 역사적 국면에 민족주의 지도자와 운동의 호소에 응하는 민중동원의 진짜 이유에 대한 인과적 설명(causal account)을 결합하려고 노력한다. 족류-상징주의자들이 습관처럼 제시하는 이유들 가운데 상징, 전통, 기억, 가치, 신화의 역할은 민족 형성과 민족주의 운동의 성공 또는 그 반대의 원인과 생성방식을 설명하는 데서 아주 두드러진다. 이것은 특히 민족주의 운동의 타이밍과 성공에서 엘리트의 정치, 경제, 군사적 요인의 중요성을 부인하는 것이 아니고, 단지 이런 민족주의 운동과 그것들의 호소가 흔히 목표로 삼는 비엘리트—인민—의 대응, 이 양자의 매트릭스를 형성하는 역사 사회적·문화적 요인들에 대한 관심을 통해 좀 더 통합적이고 적절한 설명을 찾아보자는 것이다.

족류-상징주의는 근대주의의 순전히 구조적인 설명에 대한 불만과 근대주의가 민족들과 민족주의의 형성과 생성방식에서 중요한 역할을 한 문화·상징요소들에 관심을 기울이지 않는다는 것으로부터 생겨났다. 근대주의자와 다양한 종류의 영존주의자 사이에서 진행되고 있는 논쟁에서, 족류-상징주의적 접근방법은 각 입장과 밀접히 연관된 문제들은 피하면서 두 종류의 설명이 빠뜨리고 있는 민족들의 생성방식과 장소라는 쟁점들에 주목하는 중도노선을 제시했다. 그렇게 함으로써 그들은 개념적·경험적으로 근접해 있지만 지적으로는 별개의 분야인 그리고 각자 독특한 학문적 전통을 가지고 있는 족류성과 민족주의라는 두 학문분야를 합치고 그럼으로써 민족들과 민족주의에 대한 연구를 넓히려고 노력했다.

그러나 이것은 족류-상징주의가 제공할 수 있는 유일한 서비스가 아니다. 그것이 족류집단 연구 분야와의 연계를 제공한다면, 같은 이유로 그것은 내가 언급했던 몇 몇 새로운 출발을 위해서도 그런 연계를 제공할 수 있었다. 현재의 민족주의 연구가 단일한 이해의 장을 쉽게 지도로 보여줄 수 없는 끊임없이 움직이고 변화하는 파편화된 경관을 보여준다면, 족류–상징주의는 역사와 인과성을 강조하는 낡은 고전적 논쟁들과 다문화적이고 젠더를 중시하는 민족 정체성과 현대 민중의 태도와 믿음에 초점을 맞추고 있는 분야에서 행해지고 있는 새로운 연구들 사이의 간극을 메우는 일을 돕는 하나의 접근방법이라고 말할 수 있을 것이다. 족류–상징주의자들이 거시 분석적 준거틀과 인과적–역사적 방법론을 고수한다는 것은 확실하다. 그러나 그들은 또한 그들의 상징적 환경과 공유된 신화, 기억, 문화전통의 영향력을 참조하여 참여자들에게 그들의 행동이 어떤 의미를 갖고 있는지를 해석하려고 노력한다. 민족들과 민족주의들의 형성, 발달, 모습 갖추기에서 상징적·문화적 요소들의 중요성에 특별한 관심을 기울임으로써 족류–상징주의자들은 이전 세대 학자들과 이후 세대 학자들의 서로 다른 관심사의 일부를 하나로 묶는 접근방법을 제공하고, 민족들의 형성과 발달 및 민족주의의 호소력에 대한 좀 더 통합적이고 미묘한 차이를 놓치지 않는 설명으로 나아가는 길을 가르쳐줄 수 있을 것이다.

옮긴이의 말

이 책은 앤서니 스미스(Anthony D. Smith)의 *Ethno-symbolism and Nationalism: A Cultural Approach* (London and New York: Routledge, 2009)를 우리말로 옮긴 것이다. 1939년생인 스미스는 영국 옥스퍼드대학에서 고전학과 철학으로 학사학위를, 런던정경대 사회학과에서 석·박사학위를 받은 다음, 1980년 런던정경대 전임강사(Lecturer in Sociology)를 거쳐 2004년까지 런던정경대 정부학과 (the Department of Government)의 족류성과 민족주의 연구주임 교수로 재직하였고, 현재는 족류성과 민족주의 연구 명예교수(Emeritus Professor of Ethnicity and Nationalism)로 있다. 이제 세계적인 민족주의 연구센터가 된 런던정경대의 The Association for the Study of Ethnicity and Nationalism(ASEN)을 대학원생 및 동료 학자들과 1990년에 설립하여 2013년까지 회장, 그리고 이 학회에서 1995년부터 발간한 학술지(*Nations and Nationalism*)의 편집장을 역시 2013년까지 맡았다. 이 책 맨 앞에 실린 한 서평자의 말처럼, "그가 민족주의 연구에 쏟은 필생의 작업을 우리를 위해 개념적으로 강력하고 명쾌한 글로 정리"한 이 책 이외에도 *Theories of Nationalism*(1971, 83), *The nationalism in the Twentieth Century*(1979), *The Ethnic Origins of Nations*(1986), *National Identity*(1991), *Nations and Nationalism in a Global Era*(1995), *Nationalism and Modernism* (1998), *The Nation in History: Historical Debates about Ethnicity and Nationalism*(2000), *Chosen Peoples: Sacred Sources of National Identity*(2003), *The Antiquity of Nations*(2004), *The Cultural Foundations of Nations*(2008), *The Nation Made Real: Art and National Identity in Western Europe*, 1600-1850(2013) 등의 저서를 남겨 "어느 누구도 이 시기 동안(1970년대 이후) 그러한 문제(민족성을 해명하는 문제)를 명확히 하는 데 스미스보다 더 많은 일을 한 사람은 없었다."*고 평가된다. E. 겔너의 수제자로서 민족과 민족주의의 근대성을 수용하면서도, 민족국가와 민족주의를 근대 시기로부터 집단적 문화 정서가 발현된 그 이전 시기로 거슬러 올라가 연구함으로써 민족과 민족주의에 대한 이해를 시·공간적으로 확대하고 심화시켰기 때문일 것이다.

  그러나 스미스는, 그의 저서들이 21개 국어로 번역되었을 만큼 높은 국제적 명성을 누리고 있는 것에 비해, 국내에서는 그리 많이 알려지지 않았다. 그의 책 두 권[『국제화시대의 민족과 민족주의』(1996,

---

* Athena S. Leoussi and Steven Grosby(eds), *Nationalism and Ethnosymbolism* (2007), 1.

명경), 『민족주의란 무엇인가』(2012, 용의숲)]이 이화여대 강철구 교수에 의해 번역된 바 있으나, 널리 읽힌 것 같지 않고, 그의 민족주의론을 자세히 소개한 역자의 저서[『민족주의와 역사-겔너와 스미스』(2014, 아카넷)]도 사정은 매한가지다. 여기에는 스미스의 글이 쉽지 않다는 이유도 있으나, 더 근본적인 이유는 민족주의에 대한 우리 사회의 인식이 아직 냉전시대의 편협성에서 벗어나지 못했기 때문인 것 같다. 왜 그런 것일까?

6·25 전쟁으로 굳어진 냉전체제 하에서 정권은 '민족'을 사실상 금기시해왔고, 그래서 함석헌 선생은 1958년 8월에 쓴 글(「생각하는 백성이라야 산다, 6·25싸움이 주는 역사적 교훈」)로 인해 20여 일간 옥에 갇혔다. 5·16 이후 군사정권은 전통적인 유교 윤리를 '조국의 근대화'라는 민족주의 구호와 융합하여 개발독재 체제를 구축하는 한편, 1968년 12월 5일에 반포된 〈국민교육헌장〉이 보여주듯, 민족주의를 국가주의로 그리고 민족을 '국민'으로 개조하려고 노력하였다. 그렇다면 그 후에 진행된 우리의 민주화 과정은 국가주의를 민족주의 특히 문화민족주의로 씻어내고, 그것을 통해 국가주의의 산물인 '국민'을 넘어 다시 민족으로 되돌아가는 즉 민족을 다시 태어나게 하는 노력을 기울였어야 했다. 적어도 지식인들과 예술가들은 그랬어야 했다. 스미스의 말처럼, 지식인과 예술가는 우리의 "공동체의 과거를 재발견, 선택, 재해석하고, 그것의 현 상태에 대해 그것이 품고 있는 생각을 개조하고, 그럼으로써 그 공동체를 갱생하도록 돕는 정치고고학자"*가 되었어야 했다. 그러나 민주화 이후

---

* 이 책 150-1쪽 참조.

정권의 구호는 '세계화'였고, 그래서 이른바 세계화의 세례를 받고 자라난 우리의 젊은 세대는 지금 방향을 상실한 채 역사의 미아(迷兒)가 된 느낌마저 든다. 우리의 민주화 과정은, 민족이라는 고치 속에서 자라난 애벌레가 민주주의라는 나비가 되는 것임에도, 민족에 대한 진지한 성찰을 게을리 한 것이다. 냉전이 종식되었음에도 냉전 체제의 논리에 스스로 간혀있었던 셈이다.

지난번 책에서도 말했듯이, 필자는 어설픈 남북통일 지상주의자가 아니다. 그러나 지금 우리 사회가 겪고 있는 질곡에서 벗어나려면, 스미스의 말처럼, "상충되는 사회적 필요를 하나로 묶고 균형을 잡아주며, 기계적 관료제라는 스킬라(Scylla, 그리스신화에 나오는 바다의 괴물, 시칠리아 섬 앞바다의 위험한 바위들)와 유토피아적·무정부주의적 비합리주의라는 카리브디스(Charybdis, 그리스신화에 나오는 여자 괴물, 시칠리아 섬 앞바다의 소용돌이) 사이에서 하나의 완충재 역할을 하는" 민족이 필요하다. 왜냐하면, 민족은 "합리주의, 관료제, 세계국가체제라는 근대적 조건에서 가장 번성하면서도 민족 그 자체는 상반되는, 질서·완전한 권력의 필요와 자율성·자기표현의 필요를 화해시킬 수 있는 유일한 존재"이기 때문이다.* 홉스봄의 말처럼, 중국, 한국, 일본은 "족류적으로(ethnically) 거의 또는 완전히 동질적인 인구로 구성된 역사적 국가의 극히 희귀한 사례"이고, 그래서 박정희 군사정권의 개발독재처럼 "족류성과 정치적 충성이 연결될 가능성이 적지 않지만"**, 그런 과거를 빌미로 민족과 민족주의

---

* Smith(1979), 183.
** Hobsbawm(1990), 66.

가 전면적으로 부정되거나 무조건 경계의 대상이 되어서는 안 된다. 우리는 오히려 우리의 근대화가 족류민족주의에 토대를 두고 있었음을 인정하고 우리의 족류민족주의의 다양하고 복잡한 역할과 기능을 분석해낼 수 있어야 한다. 그래야만 지금 우리가 겪고 있는 이 질곡에서 벗어날 탈출구도 찾아낼 수 있다. 과거는 미래의 길잡이이기 때문이다.

그러나 지금 우리에게 절실히 필요한 길잡이로서 민족과 민족주의가 재발견되려면, 그것들에 대해 깊고 폭넓은 이해가 필요하며 그러기 위해서는 무엇보다도 연구자의 긴 호흡이 필요하다. 바로 여기에서 민족과 민족주의에 대해 족류-상징주의적 접근을 시도한 스미스 읽기가 요청된다. 왜냐하면, 우리의 민족주의가 서구형의 시민민족주의가 아니라 동구 및 아시아형의 족류민족주의라면, 민족과 민족주의 현상을 폭넓게 연구하면서도 양자를 이론적으로 구분하고, 이전의 역사학적 거대서사와 '보통사람들'에 대해 현재 이루어지고 있는 (엘리트 중심의 서사와는 다른 또는 대치하는) 문화적 미시분석을 모두 구사하는 그리고 민족들의 형성과 민족주의의 출현과 발달에 관한 거대담론을 여러 근대주의자와 공유하면서도 근대주의의 한계를 넘어서 민족들과 민족주의의 형성과 생성방식에서 중요한 역할을 한 문화·상징요소들에도 관심을 기울이는 스미스의 족류-상징주의야말로 우리의 과거와 현재의 민족주의 현상을 설명하고 해석하는 데에 가장 적절한 이론이라고 생각되기 때문이다. 이런 점에서 이 번역서가 특히 민족과 민족주의를 연구하는 한국사 연구자들에게 널리 이용되었으면 하는 바람이 있다. 여하튼 냉전이 종식된 이후 세계 도처에서 새롭게 분출되고 있는 여러 형태의 민족주의, 특히 한·중·일 3국에서 현재 일어나고 있는 민족주의 운동 내지 현상의 성격과 향방을 제대로 가늠하려면 스미스의 민족주의론에 대한 정확한 이해가 꼭 필요하다는 것이 역자의 생각이다.

끝으로 이 자리를 빌려 어려운 출판여건에도 불구하고 작년에 이어 이 책의 우리말 번역서 출간요청을 흔쾌히 받아준 아카넷의 김정호 사장, 그리고 40여 년 동안 역자를 곁에서 묵묵히 지켜봐 준 한결 같은 아내에게도 감사의 말을 전하고 싶다.

2015년 12월
서달산 기슭의 학교 연구실에서
김인중

참고문헌

Aberbach, David(2007), "Myth, history and nationalism: poetry of the British Isles", in Leoussi and Grosby(2007, 84-96).

Abrams, Anne(1986), *The Valiant Hero: Benjamin West and Grand-Style History Painting*, Washington, DC: Smithsonian Institution Press.

Ades, Dawn(ed.)(1989), *Art in Latin America: The Modern Era, 1820-1980*, London: South Bank Centre.

Akenson, Donald(1992), *God's Peoples: Covenant and Land in South Africa, Israel and Ulster*, Ithaca, NY: Cornell University Press.

Alba, Richard(2005), "Bright vs. blurred boundaries: second-generation assimilation and exclusion in France, Germany, and the United States", *Ethnic and Racial Studies* 28, 1, 20-49.

Anderson, Benedict(1991[1983]), *Imagined Communities: Reflections on the Origins and Spread of Nationalism*, 2nd edn, London: Verso.

_____(1999), "The goodness of nations", in Peter van der Veer and Hartmut Lehmann(eds.), *Nation and Religion: Perspectives on Europe and Asia*, Princeton: Princeton University Press.

Antal, Frederick(1956), *Fuseli Studies*, London: Routledge and Kegan Paul.

Ap-Thomas, D. R.(1973), "The Phoenicians", in D. J. Wiseman(ed.), *Peoples of the Old Testament*, Oxford: Clarendon Press, 259-86.

Arblaster, Anthony(1992), *Viva la Liberta! Politics in Opera*, London and NewYork: Verso.

Argyle, William(1976), "Size and scale as factors in the development of nationalism", in Anthony D. Smith(1976a, 31-53).

Armstrong, John(1976), "Mobilised and proletarian diasporas", *American Political Science Review* 70, 393-408.

_____(1982), *Nations before Nationalism*, Chapel Hill: University of North Carolina Press.

_____(1995), "Towards a theory of nationalism: consensus and dissensus", in Periwal(1995, 34-43).

_____(1997), "Religious nationalism and collective violence", *Nations and Nationalism* 3, 4, 597-606.

Arts Council(1986), *Dreams of a Summer Night: Scandinavian Painting at the Turn of the Century*, London: Hayward Gallery, Arts Council.

Aston, Nigel(2000), *Religion and Revolution in France, 1780-1804*, Basingstoke: Macmillan Press.

Balibar, Etienne and Wallerstein, Immanuel(1991), *Race, Nation, Class*, London: Verso.

Barnard, Frederick(2003), *Herder on Nationality, Humanity and History*, Montreal and Kingston: McGill-Queen"s University Press.

Bartal, Israel(2005), *The Jews of Eastern Europe, 1772-1881*, Philadelphia: University of Pennsylvania Press.

Barth, Fredrik(ed.)(1969), *Ethnic Groups and Boundaries*, Boston: Little, Brown and Co..

Beaune, Colette(1991), *The Birth of an Ideology: Myths and Symbols of the Nation in Late Medieval France*, trans. Susan Huston, Berkeley and Los Angeles: University of California Press.

Beetham, David(1974), *Max Weber and the Theory of Modern Politics*, London: Allen and Unwin.

Bell, David(2001), *The Cult of the Nation in France, 1680-1800*, Cambridge, MA: Harvard University Press.

Bell, Keith(ed.)(1980), *Stanley Spencer*, R.A, London: Royal Academy, Weidenfeld & Nicolson.

Bendix, Reinhard(1964[1996]), *Nation-building and Citizenship*, enlarged edn, New Brunswick: Transaction Publishers.

Berlin, Isaiah(1976), *Vico and Herder*, London: Hogarth Press.

_____(1979), "Nationalism: past neglect and present power", in Henry Hardy(ed.), *Against the Current: Essays in the History of Ideas*, London: The Hogarth Press.

_____(1999), *The Roots of Romanticism*, Henry Hardy(ed.), London: Chatto and Windus.

Best, G.(ed.)(1988), *The Permanent Revolution: The French Revolution and Its Legacy, 1789-1989*, London: Fontana.

Bhabha, Homi(ed.)(1990), *Nation and Narration*, London and New York: Routledge.

Billig, Michael(1995), *Banal Nationalism*, London: Sage.

Boswell, David and Evans, Jessica(eds.)(2002), *Representing the Nation: A Reader*, London and New York: Routledge.

Boulton Smith, Kohn(1985), "The Kalevala in Finnish Art", *Books From Finland XIX*, 1, 48-55.

Bradshaw, Brendan and Roberts, Peter(eds.)(1998), *British Consciousness and Identity: The Making of Britain, 1533-1707*, Cambridge: Cambridge University Press.

Branch, Michael(ed.)(1985), *Kalevala, The Land of Heroes*, trans. W.F. Kirby, London: The Athlone Press.

Brass, Paul(ed.)(1985), *Ethnic Groups and the State*, London: Croom Helm.

Brass, Paul(1991), *Ethnicity and Nationalism*, London: Sage.

Breuilly, John(1993[1982]), *Nationalism and the State*, 2nd edn, Manchester: Manchester University Press.

_____(1996), "Approaches to nationalism", in Gopal Balakrishnan(ed.), *Mapping the Nation*, London and New York: Verso, 146-74.

_____(2005a), "Changes in the political uses of nations: continuity or discontinuity?", in Scales and Zimmer(2005, 67-101).

_____(2005b), "Dating the Nation: how old is an old nation?", in Ichijo and Uzelac(2005, 15-39).

Brock, Peter(1976), *The Slovak National Awakening*, Toronto: Toronto University Press.

Bromlei, Yu. V.(1984), *Theoretical Ethnography*, Moscow: Narka Publishers.

Brookner, Anita(1980), *Jacques-Louis David*, London: Chatto and Windus.

Broun, Dauvit(2006), *Scottish Independence and the Idea if Britain: From the Picts to Alexander III*, Edinburgh: Edinburgh University Press.

Brubaker, Rogers(1992), *Citizenship and Nationhood in France and Germany*, Cambridge MA: Harvard University Press.

_____(1996), *Nationalism Reframed: Nationhood and the National Question in the New Europe*, Cambridge: Cambridge University Press.

_____(2005), "The 'diaspora' diaspora", *Ethnic and Racial Studies* 28, 1, 1-19.

_____(2006), *Nationalist Politics and Everyday Ethnicity in a Transylvanian Town*, Princeton: Princeton University Press.

Calhoun, Craig(1997), *Nationalism*, Buckingham: Open University Press.

_____(2007), *Nations Matter: Culture, History and the Cosmopolitan Dream*, London and New York: Routledge.

Carter, F. W., French, R. A. and Salt, j.(1993), "International migration between East and West in Europe", *Ethnic and Racial Studies* 16, 3, 467-691.

Cauthen, Bruce(1997), "The myth of divine election and Afrikaner ethno-genesis", in Hosking and Schöflin(1997, 107-31).

_____(2004), "Covenant and continuity: ethno-symbolism and the myth of divine election", in Guibernau and Hutchinson(2004, 19-33).

Chamberlin, E. R.(1979), *Preserving the past*, London: J.M Dent & Sons.

Charlton, D. G.(1984), *New Images of the Natural in France*, Cambridge: Cambridge University Press.

Chatterjee, Partha(1993), *The Nation and its Fragments*, Cambridge: Cambridge University Press.

Choueiri, Youssef(2000), *Arab Nationalism, A History*, Oxford: Blackwell Publishing.

Cinar, Alev(2005), *Modernity, Islam and Secularism in Turkey*, Minneapolis: University of Minnesota Press.

Citron, Suzanne(1989), *Le Mythe National*, Paris: Presses Ouvrieres.

Cliffe, Lionel(1989), "Forging a nation: the Eritrean experience", *Third World Quarterly* 11, 4, 131-47.

Coakley, John(2004), "Religion and nationalism in the First World", in Conversi(2004, 206-25).

Cobban, Alfred(1964), *Rousseau and the Modern State*, 2nd edn, London: Allen and Unwin.

Cohler, Anne(1970), *Rousseau and Nationalism*, New York: Basic Books.

Colley, Linda(1992), *Britons: Forging the Nation, 1707-1837*, New Heaven: Yale University Press.

Connor, Walker(1984), *The National Question in Marxist-Leninist Theory* and *Strategy*, Princeton: Princeton University Press.

_____(1990), "When is a nation?", *Ethnic and Racial Studies* 13, 1, 92-103.

_____(1994), *Ethno-Nationalism, The Quest for Understanding*, Princeton: Princeton University Press.

_____(2004), "The dawning of nations", in Ichijo and Uzelac(2005, 40-6).

Conversi, Daniele(ed.)(2004), *Ethno-nationalism in the Contemporary World: Walker Connor and the Study of Nationalism*, London: Routledge.

Conversi, Daniele(2007), "Mapping the field: theories of nationalism and the ethno-symbolic approach", in Leoussi and Grosby(2007, 15-30).

Cowan, Edward(2003), *"For Freedon Alone": The Declaration of Arbroath, 1320*, East Linton, East Lothian: Tuckwell Press.

Crow, Tom(1985), *Painters and Public Life*, New Heaven: Yale University Press.

Csergo, Zsuzsa(2008), "Do we need a language shift in the study of nationalism and ethnicity? Reflections on Rogers Brubaker"s critical scholarly agenda", *Nations and Nationalism* 14, 2, 393-8.

Davies, Norman(1982), *God's Playground: A History of Poland*, 2 vols, Oxford: Clarendon Press.

Davies, Rees(2000), *The Frist English Empire: Power and Identities in the British Isles, 1093-1343*, Oxford: Oxford University Press.

Deflem, Mathieu and Pampel, Fred C.(1996), "The myth of post-national identity: popular support for the European Union", *Social Forces* 75, 7, 119-43.

Delanty, Gerard(1995), *Inventing Europe: Idea, Identity, Reality*, Basingstoke: Macmillan.

Detroit(1974), *French Painting, 1774-1830: The Age of Revolution*, Detroit,

MI: Wayne State University Press.

Deutsch, Karl(1966[1953]), *Nationalism and Social Communication*, 2nd edn, New York: MIT Press.

Deutsch, Karl and Foltz, William(eds.)(1963), *Nation Building*, New York: Atherton.

Diaz-Andreu, Margarita(2007), *A World History of Nineteenth Century Archaeology: Nationalism, Colonialism and the Past*, Oxford: Oxford University Press.

Diaz-Andreu, Margarita and Champion, Timothy(eds.)(1996), *Nationalism and Archaeology in Europe*, London: UC Press.

Dieckhoff, Alain(2005), "Beyond conventional wisdom: cultural and political nationalism revisited", in Dieckhoff and Jaffrelot(2005, 62-77).

Dieckhoff, Alain and Jafferlot, Christophe(eds.)(2005), *Revisiting Nationalism: Theories and Processes*, London: C. Hurst & Co..

Dodd, Philip(2002), "Englishness and the national culture", in Boswell and Evans(2002, 87-108).

Doumanis, Nicholas(2001), *Italy: Inventing the Nation*, London: Arnold.

Duncan, A. A. M.(1970), *The nation of Socts and the Declaration of Arbroath*, London: The Historical Association.

Dyson, Stephen(2006), *In pursuit of Ancient Pasts: A History of Classical Archaeology in the Nineteenth and Twentieth Centuries*, New Haven and London: Yale University Press.

Eddy, John and Schreuder, Deryck(eds.)(1998), *The Rise of Colonial Nationalism*, Sydney: Allen and Unwin.

Edensor, Tim(2002), *National Identity, Popular Culture and Everyday Life*, Oxford and New York: Berg.

Einstein, Alfred(1947), *Music in the Romantic Era*, London: J.M. Dent and Sons.

Eisenstadt, Shmuel(1973), *Tradition, Change and Modernity*, New York: Wiley.

Eisenstadt, Sergei(1989), *Ivan the Terrible*, London: Faber.

Elgenius, Garbriella(2005), "Expressions of nationhood: national symbols and ceremonies in contemporary Europe", Unpublished PhD thesis, University of London.

Eller, Jack and Coughlan, Reed(1993), "The Poverty of primordialism: the demystification of attachments", *Ethnic and Racial Studies* 16, 2, 183-202.

Ely, Christopher(2002), *This Meager Nature: Landscape and National Identity in Imperial Russia*, Dekalb, IL: Northern Illinois University Press.

Emerson, Caryl(1998), *The life of Mussorgsky*, Cambridge: Cambridge University Press.

Engelhardt, Juliane(2007), "patriotism, nationalism, and modernity: the patriotic societies in the Danish conglomerate state, 1769-1814", *Nations and Nationalism* 13, 2, 205-23.

Erffa, Helmut von and staley, Allen(1986), *The paintings of Benjamin West*, New Haven and London: Yale university Press.

Eriksen, Thomas(1993), *Ethnicity and Nationalism*, London: Pluto Press.

_____(2004), "Place, kinship and the case for non-ethnic nations", in Guibernau and Hutchinson(2004, 49-62).

Facos, Michelle and Hirsh, Sharon(eds.)(2003), *Art, Culture and National Identity in Fin-de-Siécle Europe*, Cambridge University Press.

Finkelberg, Margalit(2006), *Greeks and Pre-Greek: Aegean Prehistory and Greek Heroic Tradition*, Cambridge: Cambridge University Press.

Fishman, Joshua(1972), *Language and Nationalism: Two Integrative Essays*, Rowley, MA: Newbury House.

Florescano, Enrique(1993), "The creation of the Museo Nacional de

Antropologia and its scientific, educational and political purposes", in Elisabeth Boone(ed.), *Collecting the Pre-Colombian Past*, Washington, DC: Dumbarton Oaks Research Library and Collection, 81-103.

Foot, Sarah(2005), "The historiography of the Anglo-Saxon Nation-State", in Scales and Zimmer(2005, 143-65).

Fox, Jon and Miller-Idriss, Cynthia(2008), "Everyday nationhood", *Ethnicities* 8, 4, 536-63.

Frankfort, Henri(1948), *Kingship and the Gods*, Chicago: Chicago University Press.

Fraschetti, Augusto(2005), *The Foundation of Rome*, trans. Marian Hill and Kevin Windle, Edinburgh: Edinburgh University Press.

Frazee, C.A.(1969), *The Orthodox Church and Independent Greece, 1821-52*, Cambridge: Cambridge University Press.

Freeden, Michael(1998), "Is nationalism a distinct ideology?", *Political Studies* 46, 748-65.

Gal, Allon(2007), "Historical ethno-symbols in the emergence of the state of Israel", in Leoussi and Grosby(2007, 221-30).

Galloway, Andrew(2004), "Latin England", in Kathy Lavezzo(ed.), *Imagining a Medieval English Nation*, Minneapolis and London: University of Minneapolis Press, 41-95.

Gardiner, Juliet(ed.)(1990), *The History Debate*, London: Collins and Brown Garman, Sebastian(1992), "Foundations myths and political identity: ancient Rome and Saxon England compared", Unpublished PhD Thesis, University of London.

_____(2007), "Ethnosymbolism in the ancient Mediterranean world", in Leoussi and Grosby(2007, 113-25).

Geary, Patrick(2001), *The Myth of Nations: The Medieval Origins of Nations*, Princeton: Princeton University Press.

Geertz, Clifford(1973), "The integrative revolution", in idem, *The Interpretation of Cultures*, New York: Fontana.

Geiss, Immanuel(1974), *The PanAfrican Movement*, London: Methuen.

Gellner, Ernest(1964), *Thought and Change*, London: Weidenfeld and Nicolson.

_____(1973), "Scale and nation", *Philosophy of the Social Sciences* 3, 1-17.

_____(1983), *Nations and Nationalism*, Oxford: Blackwell.

_____(1996), "Do nations have navels?", *Nations and Nationalism* 2, 3, 366-70.

Gere, Cathy(2007), *The Tomb of Agamemnon: Mycenae and the Search for a Hero*, London: Profile Books.

Gershoni, Israel and Jankowski, Mark(1987), *Egypt, Islam and the Arabs: The Search for Egyptian Nationhood, 1900-1930*, Oxford: Oxford University Press.

Giddens, Anthony(1984), *The Nation-State and Violence*, Cambridge: Polity Press.

_____(1991), *The Consequences of Modernity*, Cambridge: Polity Press.

Gildea, Robert(1994), *The Past in French History*, New Haven and London: Yale University Press.

Giliomee, Hermann(1989), "The beginnings of Afrikaner ethnic consciousness, 1850-1915", in Leroy Vail(ed.), *The Creation of Tribalism in Southern Africa*, London: James Currey.

_____(2003), *The Afrikaners: Biography of a People*, Cape Town: Tafelberg Publishers.

Gillingham, John(1992), "The beginnings of English imperialism", *Journal of Historical Sociology* 5, 392-409.

_____(1995), "Henry Huntingdon and the twelfth century revival of the English nation", in Simon Forde, Lesley Johnson and Alan

Murray(eds.), *Concepts of National Identity in the Middle Ages*, Leeds Texts and Monographs, new series 14, Leeds: School of English.

Gillis, John(ed.)(1994), *Commemorations: The Politics of Identity*, Princeton: Princeton University Press.

Glazer, Nathan and Moynihan, Daniel(eds.)(1975), *Ethnicity: Theory and Experience*, Cambridge, MA: Harvard University Press.

Goodblatt, David(2006), *Elements of Ancient Jewish Nationalism*, Cambridge: Cambridge University Press.

Gorski, Philip(2000), "The Mosaic moment: An early modernist critique of modernist theories of nationalism", *American Journal of Sociology* 105, 5, 1428-68.

Gouldner, Alvin(1979), *The Rise of the Intellectuals and the Future of the New Class*, London: Macmillan.

Grant, Susan-Mary(2005), "Raising the Dead: War, memory and American national identity", *Nations and Nationalism* 11, 4, 509-29.

Gravers, Mikael(1996), "The Karen making of a nation", in Tønnesson and Antlöv(1996, 237-69).

Greenfeld, Liah(1992), *Nationalism: Five Roads to Modernity*, Cambridge, MA: Harvard University Press.

Grosby, Steven(1991), "Religion and nationality in antiquity", *European Journal of Sociology* 33, 229-65.

_____(1994), "The verdict of history: the inexpungeable tie of primordiality - a reply to Eller and Coughlan", *Ethnic and Racial Studies* 17, 1, 164-171.

_____(1995), "Territoriality: the transcendental, primordial feature of modern societies", *Nations and Nationalism* 1, 2, 143-62.

_____(2002), *Biblical Ideas of Nationality, Ancient and Modern*, Winona Lake, IN: Eisenbrauns.

_____(2006), *A Very Short Introduction to Nationalism*, Oxford: Oxford University Press.

Guibernau, Montserrat(1996), *Nationalisms: The Nation-State and Nationalism in the Twentieth Century*, Cambridge: Polity Press.

_____(1999), *Nations Without States*, Cambridge: Polity.

_____(2001), "Globalisation and the nation-state", in Guibernau and Hutchinson(2001, 242-68).

_____(2004), "Anthony D. Smith on nations and national identity: a critical reassessment", in Guibernau and Hutchinson(2004, 125-41).

_____(2007), *The Identity of Nations*, Cambridge: Polity.

Guibernau, Montserrat and Hutchinson, John(eds.)(2001), *Understanding Nationalism*, Cambridge: Polity Press.

_____(2004), *History and National Destiny: Ethno-symbolism and its Critics*, Oxford: Blackwell.

Guibernau, Montserrat and Rex, John(1997), *The Ethnicity Reader*, Cambridge: Polity Press.

Gutierrez, Natividad(1999), *Nationalist Myths and Ethnic Identities: Indigenous Intellectuals and the Mexican State*, Lincoln, NE, and London: University of Nebraska Press.

Handelman, Don(1977), "The organisation of ethnicity", *Ethnic Groups* 1, 187-200.

Hargrove, June(1980), "The public monument", in Peter Fusco and H. W. Janson(eds.), *The Romantics to Rodin: French Nineteenth Century Sculpture from North American Collections*, Los Angeles and New York: Los Angeles County Museum of Art and George Baziller.

Hastings, Adrian(1997), *The Construction of Nationhood: Ethnicity, Religion and Nationalism*, Cambridge: Cambridge University Press.

_____(1999), "Special peoples", *Nations and Nationalism* 5, 3, 381-96.

_____(2003), "Sacred homelands", *Nations and Nationalism* 9, 1, 25-54.

Hatzopoulos, Marios(2005), "'Ancient prophecies, modern predictions': myths and symbols of Greek nationalism", Unpublished PhD thesis, University of London.

Haugen, Einar(1966), "Dialect, language, nation", *American Anthropologist* 68, 922-35.

Hayes, Carlton(1931), *The Historical Evolution of Modern Nationalism*, New York: Smith.

_____(1960), *Nationalism: A Religion*, New York: Macmillan.

Hechter, Michael(1975), *Internal Colonialism: The Celtic Fringe in British National Development, 1536-1966*, London: Routledge and Kegan Paul.

_____(2000), *Containing Nationalism*, Oxford and New York: Oxford University Press.

Herbert, Robert(1972), *David, Voltaire, Brutus and the French Revolution*, London: Allen Lane.

Hertz, Frederick(1944), *Nationality in History and Politics*, London: Routledge and Kegan Paul.

Higgins, Patricia(1986), "Minority-state relations in contemporary Iran", in Ali Banuazizi and Myron Weiner(eds.), *The State, Religion and Ethnic Politics: Afghanistan, Iran, and Pakistan*, Syracuse, NY: Syracuse University Press, 167-97.

Hirsh, Sharon(2003), "Swiss art and national identity at the turn of the twentieth century", in Facos and Hirsh(2003, 250-85).

Hobsbawm, Eric(1990), *Nations and Nationalism since 1780*, Cambridge: Cambridge University Press.

Hobsbawm, Eric and Ranger, Terence(eds.)(1983), *The Invention of Tradition*, Cambridge: Cambridge University Press.

Hofer, Tamas(1980), "The ethnic model of peasant culture: a contribution to the ethnic symbol building on linguistic foundations by East

European peoples", in Sugar(1980, 101-45).

Honko, Lauri(1985), "The Kalevala process", *Books from Finland* 19, 1, 16-23.

Hooson, David(ed.)(1994), *Geography and National Identity*, Oxford: Blackwell.

Horowitz, Donald(2004), "The primordialists", in Conversi(2004, 72-82).

Horsman, Mathew and Marshall, Andrew(1994), *After the Nation-State: Citizens, Tribalism and the New World Disorder*, London: Harper Collins Publishers.

Hosking, Geoffrey(1997), Russia: *People and Empire, 1552-1917*, London: Harper Collins.

Hosking, Geoffrey and Schöpflin, George(eds.)(1997), *Myths and Nationhood*, London: Routledge.

Howard, Michael(1976), *War in European History*, London: Oxford University Press.

Howe, Nicholas(1989), *Migration and Myth-making in Anglo-Saxon England*, New Haven and London: Yale University Press.

Hroch, Miroslav(1985), *Social Preconditions of National Revival in Europe*, Cambridge: Cambridge University Press.

Huntington, Samuel(2004), *Who are We?*, London: Simon and Schuster.

Hupchik, Dennis(2002), *The Balkans: From Constantinople to Communism*, Basing-stoke: Palgrave Macmillan.

Hutchinson, John(1987), *The Dynamics of Cultural Nationalism: The Gaelic Revival and the Creation of the Modern Irish Nation State*, London: George Allen and Unwin.

_____(1992), "Moral innovators and the politics of regeneration: the distinctive role of cultural nationalists in nation-building", in Anthony D. Smith(ed.), *Ethnicity and Nationalism, International Studies in Sociology and Social Anthropology*, Vol. LX, Leiden: Brill, 101-17.

_____(1994), *Modern Nationalism*, London: Fontana.

_____(2000), "Ethnicity and modern nations", *Ethnic and Racial Studies* 23, 4, 651-69.

_____(2005), *Nations as Zones of Conflict*, London: Sage Publications.

_____(2007), "Warfare, remembrance and national identity", in Leoussi and Grosby(2007, 42-52).

_____(2008), "In defence of transhistorical ethno-symbolism: a reply to my critics", *Nations and Nationalism* 14, 1, 18-28.

Hutchinson, John and Aberbach, David(1999), "The artist as nation-builder: William Butler Yeats and Chaim Nachman Bialik", *Nations and Nationalism* 5, 4, 501-21.

Hutchinson, John and Smith, Anthony D.(eds.)(1996), *Ethnicity*, Oxford: Oxford University Press.

Hutchinson, William and Lehmann, Hartmut(eds.)(1994), *Many Are Chosen: Divine Election and Western Nationalism*, Minneapolis: Fortress Press.

Ichijo, Atsuko and Uzelac, Gordana(eds.)(2005), *When is the Nation? Towards an Understanding of Theories of Nationalism*, London and New York: Routledge.

Ihalainen, Pasi(2005), *Protestant Nations Redefined: Changing Perceptions of National Identity in the Rhetoric of the English, Dutch and Swedish Public Churches, 1685-1772*, Leiden and Boston: Brill.

Im Hof, Ulrich(1991), *Mythos Schweiz: Identität-Nation-Geschichte, 1291-1991*, Zürich: Neue Verlag Zürcher Zeitung.

Irwin, David(1966), *English Neo-Classical Art*, London: Faber.

Jaffrelot, Christophe(1996), *The Hindu Nationalist Movement and Indian Politics, 1925 to the 1990s*, London: C. Hurst & Co..

James, Burnett(1983), *The Music of Jean Sibelius*, East Brunswick, NJ, London and Mississauga, Ontario: Associated University Presses.

Jesperson, Knud(2004), *A History of Denmark*, trans. Ivan Hill, Basingstoke: Palgrave Macmillan.

Jones, Sian(1997), *The Archaeology of Ethnicity: Constructing Identities in the Past and the Present*, London and New York: Routledge.

Juergensmeyer, Mark(1993), *The New Cold War? Religious Nationalism Confronts the Secular State*, Berkeley and Los Angeles: University of California Press.

Jusdanis, Gregory(2001), *The Necessary Nation*, Princeton, NJ, and Oxford: Princeton University Press.

Kapferer, Bruce(1988), *Legends of People, Myths of State: Violence, Intolerance and Political Culture in Sri Lanka and Australia*, Washington, DC, and London: Smithsonian Institution.

Kappeler, Andreas(2001), *The Russian Empire: A Multiethnic History*, Harlow: Pearson Educational Publishers.

Katz, Friedrich(1972), *The Ancient American Civilisations*, London: Weidenfeld and Nicolson.

Kaufmann, Eric(2004a), *The Rise and Fall of Anglo-America*, Cambridge, MA, and London: Harvard University Press.

_____(ed.)(2004b), *Rethinking Ethnicity: Majority Groups and Dominant Minorities*, London and New York: Routledge.

Kaufmann, Eric and Zimmer, Oliver(1998), "In search of the authentic nation: landscape and national identity in Canada and Switzerland", *Nations and Nationalism* 4, 4, 483-510.

_____(2004), "'Dominant ethnicity' and the 'ethnic-civic' dichotomy in the work of Anthony D. Smith", in Guibernau and Hutchinson(2004, 63-78).

Kautsky, John(ed.)(1962), *Political Change in Underdeveloped Countries: Nationalism and Communism*, New York: John Wiley.

Keddie, Nikki(1981), *Roots of Revolution: An Interpretive History of*

Modern Iran, New Haven: Yale University Press.

Kedourie, Elie(1960), *Nationalism*, London: Hutchinson.

‗‗‗‗‗(ed.)(1971), *Nationalism in Asia and Africa*, London: Weidenfeld and Nicolson.

Keegan, Timothy(1996), *Colonial South Africa and the Origins of the Racial Order*, London: Leicester University Press.

Kemenov, V.(ed.)(1979), *Vasily Surikov*, Leningrad: Aurora Art Publishers.

Kemilainen, Aira(1964), *Nationalism, Problems Concerning the Word, the Concept and Classification*, Yvaskyla: Kustantajat Publishers.

Kenwood(1974), *British Artists in Rome, 1700-1800*, London: Greater London Council.

Kepel, Gilles(1995), *The Revenge of God*, trans. Alan Braley, Cambridge: Polity Press.

Kitromilides, Paschalis(1979), "The dialectic of intolerance: ideological dimensions of ethnic conflict", *Journal of the Hellenic Diaspora* 6, 4, 5-30.

‗‗‗‗‗(1989), "'Imagined communities' and the origins of the national question in the Balkans", *European History Quarterly* 19, 2, 149-92.

‗‗‗‗‗(1998), "On the intellectual content of Greek nationalism: Paparrigo-poulos, Byzantium and the Great Idea", in Ricks, David and Magdalino, Paul(eds.), *Byzantium and Modern Greek Identity*, Kings College and Aldershot: Ashgate Publishing, 25-35.

Kohn, Hans(1940), "The origins of English nationalism", *Journal of the History of Ideas* I, 69-84.

‗‗‗‗‗(1944), *The Idea of Nationalism*(2nd edn 1967), New York: Macmillan.

Koumarianou, C.(1973), "The contribution of the Greek intelligentsia towards the Greek independence movement", in Richard Clogg(ed.), *The Struggle for Greek Independence*, London: Macmillan.

Kreis, Jakob(1991), *Der Mythos von 1291: Zur Enstehung des Schweizerischen Nationalfeiertags*, Basel: Friedrich Reinhardt Verlag.

Kumar, Krishan(2003), *The Making of English National Identity*, Cambridge: Cambridge University Press.

_____(2006), "English and French national identity: comparisons and contrasts", *Nations and Nationalism* 12, 3, 413-32.

Laitin, David(2007), *Nations, States and Violence*, Oxford: Oxford University Press.

Lartichaux, J-Y.(1977), "Linguistic politics in the French Revolution", *Diogenes* 97, 65-84.

Leersen, Joep(2006), *National Thought in Europe, A Cultural History*, Amsterdam: Amsterdam University Press.

Leith, James(1965), *The Idea of Art as Propaganda, 1750-99*, Toronto: University of Toronto Press.

Leoussi, Athena and Grosby, Steven(eds.)(2007), *Nationalism and Ethnosymbolism: History, Culture and Ethnicity in the Formation of Nations*, Edinburgh: Edinburgh University Press.

Lewis, Bernard(1968), *The Emergence of Modern Turkey*, London: Oxford University Press.

Leyda, Jan(ed.)(1974), *Battleship Potemkin, October and Alexander Nevsky by Sergei Eisenstein*, London: Lorrimer Publishing.

MacDougall, Hugh(1982), *Race in English History: Trojans, Teutons and Anglo-Saxons*, Montreal and Hanover, NH: Harvest House and University Press of New England.

McNeill, William H.(1986), *Polyethnicity and National Unity in World History*, Toronto: Toronto University Press.

Maes, Francis(2003), *A History of Russian Music*, Berkeley, Los Angeles and London: University of California Press.

Magnusson, Sigurdur(1977), *Northern Sphinx: Iceland and the Icelanders from the Settlement to the Present*, London: C. Hurst & Co..

Malešević, Siniša(2006), *Identity as Ideology: Understanding Ethnicity and Nationalism*, Basingstoke: Palgrave Macmillan.

Mann, Michael(1993), *The Social Sources of Power*, Vol. II, Cambridge: Cambridge University Press.

_____(1995), "A political theory of nationalism and its excesses", in Periwal(1995, 44-64).

Martin, David(1978), *A General Theory of Secularisation*, Oxford: Blackwell.

_____(2007), "The sound of England", in Leoussi and Grosby(2007, 68-83).

Martin, Ronald(1989), *Tacitus*, London: Batsford.

Martin, Timo and Siven, Douglas(1984), *Akseli Gallen-Kallela: National Artist of Finland*, Helsinki: Watti-Kustannus.

Marvin, Carolyn and Ingle, David(1999), *Blood Sacrifice and the Nation: Totem Rituals and the American Flag*, Cambridge: Cambridge University Press.

Marx, Anthony(2003), *Faith in Nation: Exclusionary Origins of Nationalism*, Oxford and New York: Oxford University Press.

Mayall, James(1990), *Nationalism and International Society*, Cambridge: Cambridge University Press.

Mendels, Doron(1992), *The Rise and Fall of Jewish Nationalism*, New York: Doubleday.

Michalski, Sergiusz(1998), *Public Monuments: Art in Political Bondage, 1870-1997*, London: Reaktion Books.

Milner-Gulland, Robin(1999), *The Russians*, Oxford: Blackwell.

Mitchell, Marion(1931), "Emile Durkheim and the philosophy of nationalism", *Political Science Quarterly* 46, 87-106.

Mitter, Partha(1994), *Art and Nationalism in Colonial India, 1850-1922*, Cambridge: Cambridge University Press.

Moody, T. W. and Martin, F. X.(eds.)(1984), *The Course of Irish History*, revised and enlarged edn, Cork: The Mercier Press.

Morgan, Prys(1983), "From a death to a view: the hunt for the Welsh past in the Romantic period", in Hobsbawm and Ranger(1983, 43-100).

Mosse, George(1975), *The Nationalisation of the Masses: Political Symbolism and Mass Movements from the Napoleonic Wars through the Third Reich*, Ithaca, NY: Cornell University Press.

_____(1990), *Fallen Soldiers*, Oxford: Oxford University Press.

_____(1994), *Confronting the Nation: Jewish and Western Nationalism*, Hanover, NH: University Press of New England.

Nairn, Tom(1977), *The Break-up of Britain: Crisis and Neo-Nationalism*, London: New Left Books.

Nations and Nationalism(2001), "Archaeology and Nationalism",(Special issue) 7, 4, 429-531.

Nersessian, Vrej(2001), *Treasures from the Ark: 1700 Years of Armenian Christian Art*, London: British Library.

Newman, Gerald(1987), *The Rise of English Nationalism: A Cultural History, 1740-1830*, London: Weidenfeld and Nicolson.

Nicholson, Ernest(1988), *God and His People: Covenant and Theology in the Old Testament*, Oxford: Clarendon Press.

Nolte, Ernest(1969), *Three Faces of Fascism*, trans. L. Vennewitz, New York and Toronto: Mentor Books.

Nora, Pierre(ed.)(1997-8), *Realms of Memory: The Construction of the French Past*, Lawrence Kritzman(ed.), 3 vols, New York: Columbia University Press. Originally Les Lieux de Mémoire, 7 vols, Paris: Gallimard, 1984-92.

Norwich, John Julius(2003), *A History of Venice*, London: Penguin Books.

Notre Histoire(1996), *Clovis: La Naissance de France*(Special issue), 132, April 1996.

Novak, David(1995), *The Election of Israel: The Idea of the Chosen People*, Cambridge: Cambridge University Press.

Nylander, Carl(1979), "Achaemenid Imperial Art", in Mogens Trolle Larsen(ed.), *Power and Propaganda: A Symposium on Ancient Empires*, Copenhagen: Akademisk Forlag, 345-9.

O"Brien, Conor Cruise(1988a), *God-Land: Reflections on Religion and Nationalism*, Cambridge, MA: Harvard University Press.

_____(1988b), "Nationalism and the French Revolution", in Best(1988, 17-48).

O"Donoghue, Heather(2006), *From Asgard to Valhalla: The Remarkable History of the Norse Myths*, London and New York: I. B. Tauris.

Oguma, Eiji(2002), *A Genealogy of "Japanese" Self-Images*, trans. David Askew, Melbourne: Trans Pacific Press.

Özkirimli, Umut(2000), *Theories of Nationalism: A Critical Introduction*, Basingstoke: Macmillan.

_____(2003), "The nation as an artichoke? A critique of ethno-symbolist interpretations of nationalism", *Nations and Nationalism* 9, 3, 339-55.

_____(2008), "The double life of John Hutchinson or bringing ethno-symbolism and post-modernism together", *Nations and Nationalism* 14, 1, 4-9.

Pagden, Anthony(ed.)(2002), *The Idea of Europe: From Antiquity to the European Union*, Cambridge: Cambridge University Press.

Palmer, Alison(2000), *Colonial Genocide*, London: C. Hurst & Co..

Panossian, Razmik(2006), *The Armenians: From Kings and Priests to Merchants and Commissars*, London: C. Hurst & Co..

Pech, Stanley(1976), "The nationalist movements of the Austrian Slavs", *Social History* 9, 336-56.

Peel, John(1989), "The cultural work of Yoruba ethno-genesis", in

Elisabeth Tonkin, Maryon McDonald and Malcolm Chapman(eds.), *History and Ethnicity*, London and New York: Routledge, 198-215.

Periwal, Sukumar(ed.)(1995), *Notions of Nationalism*, Budapest: Central European University Press.

Perkins, Mary Ann(1999), *Nation and Word: Religious and Metaphysical Language in European National Consciousness*, Aldershot: Ashgate.

_____(2005), *Christendom and European Identity: The Legacy of a Grand Narrative since 1789*, Berlin and New York: Walter de Gruyter.

Petrovich, Michael(1980), "Religion and ethnicity in Eastern Europe", in Sugar(1980, 373-417).

Pinard, Maurice and Hamilton, Richard(1984), "The class bases of the Quebec independence movement", *Ethnic and Racial Studies* 7, 1, 19-54.

Plamenatz, John(1976), "Two types of nationalism", in Eugene Kamenka(ed.), *Nationalism: The Nature and Evolution of an Idea*, London: Edward Arnold, 22-36.

Pomian, Krzysztof(1997), "Franks and Gauls", in Nora(1997-8, vol. I, 26-76).

Poole, Ross(1999), *Nation and Identity*, London and New York: Routledge.

Popescu, Carmen-Elena(2003), "National Romanian architecture: building national identity", in Facos and Hirsh(2003, 137-59).

Popper, Karl(1961), *The Open Society and Its Enemies*, vol. II, London: Routledge and Kegan Paul.

Porter, Roy and Teich, Mikulas(eds.)(1988), *Romanticism in National Context*, Cambridge: Cambridge University Press.

Pressly, Nancy(1979), *The Fuseli Circle in Rome*, New Haven: Yale Center for British Art.

Prost, Antoine(1997), "Monuments to the Dead", in Nora(1997-8, vol. II, 307-30).

Raun, Toivo(1987), *Estonia and the Estonians*, Stanford, CA: Hoover Press Institution.

Redgate, Anne(2000), *The Armenians*, Oxford: Blackwell Publishers.

Reid, Donald(2002), *Whose Pharaohs? Archaeology, Museums and National Identity from Napoleon to World War* I, Berkeley and Los Angeles: University of California Press.

Reynolds, Susan(1984), *Kingdoms and Communities in Western Europe, 900-1300*, Oxford: Clarendon Press.

_____(2005), "The idea of the nation as a political community", in Scales and Zimmer(2005, 54-66).

Robson-Scott, W. D.(1965), *The Literary Background of the Gothic Revival in Germany*, Oxford: Clarendon Press.

Rokkan, S., Saelen, K. and Warmbrunn, J.(1973), *Nation-Building, Current Sociology* 19, 3, The Hague: Mouton.

Rosenberg, Jakob(1968), *Rembrandt, Life and Work*, London and New York: Phaidon.

Rosenblum, Robert(1967), *Transformations in Late Eighteenth Century Art*, Princeton: Princeton University Press.

_____(1985), *Jean-Dominique-Auguste Ingres*, London: Thames and Hudson.

Roshwald, Aviel(2006), *The Endurance of Nationalism: Ancient Roots and Modern Dilemmas*, Cambridge: Cambridge University Press.

Rosselli, John(2001), "Music and nationalism in Italy", in Harry White and Michael Murphy(eds.), *Musical Constructions of Nationalism*, Cork: Cork University Press, 181-96.

Roudometof, Victor(1998), "From Rum millet to Greek nation: Enlightenment, secularisation and national identity in Greek society", *Journal of Modern Greek Studies* 16, 1, 11-48.

_____(2001), *Nationalism, Globalisation and Orthodoxy: The Social*

Origins of Ethnic Conflict in the Balkans, Westport, CT: Greenwood Press.

Routledge, Bruce(2003), "The antiquity of nations? Critical reflections from the ancient Near East", *Nations and Nationalism* 9, 2, 213-33.

Rozanow, Zofia and Smulikowska, Ewa(1979), *The Cultural Heritage of Jasna Gora*, 2nd enlarged edn, Warsaw: Interpress Publishers.

Runnymede Trust(2000), *The Future of Multi-Ethnic Britain: The Parekh Report*, London: Profile Books.

Samson, Jim(2007), "Music and nationalism: five historical moments", in Leoussi and Grosby(2007, 55-67).

Sarkisyanz, Emanuel(1964), *Buddhist Backgrounds of the Burmese Revolution*, The Hague: Nijhoff.

Saunders, David(1993), "What makes a nation a nation? Ukrainians since 1600", *Ethnic Groups* 10, 1-3, 101-24.

Scales, Len(2000), "Identifying 'France' and 'Germany': medieval nation-making in recent publications", *Bulletin of International Medieval Research* 6, 23-46.

_____(2005), "Late medieval Germany: an under-stated nation?", in Scales and Zimmer(2005, 166-91).

Scales, Len and Zimmer, Oliver(eds.)(2005), *Power and the Nation in European History*, Cambridge: Cambridge University Press.

Schama, Simon(1987), *The Embarrassment of Riches: An Interpretation of Dutch Culture in the Golden Age*, London: William Collins.

_____(1989), *Citizens: A Chronicle of the French Revolution*, New York and London: Knopf and Penguin.

_____(1995), *Landscape and Memory*, London: Harper Collins(Fontana).

Schwartz, Seth(2004), *Imperialism and Jewish Society, 200 BCE to 640 CE*, Princeton: Princeton University Press.

Seton-Watson, Hugh(1977), *Nations and States*, London: Methuen.

Sheehy, Jeanne(1980), *The Rediscovery of Ireland's Past: The Celtic Revival, 1830-1930*, London: Thames and Hudson.

Shils, Edward(1957), "Primordial, personal, sacred and civil ties", *British Journal of Sociology* 7, 13-45.

_____(1972), *The Intellectuals and the Powers, and Other Essays*, Chicago: Chicago University Press.

Shimoni, Gideon(1995), *The Zionist Ideology*, Hanover, NH: Brandeis University Press.

Sluga, Glenda(1998), "Identity, gender and the history of European nations and nationalisms", *Nations and Nationalism* 4, 1, 87-111.

Smith, Anthony D.(1973a), *The Concept of Social Change*, London: Routledge and Kegan Paul.

_____(1973b), Nationalism, a Trend Report and Annotated Bibliography, *Current Sociology* 21, 3, The Hague: Mouton.

_____(ed.)(1976a), *Nationalist Movements*, London: Macmillan.

_____(1976b), "Neo-Classicist and Romantic elements in the emergence of nationalist conceptions", in idem(1976a, 74-87).

_____(1979a), *Nationalism in the Twentieth Century*, Oxford: Martin Robertson.

_____(1979b), "The 'historical revival' in late eighteenth century England and France", *Art History* 2, 156-78.

_____(1981a), *The Ethnic Revival in the Modern World*, Cambridge: Cambridge University Press.

_____(1981b), "War and ethnicity: the role of warfare in the formation, self-images and cohesion of ethnic communities", *Ethnic and Racial Studies* 4, 4, 375-97.

_____(1981c), "States and homelands: the social and geopolitical implications of national territory", *Millennium, Journal of International Studies* 10, 3, 187-202.

_____(1983), *Theories of Nationalism*, 2nd edn, London: Duckworth;
and New York: Holmes and Meier.

_____(1986), *The Ethnic Origins of Nations*, Oxford: Blackwell.

_____(1991), *National Identity*, Harmondsworth: Penguin.

_____(1995), *Nationalism in a Global Era*, Cambridge: Polity Press.

_____(1998), *Nationalism and Modernism: A Critical Survey of Recent
Theories of Nations and Nationalism*, London: Routledge.

_____(1999a), *Myths and Memories of the Nation*, Oxford: Oxford
University Press.

_____(1999b), "Sacred territories and national conflict", *Israel Affairs* 5,
4, 13-31.

_____(1999c), "Ethnic election and national destiny: some religious
origins of nationalist ideals", *Nations and Nationalism* 5, 3, 331-55.

_____(2000a), *The Nation in History: Historiographical Debates about
Ethnicity and Nationalism*, Jerusalem: Historical Society of Israel;
Hanover, NH: University Press of New England.

_____(2000b), "Images of the nation: cinema, art and national identity",
in Mette Hjort and Scott Mackenzie(eds.), *Cinema and Nation*,
London and New York: Routledge, 45-59.

_____(2001), *Nationalism: Theory, Ideology, History*, Cambridge: Polity
Press.

_____(2002), "When is a nation?", *Geopolitics* 7, 2, 5-32.

_____(2003a), *Chosen Peoples: Sacred Sources of National Identity*,
Oxford: Oxford University Press.

_____(2003b), "The poverty of anti-nationalist modernism", *Nations
and Nationalism* 9, 3, 357-70.

_____(2004a), *The Antiquity of Nations*, Cambridge: Polity Press.

_____(2004b), "History and national destiny: responses and clarifications",
in Guibernau and Hutchinson(2004, 195-209).

_____(2004c), "Ethnic cores and dominant ethnies", in Kaufmann (2004b, 17-30).

_____(2005a), "Nationalism in early modern Europe", *History and Theory* 44, 3, 404-15.

_____(2005b), "The genealogy of nations: an ethno-symbolic approach", in Ichijo and Uzelac(2005, 94-112).

_____(2006), "'Set in the silver sea': English national identity and European integration", *Nations and Nationalism* 12, 3, 433-52.

_____(2007a), "Nation and covenant: the contribution of ancient Israel to modern nationalism", *Proceedings of the British Academy* 151, 213-55.

_____(2007b), "Nations in decline? the erosion and persistence of modern national identities", in Mitchell Young, Eric Zuelow and Andreas Sturm(eds.), *Nationalism in a Global Era: The Persistence of Nations*, London and New York: Routledge, 17-32.

_____(2008a), *The Cultural Foundations of Nations: Hierarchy, Covenant, Republic*, Oxford: Blackwell Publishers.

_____(2008b), "The limits of everyday nationhood", *Ethnicities* 8, 4 563-73.

Smith, Graham(ed.)(1990), *The Nationalities Question in the Soviet Union*, London and New York: Longman.

Smyth, Alfred(ed.)(2002), *Medieval Europeans: Studies in Ethnic Identity and National Perspectives in Medieval Europe*, Basingstoke: Palgrave.

Snyder, Jack(2000), *From Voting to Violence: Democratisation and Nationalist Conflict*, New York and London: W.W. Norton & Co..

Snyder, Louis(1954), *The Meaning of Nationalism*, New Brunswick: Rutgers University Press.

_____(1968), *The New Nationalism*, Ithaca: Cornell University Press.

Sorenson, Marie Louise Stig(1996), "The fall of a nation, the birth of a subject: the national use of archaeology in nineteenth century Denmark", in Diaz-Andreu and Champion(1996, 24-47).

South Bank Centre(1989), *La France: Images of Woman and Ideas of Nation, 1789-1989*, London: South Bank Centre.

Soysal, Yasemin(1994), *Limits of Citizenship: Migrants and Post-national Membership in Europe*, Chicago, IL: Chicago University Press.

Spillman, Lyn(1997), *Nation and Commemoration: Creating National Identities in the United States and Australia*, Cambridge: Cambridge University Press.

Strachan, Hew(1988), "The nation in arms", in Best(1988, 49-73).

Strayer, Joseph(1971), *Medieval Statecraft and the Perspectives of History*, Princeton: Princeton University Press.

Sugar, Peter(ed.)(1980), *Ethnic Diversity and Conflict in Eastern Europe*, Santa Barbara, CA: ABC-Clio.

Suleiman, Yasir(2003), *The Arabic Language and National Identity*, Edinburgh: Edinburgh University Press.

Switzer, Terri(2003), "Hungarian self-representation in an international context: the Magyar exhibited at international expositions and world"s fairs", in Facos and Hirsh(2003, 160-85).

Sztompka, Piotr(1993), *The Sociology of Social Change*, Oxford: Blackwell.

Tate Gallery(1975), *Henry Fuseli, 1741-1825*, London: Tate Gallery Publications.

Taylor, Richard(1998), *Film Propaganda: Soviet Russia and Nazi Germany*, 2nd revised edn, London: I. B. Tauris Publishers.

Thaden, Edward(1964), *Conservative Nationalism in Nineteenth Century Russia*, Seattle: University of Washington Press.

Thom, Martin(1990), "Tribes within nations: the ancient Germans and the history of modern France", in Bhabha(1990, 23-43).

Thomas, Hugh(2005), *The English and the Normans: Ethnic Hostility, Assimilation and Identity, 1066-c.1220*, Oxford: Oxford University Press.

Tilly, Charles(ed.)(1975), *The Formation of National States in Western Europe*, Princeton: Princeton University Press.

Tomlinson, Janis(2003), "State galleries and the formation of national artistic identity in Spain, England, and France, 1814-51", in Facos and Hirsh(2003, 16-38).

Tønnesson, Stein and Antlöv, Hans(eds.)(1996), *Asian Forms of the Nation*, Richmond: Curzon Press.

Triandafyllidou, Anna(2001), *Immigrants and National Identity in Europe*, London and New York: Routledge.

Trilling, Lionel(1972), *Sincerity and Authenticity*, Cambridge, MA, and London: Harvard University Press.

Trumpener, Katie(1997), *Bardic Nationalism: The Romantic Novel and the British Empire*, Princeton: Princeton University Press.

Uzelac, Gordana(2006), *The Development of the Croatian Nation: An Historical and Sociological Analysis*, Lewiston, Queenstown and Lampeter: The Edward Mellen Press.

van den Berghe, Pierre(1978), "Race and ethnicity: a sociobiological perspective", *Ethnic and Racial Studies* 1, 4, 401-11.

_____(1995), "Does race matter?", *Nations and Nationalism* 1, 3, 357-68.

van der Veer, Peter(1994), *Religious Nationalism: Hindus and Muslims in India*, Berkeley and Los Angeles: University of California Press.

Vaughan, William and Weston, Helen(eds.)(2003), *Jacques-Louis-David's Marat*, Cambridge: Cambridge University Press.

Viroli, Maurizio(1995), *For Love of Country: An Essay on Nationalism and Patriotism*, Oxford: Clarendon Press.

Warner, Marina(1983), *Joan of Arc: The Image of Female Heroism*, Harmondsworth: Penguin.

Watkins, Frederick M.(ed.)(1953), *Rousseau: Political Writings*, Edinburgh and London: Nelson.

Weber, Max(1948), *From Max Weber: Essays in Sociology*, Hans Gerth and C. Wright Mills(eds.), London: Routledge and Kegan Paul.

―――――(1968), *Economy and Society*, 3 vols., C. Wittich(ed.), New York: Bedminster Press.

Whittall, Arnold(1987), *Romantic Music: A Concise History from Schubert to Sibelius*, London: Thames and Hudson.

Wilber, Donald(1969), *Persepolis: The Archaeology of Parsa, Seat of the Persian Kings*, London: Cassell and Co..

Wilton, Andrew and Barringer, Tim(eds.)(2002), *American Sublime: Painting in the United States, 1820-1880*, London: Tate Publishing.

Wimmer, Andreas(2008), "How to modernise ethno-symbolism", *Nations and Nationalism* 14, 1, 9-14.

Winichakul, Thongchai(1996), "Maps and the formation of the geobody of Siam", in Tønnesson and Antlöv(1996, 67-91).

Winock, Michel(1997), "Joan of Arc", in Nora(1997-8, vol. III, 433-80).

Winter, Jay(1995), *Sites of Memory, Sites of Mourning: The Great War in European Cultural History*, Cambridge: Cambridge University Press.

Winter, Jay and Sivan, Emmanuel(eds.)(2000), *War and Remembrance in the Twentieth Century*, Cambridge: Cambridge University Press.

Wiseman, D.J.(ed.)(1973), *Peoples of Old Testament Times*, Oxford: Clarendon Press.

Wormald, Patrick(1984), "The emergence of Anglo-Saxon kingdoms", in Lesley Smith(ed.), *The Making of Britain: The Dark Ages*, Basingstoke: Macmillan.

―――――(2005), "Germanic power structures: the early English experience", in Scales and Zimmer(2005, 105-24).

Yack, Bernard(1999), "The myth of the civic nation", in Ronald Beiner(ed.), *Theorising Nationalism*, Albany, NY: State University of New York, 103-18.

Yoshino, Kosaku(ed.)(1999), *Consuming Ethnicity and Nationalism: Asian Experiences*, Richmond: Curzon Press.

Yuval-Davis, Nira(1997), *Gender and Nation*, London: Sage.

Zimmer, Oliver(1998), "In search of natural identity: Alpine landscape and the reconstruction of the Swiss past, 1870-1900", *Comparative Studies in Society and History* 40, 4, 637-65.

_____(2003), *A Contested Nation: History, Memory and Nationalism in Switzerland, 1761-1891*, Cambridge: Cambridge University Press.

Zubaida, Sami(1978), "Theories of nationalism", in G. Littlejohn, B. Smart, J. Wakeford and N. Yuval-Davis(eds.), *Power and the State*, London: Croom Helm.

찾아보기

지은이 앤서니 D. 스미스(Anthony D. Smith, 1939~)

런던정경대(LSE)의 민족주의와 족류성 연구 명예교수(Emeritus Professor of Nationalism and Ethnicity)이자 2013년까지 민족주의 연구센터(ASEN)의 회장, 학술지 *Nations and Nationalism*의 책임 편집자를 지냈다. 간(間)학문적인 민족주의 연구 분야의 창시자로 간주되며 특히 족류-상징주의라고 불리는 민족들과 민족주의 연구에 큰 족적을 남겼다. 민족들, 민족주의, 족류성에 관한 16권의 저서와 100여 편의 논문과 글을 발표했고 현재 그의 책들은 21개 국어로 번역되었다.

옮긴이 김인중

숭실대학교 사학과 교수. 서울대학교 문리대 서양사학과를 졸업하고 동 대학원에서 문학박사 학위를 받았다. 주요 저서로 『민족주의와 역사』(2014)가 있으며 『1848년 프랑스 2월혁명』(1993), 『근대세계체제』(1999), 『영국 노동계급의 형성』(2000), 『기억의 장소 1~5』(2010) 등을 번역했다.

족류-상징주의와 민족주의
문화적 접근방법

1판 1쇄 찍음 | 2016년 1월 4일
1판 1쇄 펴냄 | 2016년 1월 12일

지은이 | 앤서니 D. 스미스
옮긴이 | 김인중
펴낸이 | 김정호
펴낸곳 | 아카넷

출판등록 2000년 1월 24일(제406-2000-000012호)
10881 경기도 파주시 회동길 445-3
전화 | 031-955-9510(편집) · 031-955-9514(주문) · 031-955-9506(마케팅)
팩스 | 031-955-9519
www.acanet.co.kr

ISBN 978-89-5733-477-5 93300

이 도서의 국립중앙도서관 출판시도서목록(CIP)은
서지정보유통지원시스템 홈페이지(http://seoji.nl.go.kr)와
국가자료공동목록시스템(http://www.nl.go.kr/kolisnet)에서 이용하실 수 있습니다.
(CIP 제어번호: CIP 2015033948)